My Way

Silvio Berlusconi
se raconte à
Alan Friedman

My Way

Traduit de l'anglais
par Joseph Antoine et Yves Forget-Meunot

Michel LAFON

Titre original :
Berlusconi The Epic Story of the Billionaire Who Took Over Italy

118, avenue Achille-Peretti – CS 70024
92521 Neuilly-sur-Seine cedex
www.michel-lafon.com

Pour Gabriella

Avertissement de l'auteur

En tant que journaliste américain ayant grandi dans les années 1970, j'ai toujours été fasciné par la célèbre série d'une douzaine d'entretiens accordée par Richard Nixon au reporter britannique David Frost, au printemps 1977, plus de deux ans après la dramatique démission du Président.

Le Watergate m'obsédait, quand bien même je n'étais qu'un adolescent. Un peu comme les gamins sont obsédés aujourd'hui par Spiderman ou par Facebook. La dramaturgie. L'intrigue. Les enregistrements à la Maison-Blanche. Les efforts pour étouffer l'affaire. Les scoops signés Bob Woodward et Carl Bernstein dans le *Washington Post.* L'humiliation du Président des États-Unis d'Amérique ! La célèbre déclaration de Nixon : « Les gens doivent savoir si leur Président est un escroc ou non. Eh bien, je ne suis pas un escroc. »

Je ne m'en lassais pas. Je brûlais d'impatience en attendant le prochain épisode de la saga Watergate. C'était mon régal.

Durant l'été 1974, dans notre maison de campagne au nord de l'État de New York, j'ai obligé ma sœur de treize ans à suivre avec moi jour après jour la procédure de destitution. L'affaire devait culminer en août quand surviendrait ce drame : la démission. Nous avons assisté à la démission du Président Richard Nixon. Nous avons vu ses adieux au staff de la Maison-Blanche, cette bizarre façon qu'il avait de saluer, ce geste de désespoir adressé au peuple américain. L'hélicoptère l'attendait sur la pelouse. L'instant d'après, il s'envolerait pour la base Andrew Air Force. Là, Nixon monterait à bord d'un avion afin de regagner la lointaine Californie où l'attendait la disgrâce.

Tous ces souvenirs me sont revenus en mémoire début 2014, à Milan, quand mon éditeur italien chez Rizzoli m'a suggéré de prendre contact avec Silvio Berlusconi, le chef d'État le plus original et le plus controversé de l'Italie contemporaine. L'idée était d'essayer d'obtenir qu'il accepte de me raconter sa vie. Je connaissais Berlusconi depuis trente ans, depuis les années 1980, quand j'avais fait mes débuts de correspondant à Milan pour le *Financial Times*, le célèbre journal londonien. À cette époque, je critiquais férocement Berlusconi. Par la suite, son histoire m'a intrigué. Et ce n'était pas seulement à cause des présumées soirées *bunga-bunga*. Ni à cause de ses procès pour corruption. Ce qui me fascinait, c'était l'extraordinaire parabole de sa vie, en particulier les événements entourant sa déchéance politique en 2011 et la tragédie grecque de ses démêlés judiciaires, après qu'il eut été reconnu coupable de fraude fiscale en 2013, et évincé du Sénat.

Je suis allé lui demander si ce projet de livre l'intéressait. C'était un jour de mars 2014, en fin de matinée. Nous nous trouvions au deuxième étage de sa résidence romaine, un élégant *palazzo* du XVIIe siècle aux plafonds ornés de fresques merveilleuses, aux murs habillés de tapisseries dorées. Je ne me faisais guère d'illusions sur la réponse que mon interlocuteur allait me donner. Mais Berlusconi – il a aujourd'hui soixante-dix-sept ans – semblait m'apprécier, principalement parce que je suis Américain – et non pas un journaliste italien aux idées préconçues – mais aussi parce que j'avais écrit un livre sur la politique italienne dans lequel, voyait-il, je lui donnais raison, ce qui n'a jamais été vraiment mon but.

Je lui ai dit mon intention d'écrire un livre sur l'histoire de sa vie. Accepterait-il d'y collaborer, de m'ouvrir grand ses archives et de me présenter sa famille, ses amis, ses associés en affaires et ses alliés politiques ? D'abord, il a fixé son regard sur moi, longuement. Puis il m'a dit qu'au cours des dix dernières années, il avait refusé au moins quinze fois d'accéder à ce genre de requête. J'ai repris en disant que mon projet ne se limitait pas seulement à un livre. J'envisageais également dix ou douze entretiens télévisés sur le modèle Frost-Nixon de 1977. Il me regardait toujours. Il a marmonné quelque chose sur le fait que tout, aujourd'hui, « devait être multimédia ». Sur quoi il m'a tendu la main. Après la poignée de main, il s'est montré on ne peut plus clair :

— Je vous fais entièrement confiance. À vous de raconter mon histoire de façon juste et honnête.

Je l'ai remercié pour sa confiance, et je l'ai prévenu sans détour :

— Ce ne sera pas une hagiographie. Je n'ai pas l'intention d'écrire la vie d'un saint, ou d'une victime. Je ne serai pas hostile, mais je ne vous ferai pas de cadeaux non plus. Je vais raconter l'histoire d'une vie hors du commun, telle que je la vois, à partir de vos réponses à mes questions, un chapitre après l'autre. Les entretiens seront filmés.

Silvio Berlusconi a accepté mes conditions. Plus tard, ce même jour, un de ses assistants m'a expliqué pourquoi, selon lui, Berlusconi avait accepté la proposition :

— Il voit son monde s'effondrer. Et il rêve d'un retour en politique. Alors ce livre, il le considère comme son héritage. Avec vous comme seul et unique témoin, comme premier et dernier journaliste auquel il aura raconté son histoire, avec ses mots à lui.

Pendant les dix-sept mois qui ont suivi, du tumultueux printemps 2014 à la fin de l'été 2015, j'ai observé Berlusconi de près, principalement chez lui. La période était amère pour Berlusconi. Il enchaînait les défaites, lui qui était habitué depuis toujours à remporter des trophées. J'étais aux premières loges, et c'est à un véritable psychodrame qu'il m'était donné d'assister.

Chaque fois que j'allais l'interviewer, soit à Rome dans le *palazzo*, soit à Arcore dans le jardin de son extraordinaire villa, une mauvaise nouvelle tombait. Et l'interview terminée, il me demandait de le suivre pour discuter en privé. Alors il ouvrait son cœur. Il s'emportait contre ses ennemis. Il me confiait ses préoccupations, et même ses peurs.

À chaque fois, le désespoir se lisait dans ses yeux. Devant l'équipe de tournage, quand les micros étaient ouverts et que les caméras tournaient, on aurait dit que sa mémoire infaillible le transportait vers ses périodes de gloire, vers les aventures de sa vie et de sa carrière – l'enfant prodige se lançant dans l'immobilier et y devenant un nabab, l'inventeur du premier empire italien de télévision privée, l'intraitable propriétaire du Milan AC, le fondateur d'un parti politique nouveau qui devait conditionner vingt années d'existence de ses compatriotes, et enfin le rôle de « victime » endossé dans pas moins de soixante poursuites judiciaires et civiles.

Je ne lui ai jamais caché mon désir de prendre modèle sur les interviews Frost-Nixon. Je le lui ai répété en maintes occasions. Je le lui ai dit quand il a signé le contrat pour l'ouvrage et pour les vidéos, en ma présence et en présence de trois témoins, dont sa petite amie Francesca Pascale et sa porte-parole Deborah Bergamini.

Au moment de signer les contrats et les autorisations légales nécessaires au lancement du projet, je me suis souvenu pour quelque raison des paroles désormais célèbres adressées à voix basse, à David Frost, par le Président Nixon, lors de ces interviews légendaires :

— Je suis l'auteur de ma propre chute. Je leur ai donné l'épée, ils me l'ont plantée dans le corps et ils se sont délectés à la faire tourner…

Je me demandais ce que Silvio Berlusconi dirait de son propre rôle dans cette incroyable « ascension et chute ». Je n'allais pas être déçu.

Lucques
26 août 2015

Prologue

Moscou, lundi 27 juillet. Il fait très chaud, un vent vigoureux fouette la place Rouge envahie de touristes. Les nuages qui ont assombri la matinée sont partis et la sérénité règne à présent sur le Kremlin. Mais par les temps qui courent, chacun sait qu'à Moscou, la couleur du ciel est changeante.

Pour arriver à la tour Saint-Sauveur, où nous avons rendez-vous avec le staff du président Poutine, il faut traverser la place immense. Le long du mur oriental du Kremlin, se dresse le mausolée de Lénine, construction de marbre noir et rouille sur laquelle est gravé, bien visible, le nom de celui qui a dirigé le parti bolchévique, et désormais relégué au rang de relique.

L'horloge de la tour Saint-Sauveur, appelée aussi horloge du Kremlin, affiche 16 heures 20. Dans l'air, flotte une certaine inquiétude ; partout sur la place les touristes, dont beaucoup sont chinois ou japonais, semblent se déplacer au ralenti.

Au sommet de cet édifice achevé en 1491 par le neveu de l'architecte du Dôme de Milan, tout en haut du clocher, brille l'étoile rouge couleur de rubis, avec en son centre la faucille et le marteau, ce symbole du pouvoir soviétique qui en 1935 a remplacé les aigles impériales sur les plus hautes tours du Kremlin. Les touristes prennent des photos et font des selfies devant le mur de 2235 mètres qui forme la forteresse monumentale, indifférents à ce qui se passe derrière.

Au portail de Saint-Sauveur, apparaît une jolie fille élégamment vêtue. Elle appartient au service de presse du président. Ponctuelle, elle vient à notre rencontre, accompagnée de son assistante. Mais avant de pouvoir entrer, il faudra encore attendre les interprètes et la traductrice, lesquels apparemment sont en retard. À leur arrivée, nous pénétrons dans une aile du Kremlin fermée aux touristes. Le silence qui tombe alors sur nous a quelque chose de vraiment particulier.

Le staff attaché au cabinet du président Poutine nous précède sans mot dire. Les hommes de la sécurité sont enveloppés de cette aura de secret et de dévotion typique de leur métier. Nous longeons les palais pendant plusieurs minutes, jusqu'à atteindre un grand portail noir. C'est l'entrée de la zone occupée par l'administration présidentielle. Nous allons pénétrer dans le Palais numéro un, situé dans les murs du Kremlin, le lieu même où ont vécu Lénine et Staline, deux locataires d'une forteresse qui n'a rien perdu de son aspect sombre et menaçant.

Nous voici maintenant dans la zone interdite : les cours du vieux palais du Sénat, un édifice néoclassique ocre jaune et blanc, né dans la Russie impériale dans la seconde moitié du XVIIIe siècle par la volonté de Catherine II, devenu le premier siège du gouvernement soviétique après la Révolution d'Octobre et le déplacement de la capitale à Moscou. La journée est étouffante mais nous avons des frissons. On sent peser autour de nous le poids de l'histoire, l'histoire de la Mère Russie.

On accède au palais par un portillon latéral, l'accès numéro 7, quasi à la dérobée. Dans une petite pièce nue, les sacs passent de nouveau au détecteur de métal. Encore cinq minutes et nous longeons un couloir blanc, long, claustrophobique. C'est comme traverser un film d'espionnage ; on croit entendre George Smiley, le héros de John le Carré, chuchoter derrière une de ces innombrables portes derrière lesquelles doit s'abriter le Kremlin de James Bond, celui de *Bons baisers de Russie*. Oui, nous sommes bien à l'intérieur du Kremlin et tout, absolument tout est réel.

Nous continuons, lentement, toujours en silence, puis nous prenons l'ascenseur dont la vitre donne sur une cour intérieure tombée en désuétude. Arrêt au deuxième étage. Nous sommes arrivés. Voici le lieu du pouvoir, le cœur du pouvoir dans la Russie de Vladimir Poutine ; et Vladimir Poutine n'est pas loin d'être l'homme plus puissant de la terre. C'est le centre névralgique du Kremlin, le deuxième étage du Palais numéro un. Une enfilade de somptueuses salles de réception décorées avec goût mène au bureau du président.

Cette aile luxueuse est de style néoclassique. Tout semble reluire. Les murs immaculés accueillent des représentations du Kremlin et de la place Rouge aux siècles passés. À droite, se succèdent des portes numérotées, laquées de blanc, ornées de frises dorées. Chaque détail a fait l'objet d'un soin attentif. Les poignées en or sont ciselées. De temps en temps, le long de ce parcours, surgit un anachronisme : un vieux téléphone dans le style soviétique.

Nous voici dans la salle de la Cheminée, le lieu sacré retenu pour la rencontre avec Poutine. Elle se situe dans la partie nord est, une aile rigoureusement interdite au commun des citoyens. C'est ici que Vladimir Poutine travaille, règne, trace le destin de son pays et sa stratégie géopolitique, en chef d'État que les circonstances amènent à écrire et récrire l'histoire, en dirigeant guère différent d'un tsar.

Quatre pièces seulement séparent la salle de la Cheminée et le bureau de Poutine ; c'est une zone à laquelle presque personne n'a accès, nous confie un collègue de son cabinet.

Ici même se trouvaient en 1940 les appartements et le bureau de Joseph Staline. Une différence cependant : le style autrefois sévère a cédé la place aux ors, aux stucs et à un ameublement de type occidental.

On marche aujourd'hui sur un parquet artistique, raffiné, conçu dans le goût dix-huitième, avec son alternance de marqueterie claire et sombre, ses motifs géométriques et floraux, ses rosaces et ses frises. Des lustres majestueux en or et en cristal descendent gracieusement des plafonds riches de stucs raffinés – on songe à Versailles.

Un luxe de rideaux festonnés, des tapisseries de prix... Là-bas, à quelques mètres de nous, Poutine est en réunion avec son conseil des ministres et avec son alter ego, Dimitri Medvedev, actuel premier ministre de la Russie.

Il y a dans le bureau de Poutine une double porte blanche, monumentale, dont les panneaux sont sertis d'or. Elle permet au président d'accéder directement au salon des Sommets, la pièce où il reçoit les chefs d'État. De toutes ces salles, l'une est aisément reconnaissable car on l'a vue à la télévision lors des rencontres avec les gouvernants étrangers ; les tapisseries y multiplient à l'infini l'aigle à deux têtes sur fond de velours rouge. Jadis symbole des empereurs byzantins, puis des Habsbourg et de la dynastie Romanov, ce motif est devenu en Russie le blason de la présidence. On aperçoit en son centre un saint Georges terrassant le dragon. Un autre salon de réception se rapproche, une pièce aux murs bleus meublée d'une longue table blanche près de laquelle nous nous arrêtons pour bavarder un instant avec les hommes du président autour d'une tasse de thé. La conversation roule sur les élections américaines et sur les chances respectives d'Hillary Clinton, de Donald Trump et de Jeb Bush d'accéder à la Maison Blanche.

Sur la table reposent des plateaux avec des variétés des toasts à base de poisson pour la plupart. Ne sauraient manquer les *pirožki*, ces petits pains farcis au chou et à la pomme. Le buffet répond entièrement à la cuisine russe traditionnelle. Nous ne sommes plus qu'à quelques mètres du bureau de Poutine. Nous partageons cette après-midi avec son staff. Et comme l'attente pourrait se révéler interminable, nous avons la liberté de nous promener dans l'aile du président, de faire des photos souvenir et d'admirer le décor. Les gens de la sécurité en costume sombre, équipés de leur oreillette, ne nous quittent pas des yeux ; on les sent accoutumés à avoir affaire aux hôtes VIP du président, et leurs manières évoquent plus ou moins le style de la Maison Blanche. Il est presque 19 heures quand le staff du président au complet se transporte dans la pièce contiguë à la salle de la Cheminée. Les techniciens ont positionné leurs caméras. Il ne reste plus qu'à attendre l'entrée de Poutine. Des hommes parfois connus font les cent pas dans le saint des saints. Dmitri Peskov, un collègue loquace qui travaille avec le porte-parole du président, discute aimablement politique internationale sous l'œil sévère de plusieurs portraits, dont ceux de l'amiral Ušakov et du généralissime Suvorov, un des rares militaires à pouvoir se vanter d'avoir mené soixante batailles sans en perdre aucune. Tous patientent tranquillement, aussi infatigables que leur chef, habitués surtout à se plier à son rythme.

Vers 19 heures 45, tombe l'information officielle : le président sera là sous peu. La tension monte au sein du staff dont tous les membres vont prendre place dans la salle de la Cheminée où les techniciens se tiennent prêts à enregistrer. Les hommes de la sécurité commencent à se positionner eux aussi ; on dirait presque un corps spécial aligné sur quarante mètres, la distance à parcourir par Poutine avant d'apparaître.

À 8 heures pile, s'ouvre la double porte. Vladimir Vladimirovič Poutine quitte le bureau présidentiel de la

Fédération russe. Il est suivi du porte-parole Dmitri Peskov, de plusieurs membres de son cabinet et de responsables de la sécurité. Plus que quelques secondes, et Poutine franchira le seuil de la pièce.

L'entrée du président a quelque chose du courant d'air sibérien. Son pas est énergique mais son visage est crispé et il a les traits tirés. L'homme de Léningrad dégage une impression d'autorité et de pouvoir. On l'imagine sans peine traversant les salons secrets qui précèdent la salle de la Cheminée, prêt à prendre les décisions qui vont changer le destin de nombreux pays et de beaucoup d'hommes. Sa présence fait l'effet d'une décharge électrique. Soudain l'assistance sort de sa torpeur. Chacun est gagné par la nervosité et l'inquiétude. Dehors, la nuit a englouti les derniers vestiges du jour. La pluie frappe bruyamment les vitres des hautes fenêtres. Les caméras de la télévision sont prêtes à tourner. Déjà les micros enregistrent les propos.

Vladimir Poutine salue son interlocuteur. À peine dix secondes plus tard, il est assis sur le siège disposé face à la cheminée : ainsi le veut la tradition des entretiens avec les grands leaders. Seul le bruit de l'appareil actionné par le photographe officiel brise un silence tombé d'un coup à l'apparition d'un des hommes les plus puissants du monde. Il porte un complet bleu, une chemise blanche et une cravate bleue. Ses souliers de daim noir sont impeccables. Tout indique qu'il porte une grande attention à son apparence.

Le regard, au début, est impénétrable. Bush devait être doté de dons surnaturels pour avoir été capable de lire dans son âme.

Puis, dans l'espace de quelques minutes, l'homme aux yeux de glace, le chasseur d'ours, l'expert en arts martiaux change d'état d'esprit et adopte une conduite décontractée et naturelle. Il écoute, il accueille avec politesse les salutations de son ami Silvio Berlusconi. On perçoit la voix étouffée, brisée par l'émotion, de l'interprète. Quand Poutine commence à parler de son ami Silvio, sa voix se détend, se fait plus souple, et en même temps plus intense.

Au cours de l'entretien, Vladimir Poutine, faisant allusion à son ami Berlusconi, parlera plusieurs fois de « Silvio ». Car c'est ainsi qu'il l'appelle : Silvio, tout simplement. Il est à l'aise. Peu à peu il se fait loquace, aimable. À présent il sourit, amusé. Tout en parlant, il joue avec le fil de son oreillette et remue les pieds de façon maîtrisée. Mais on perçoit une profonde empathie entre Silvio et Vladimir. « Entre nous, c'est une relation personnelle qui s'est établie, une relation très cordiale. »

Il choisit soigneusement ses mots mais c'est avec une grande conviction qu'il exprime son avis sur Berlusconi.

« C'est un fait, Berlusconi est l'homme politique qui est resté au pouvoir le plus longtemps dans l'histoire italienne de l'après-guerre. Ça prouve qu'il a su non seulement retenir l'attention des Italiens, mais encore les convaincre qu'il agissait dans l'intérêt du peuple italien. C'est la première chose », dit Vladimir Poutine, assis bien droit dans son fauteuil devant la cheminée de marbre. « La deuxième chose, c'est que nous avons affaire à une personnalité brillante, franche, très intéressante ; ce qui ne peut que nous donner des raisons de penser que Silvio Berlusconi, en tant qu'homme et en tant qu'homme politique, occupera une place parfaitement respectable dans l'histoire italienne. »

Ipse dixit Putin – ainsi parle Poutine.

Mais Berlusconi, qui est-il ? D'où vient-il ?

Quelle est la vraie histoire ? Qui est le vrai Berlusconi ?

– 1 –

Un séducteur-né

Silvio Berlusconi est seul chez lui. Il déambule dans le jardin, au cœur d'une propriété de cent quatre-vingts hectares, non loin des écuries et de l'héliport.

On est en plein été. Les mains dans les poches, il remonte l'allée bordée d'arbres qui mène à la maison, une villa XVIIIe siècle de soixante-dix chambres. À l'approche de l'immense demeure, les bordures du chemin s'ornent de haies soigneusement taillées et de pots en terre cuite où poussent des géraniums. L'allée de gazon franchit une arche de pierre et conduit à un vaste espace composé de pelouses bien entretenues et de massifs d'azalées rouges. Puis vient une nouvelle succession impeccable de paysages plantés de géraniums, de citronniers et de haies.

À quelque distance de sa maison, le milliardaire de soixante-dix-neuf ans s'arrête. Une honte feinte se lit dans son sourire, accompagnée de cette autodérision charmante, de cette courtoisie si propre à désarmer ses invités, surtout ceux qui s'étaient préparés à rencontrer un flamboyant play-boy. Puis le sourire s'élargit et c'est l'empathie qui se révèle, cette puissance de séduction qui lui a permis de conquérir une nation et de traverser vingt-cinq années de métamorphoses au cours desquelles le nabab des médias, l'homme qui possédait l'une des plus grandes fortunes du monde, est devenu le président du Conseil indubitablement le plus controversé d'Italie, et celui qui aura duré le plus longtemps à ce poste.

— Ça, c'est la maison de ma vie ! dit l'homme qui a dominé son pays pendant des dizaines d'années.

Malgré la chaleur de l'après-midi, il porte un chandail noir léger, un blazer bleu marine et un pantalon de survêtement en coton. Quand il s'avance, le gravier crisse sous les semelles de ses baskets Hogan. Il ne s'en cache pas, cette propriété revêt pour lui une très grande importance. Il la présente comme l'endroit où ont été prises toutes les décisions capitales de son existence.

Aussi loin que porte le regard, on aperçoit des statues de style néoclassique dressées sur leurs socles de marbre ; on dirait qu'elles percent des yeux les haies de rhododendrons bien taillés qui forment l'enceinte du domaine.

Ces jardins, en fait, sont plus qu'impeccables. Ils ne montrent partout qu'ordre et perfection. Une perfection presque trop « parfaite ». La grande villa, située dans la campagne milanaise, dans un village de Lombardie appelé Arcore, a été bâtie au début du XVIIIe siècle sur les fondations de ce qui avait été à partir du XIIe siècle un monastère bénédictin. Elle a été baptisée la Villa San Martino. Berlusconi l'a achetée en 1970. Il l'a rénovée dans les années 1980, sa période glorieuse. On y trouve plus de gadgets que dans un film de James Bond, ainsi que des écuries luxueuses, des chevaux de course, un hélicoptère avec héliport et même un terrain de football privé. La maison est décorée avec goût, peut-être un peu trop chargée en tapisseries et tableaux de maîtres. Partout se mêlent l'ancien et le moderne dans une esthétique années 1980, dans ce style tendance qui autorisait alors les nouvelles classes privilégiées à oser la juxtaposition de peintures Renaissance et d'œuvres contemporaines. C'est cette mode des années 1980 qui a permis à nombre d'architectes et de décorateurs milanais de faire fortune en un temps record.

À présent, Berlusconi passe d'une pièce à l'autre. Il a toujours les mains dans les poches. Il est détendu, fier de sa demeure. Il est fier aussi du jardin, car il sait qu'une grande villa italienne s'apprécie souvent, d'abord et avant tout, à partir de ses extérieurs, de son parc.

— La maison de ma vie, répète Silvio Berlusconi avec un sourire.

Cette vie où se mêlent toujours le public et le privé ; souvent les deux vont de pair, du reste, et se superposent d'une façon qui peut parfois faire scandale mais qui ne manque jamais d'impliquer un retour au bercail, à cette campagne des environs de Milan, à cette Villa Martino, à cette commune lombarde du nom d'Arcore.

Berlusconi évoque à présent la visite de Mikhaïl Gorbatchev en 1993. Ils ont passé ensemble à la villa une longue après-midi et la soirée.

— Ce fut une journée très agréable, dit-il, très stimulante. Mikhaïl Gorbatchev est venu avec sa femme Raïssa. Raïssa et mon épouse Veronica ont pu aussi faire connaissance. Gorbatchev avait envie de rencontrer un leader italien des affaires. Il voulait parler économie, marché. Il m'a posé beaucoup de questions. À cinq heures, on a pris le thé. Il avait prévu de partir après. Et comme nous les raccompagniions à l'entrée de la villa, il me dit : « Silvio, il y a une chose que je n'ai pas comprise. Quel est le nom du ministère, ou de l'institution, qui a la charge de fixer les prix des produits mis en vente ? » Je l'ai prié de répéter la question. Ce qu'il a fait : « Comment s'appelle l'institution qui fixe les prix ? » Je lui ai alors répondu : « Mikhaïl, ne partez pas maintenant, s'il vous plaît. Restez dîner avec nous. Il faut que nous reparlions encore de tout ça. » Alors on a discuté, discuté, discuté. Avec l'aide de quelques verres de vin rouge, du Montepulciano. Je lui ai expliqué comment ça se passait en Occident : les prix étaient fixés par le marché, non par une agence gouvernementale. Il y avait une compétition. J'ai éprouvé une grande satisfaction à l'idée d'expliquer les lois du marché capitaliste à Mikhaïl Gorbatchev. Au moins, il a eu l'air d'apprécier ce moment partagé.

Berlusconi en vient à une autre visite effectuée à Arcore, celle de son ami Vladimir Poutine. Il montre la chambre où le président russe a dormi la dernière fois. On pardonnera au visiteur de se poser à ce moment-là la question de savoir laquelle de ces pièces a abrité les orgies présumées, les fameuses *bunga-bunga*, où ont eu lieu les fêtes les plus débridées, celles qui ont ridiculisé toute l'Italie et humilié Berlusconi quand le scandale a éclaté en 2010 et 2011, au beau milieu de la pire crise financière que l'Europe ait jamais connue.

Arcore. Dans l'existence de Silvio Berlusconi, la villa représente bien davantage que le lieu où sont passés Mikhaïl Gorbatchev, Vladimir Poutine et la tristement célèbre Ruby Rubacuori – « Ruby la voleuse de cœurs ». C'est sa résidence, son refuge, son centre de commandement, son quartier général. Ici fut planifié et édifié un empire immobilier, ces villes nouvelles qui ont fait de lui un milliardaire. Ici furent prises les décisions qui allaient faire de Silvio Berlusconi un magnat médiatique, le propriétaire d'un autre empire, un réseau de télévisions couvrant la moitié de l'Europe. C'est en ces lieux qu'il a créé la télévision commerciale privée italienne, et qu'il est devenu dans les années 1980 l'un des principaux réformateurs européens. Dans ces salons raffinés, un peu trop immaculés peut-être, dans ces salles à manger et ces boudoirs baroques, Silvio Berlusconi a décidé d'acheter le Milan AC. Ici même, il a résolu d'entrer en politique, de fonder un nouveau parti national. Et c'est d'ici enfin que le richissime homme d'affaires s'est lancé en 1994 à la conquête du fauteuil de président du Conseil, exploit qu'il devait accomplir en moins de quatre-vingt-dix jours.

La villa d'Arcore ressemble un peu à une « Maison-Blanche de western », ou à une version italienne de Camp David. Ces dernières années, Berlusconi y a passé des nuits entières à discuter avec des armées d'avocats, de spécialistes des affaires criminelles et civiles, de juristes et d'enquêteurs. Tous avaient la même mission : l'aider à affronter un orage électromagnétique, une tempête chargée de plus de soixante mises en examens et procès pour corruption active, fraude fiscale et même prostitution de mineures.

Arcore, c'est le Rosebud de Berlusconi, sa boussole, sa pierre de touche. Pour sa vie, pour ses affaires, pour les histoires d'amour et de famille. Son premier mariage a pris fin entre ces murs. Les présumées *bunga-bunga* s'y sont déroulées. Il y a vécu toute une année en résidence surveillée, après que les tribunaux lui eurent confisqué son passeport puisqu'il était condamné pour fraude fiscale et astreint à une peine d'intérêt général, un emploi dans une maison pour personnes âgées atteintes d'Alzheimer. Entre ces murs, début 2015, il a organisé son dernier retour en politique. Sur la propriété se trouve la chapelle privée où reposent les cendres de ses parents et de sa sœur. Son fils, sa belle-fille et ses petits-enfants vivent toujours à la Villa San Martino. Et Silvio, à l'âge de soixante-seize ans, y a installé sa nouvelle compagne, une femme qui a cinquante ans de moins que lui.

Tout s'est passé et tout se passe toujours ici, à Arcore.

Et tandis que nous marchons, je me rappelle ma première rencontre avec Berlusconi ici même à la Villa San Martino. C'était dans les années 1980. Tina Brown m'avait demandé d'écrire pour *Vanity Fair* un papier sur les « Nouveaux Princes » du capitalisme italien, ces hommes qui défiaient l'autorité de Gianni Agnelli, le « roi non couronné d'Italie ».

Les années 1980 ! Les années dingues, débridées ! Des *yuppies* de Wall Street aux *traders* de la City, la moitié de la planète s'enivrait d'un nouvel âge d'or, de la prospérité retrouvée. Les gens vivaient en permanence en mode célébration. L'économie était en plein boom. Les classes moyennes gagnaient en puissance. L'Amérique était dirigée par Ronald Reagan, et le Royaume-Uni par Margaret Thatcher. Berlusconi était alors un *self-made man*, un outsider, un nouveau venu dans les affaires, un nabab à la réussite fulgurante, un capitaine d'industrie, un magnat de la télé, un milliardaire de fraîche date. Il était en route pour devenir un des hommes les plus riches du monde. Et il agaçait beaucoup les élites financières italiennes. En effet, ses talents de vendeur au style rustique l'avaient rendu incroyablement populaire, en même temps que la télévision faisait de lui un homme plus riche que Gianni Agnelli, le propre héritier de la vieille et industrieuse maison Fiat, le play-boy urbain et cosmopolite devenu chef d'entreprise.

Dans les années 1980, aller voir Silvio Berlusconi chez lui à Arcore, c'était comme visiter le Disneyland d'un homme riche. Tout était automatisé. Tout respirait la beauté, la perfection, l'ordre et, oui, l'hédonisme.

— Voici ma piscine privée ! disait-il, en 1989, affichant un fier sourire.

Le tour du propriétaire avait commencé.

Il paraissait mince et en grande forme, alors, dans son costume croisé griffé Brioni, avec son bronzage permanent, son énergie de jeune homme et son enthousiasme contagieux. Il pointa le doigt vers un écran mural de deux mètres de long, suspendu au-dessus du bassin. Pourquoi cette installation ?

— Comme ça, répondait le milliardaire d'un ton malicieux, je peux regarder mes chaînes de télévision en me baignant dans ma piscine.

Son visage rayonnait de fierté quand il présentait au visiteur son « aire de repos et de mise en forme ». L'endroit, situé près de la piscine, se composait d'un sauna, d'un Jacuzzi, d'un bain de vapeur et d'une petite salle de gym où s'entraîner. La pièce la plus frappante était un salon d'angle magnifiquement lambrissé en pin de Scandinavie, meublé de divans somptueux et équipé de pas moins de neuf téléviseurs disposés en carré, chacun diffusant le programme d'une des trois principales chaînes berlusconiennes. L'hôte attira mon attention sur un tiroir disposant d'assez de boutons pour contrôler la musique, un éclairage d'ambiance, et même la cuisine située en haut de l'escalier. Pour finir, nous nous sommes rendus dans la salle de bains où il se rasait le matin. Il y avait fait incruster de part et d'autre du miroir des écrans miniature de six centimètres. Cet équipement relevait de la prouesse technique, en ces années 1980 encore éloignées de la Wi-Fi, des écrans à leds et d'Apple. Mais pourquoi diable une pareille idée ?

— Pour pouvoir regarder mes chaînes en me rasant le matin, explique-t-il joyeusement.

On ne saurait imaginer réponse plus logique.

De nos jours, à Arcore, peu de choses ont vraiment changé. La maison de Berlusconi est à peu près telle qu'elle était dans les années 1980. La différence, c'est qu'il se rapproche de ses quatre-vingts ans. Sa trajectoire ne peut être décrite autrement que comme une vie d'exception ; et à présent, dans son Italie natale, il est à la fois détesté et adulé par des millions de compatriotes.

— C'est ma résidence principale depuis plus de trente ans, fait-il observer en traversant le sol gris pâle de sa loggia.

Il s'arrête à la porte d'entrée pour commenter un bas-relief en forme de médaillon sculpté dans le mur. On dirait un écusson familial. Mais le personnage présente une ressemblance avec saint Martin, qui fut évêque de

Tours au IVe siècle, et dont le sanctuaire deviendrait un célèbre lieu de pèlerinage sur la route de Saint-Jacques de Compostelle. Les moines bénédictins qui ont fondé le lieu il y a près de mille ans avaient donné à leur monastère ce nom de Saint-Martin – *San Martino*. La chapelle privée des Berlusconi demeure le seul vestige de l'édifice construit par ces religieux au XIIe siècle.

Le bas-relief dont Berlusconi fait maintenant la description montre l'évêque à cheval. Avec son sabre, il coupe en deux son manteau. Il en donnera la moitié à un mendiant vêtu de guenilles, transi par la froidure de l'hiver. La légende veut en effet que saint Martin, enrôlé dans l'armée romaine, ait jugé ce service incompatible avec la foi chrétienne à laquelle il s'était converti ; c'est ainsi qu'il est devenu un des premiers objecteurs de conscience de l'histoire du monde.

Berlusconi raconte l'histoire du saint en souriant, d'un sourire de milliardaire où l'on chercherait en vain la moindre trace d'ironie. La lumière estivale faiblit maintenant sur la cour gravillonnée qui s'étend devant la Villa San Martino. Mais l'infatigable Silvio Berlusconi bouillonne d'enthousiasme : il est vraiment très fier d'Arcore.

Le voilà maintenant dans une des innombrables pièces qu'il réserve au rangement. Il fourgonne dans des amas de souvenirs. Il palpe du bout des doigts des figurines de lui-même en plastique, il sort des portraits de famille, il montre des étagères bourrées de photographies. Berlusconi avec sa mère Rosa, Berlusconi avec Barack Obama, Berlusconi avec George H. W. Bush, Berlusconi avec George W. Bush, Berlusconi avec Tony Blair, avec Bill Clinton, avec Hillary Clinton, avec la reine Elizabeth, avec le pape Benoît XVI.

Au mur, est accrochée une photo très grand format, un cliché fané, jauni par le temps. Elle montre un Berlusconi jeune, élégant, dans son costume de chanteur de charme sur un navire de croisière. En veste chic, cravate et canotier, il chante à pleins poumons dans un micro de night-club années 1950.

— C'est moi ! s'exclame cet homme exubérant. C'est moi en train de chanter. J'avais seize ans. Comme disait ma maman, le plus beau gars de la plage, c'était toujours moi.

Vite, il passe dans une autre pièce pleine à craquer d'autres vestiges, souvenirs et trophées.

Et soudain, à la Villa San Martino, l'atmosphère se charge de nostalgie. Berlusconi continue de jouer les guides charmants, éternellement avides de plaire. Il essaie désespérément de produire un bon spectacle. Il est l'amuseur infatigable, le vendeur sans complexes, le marchand de rêves. Au fil des années, il a été le Ronald Reagan italien distribuant ses bonbons avec bonhomie. Il a été le Bill Clinton italien, le rustaud engloutissant son assiette de spaghettis. Il a mené sa longue vie et sa longue carrière populiste en séduisant les électeurs par son charisme et son charme, en leur promettant les baisses d'impôts, le monde et la lune, en leur donnant des tapes dans le dos et en prenant les bébés dans ses bras. « Notre but, c'est que nos clients soient heureux ! » Tel paraît être son slogan. Mais il a été aussi le chef d'État qui s'est mis le plus longtemps au service de l'Europe, le témoin d'une série d'événements mondiaux qui vont de la fin de la guerre froide à l'Irak, du Printemps arabe et de l'exécution de Mouammar Kadhafi à la crise financière qui a secoué l'Europe en 2011, et a failli couler son Italie natale.

Comment a-t-il pu faire tout cela ? Comment ce *self-made man* issu d'un quartier ouvrier de Milan a-t-il pu devenir un milliardaire européen, un nabab des médias, un homme politique capable de se faire élire à trois reprises à la présidence du Conseil ? Comment l'ex-chanteur de charme a-t-il pu régner pendant plus de vingt ans sur le destin de son pays ?

Berlusconi n'a aucune difficulté pour expliquer son succès – pas la moindre, vraiment.

Il vous jette un clin d'œil, il vous sert un de ses sourires *made in Hollywood*, et il résume :

— Je suis un séducteur-né.

Silvio Berlusconi rit de nouveau. Bien installé dans son séjour, devant la baie ouverte donnant sur une fontaine de marbre blanc, il explique la stratégie qu'il a adoptée dans la vie pour obtenir ce qu'il voulait :

— Quand mes ennemis parlent de moi comme d'un séducteur-né, c'est une critique. Mais je suis toujours ouvert aux autres. J'ai le plus grand respect pour autrui, j'essaie toujours de me mettre à la place de l'autre. Si quelqu'un est convexe, je deviens concave. Et inversement. C'est comme ça que j'ai toujours réussi à créer une relation personnelle, un sentiment, une alchimie avec mes interlocuteurs. Ça s'appelle de l'empathie, mais bien souvent cette empathie est l'outil qui me permet d'atteindre mon but, de permettre au final une collaboration cordiale, amicale.

Ce désir de plaire et le plaisir narcissique que l'on éprouve en arrachant à l'autre un sourire semblent profondément enracinés dans le psychisme de Berlusconi. Quel type d'enfance a produit ce charmeur avide de plaisirs ? Peut-être s'agit-il d'un mécanisme de défense. Peut-être est-ce une façon d'avancer en épuisant son charme jusqu'à en faire un job, un deal, un business, un empire. On comprend mieux ce qu'est le besoin de plaire, de se montrer plein de ressources et de séduire quand on observe la façon berlusconienne de tracer sa route dans le monde. C'est la méthode à l'ancienne. L'homme est issu d'une classe moyenne pauvre ; il a vécu ses jeunes années dans un milieu marqué par les privations de la guerre.

Il est né le 29 septembre 1936. Son père, Luigi, était un employé de banque appelé à gravir les échelons de la hiérarchie. Sa mère, Rosa, serait un jour secrétaire chez Pirelli, le grand fabricant de pneus. Les Berlusconi occupaient un petit appartement peu salubre, dans un quartier de Milan dénommé « *L'Isola* », « l'Île » autrement dit, pour la bonne raison que c'était une espèce de *no man's land* situé près d'une passerelle franchissant le chemin de fer, pris en sandwich entre deux gares bruyantes, la *Porta Garibaldi* et la grande *Stazione Centrale*. Antonietta, la sœur de Silvio, avait vu le jour en 1943. Il avait aussi un jeune frère, Paolo, né après la guerre, en 1949.

— Nous avions des voisins pleins de vie, un peu classe moyenne, un peu frustes, se souvient l'ami d'enfance Fedele Confalonieri. Bon, ce n'était pas le crime organisé. Mais il y avait quelques mauvais sujets dans les parages. Je me rappelle tout ça très bien, car je suis né dans la même rue que Berlusconi, la Via Volturno. C'est assez drôle de penser que leur appartement était situé juste en face du local du Parti communiste.

Confalonieri a gardé le souvenir d'une sorte de « pauvreté générale », surtout après 1940, quand Mussolini, ayant déclaré la guerre à la France et à l'Angleterre, est entré en guerre en tant qu'allié fidèle d'Adolf Hitler. Confalonieri et Berlusconi ont encore en mémoire le tapis de bombes lâché sur Milan par les Alliés quand ils se sont mis à pilonner les usines, les églises, les écoles, les bureaux et les immeubles, obligeant de nombreuses familles à évacuer la ville, à fuir et à tenter de chercher refuge à la campagne.

— Je n'oublierai jamais, dit Berlusconi, les bombardements de 1943. J'avais six ans et demi. Un jour, les bombes sont tombées dans ma rue, la Via Volturno. Après ça, mes parents ont décidé de partir et de nous emmener dans un village, une agglomération de même pas mille habitants. C'était à une heure de route vers le nord, près du lac de Côme, en direction de Varese. On y était en sécurité. C'étaient des terres agricoles. On ne les bombardait pas. Ma mère y avait de la famille qui nous a prêté deux chambres où dormir.

Ce départ de Milan se passait au printemps 1943. Peu après, Mussolini était renversé, les Américains débarquaient en Sicile et l'Italie signait secrètement un armistice avec les Alliés, au terme duquel elle changea de camp et lâcha Hitler. La réaction des Allemands fut d'envahir l'Italie, de l'occuper et de la réprimer. Les Alliés continuèrent de bombarder Milan, ville désormais sous contrôle allemand.

— Tout est allé très vite, raconte Berlusconi. Comme mon père était antifasciste, des amis l'ont prévenu qu'il avait intérêt à fuir l'Italie et à partir en Suisse. Il a gagné la frontière, et c'est comme ça que nous nous sommes retrouvés sans lui à la campagne au milieu de nulle part. Tout le poids de la situation est retombé sur ma mère. Alors qu'elle était obligée de se rendre tous les jours à Milan pour travailler chez Pirelli comme secrétaire du directeur général. Milan était une ville dangereuse, du fait des bombardements. Je m'en souviens comme si c'était hier. Maman se levait à cinq heures du matin. Elle faisait trois kilomètres à pied pour aller prendre le tram qui l'emmenait à la gare. À Milan, elle devait prendre un autre tram pour rejoindre son lieu de travail. Elle finissait à cinq heures. Il ne lui restait plus qu'à rentrer à la campagne. Tous les soirs, je l'attendais à l'arrêt du tram. Le matin, c'était vraiment triste quand elle partait. Elle m'embrassait toujours avant de partir. On dormait dans le même lit, à cette époque.

À l'évocation de ce souvenir, Berlusconi commence à frapper nerveusement le sol du pied gauche tandis qu'un très léger signe d'anxiété se glisse dans l'expression de son visage.

Il a vécu trois ans dans un domicile de fortune, au cœur d'un pays bombardé, et il ne fait aucun doute que l'expérience a joué chez lui un rôle formateur. Il n'avait même pas sept ans. L'argent manquait. Son père était passé en Suisse.

Et sa mère, qui venait tout juste d'accoucher d'Antonietta, était devenue non seulement le seul membre de la famille à faire rentrer un salaire, mais aussi son unique repère dans une existence par ailleurs incertaine.

Il n'était pas seul avec sa mère, dans ce village lombard d'Oltrona di San Mamette :

— Nous avions avec nous deux de mes grands-parents, le père de ma mère et la mère de mon père. Ce qui signifiait que ma mère avait cinq bouches à nourrir. Il n'y avait pas grand-chose à manger.

Comme nombre d'enfants ayant grandi dans l'Italie en ruine, le jeune Silvio a dû prêter main-forte à sa famille. Parmi d'autres petits boulots, après l'école, il allait ramasser des pommes de terre pour gagner quelques lires. De temps en temps, c'est lui qui rapportait de quoi nourrir les siens. Et le repas était frugal : un yaourt mélangé à de la polenta, ou du pain trempé dans du lait.

— Le soir, j'allais traire les vaches à la ferme voisine. Ça me prenait une heure, parfois deux. Mon salaire, c'était un petit seau en fer plein d'une espèce de yaourt appelé *cajada.* Sur le chemin du retour, je m'amusais à faire tourner le seau au bout de mon bras. Il ne se vidait pas, grâce à la force centrifuge. Mais une fois j'ai rencontré des amis en route et j'ai voulu leur faire mon petit numéro avec le seau. Pendant l'opération, l'un d'eux m'a attrapé par le coude, et tout s'est répandu sur le sol. Ma mère n'était pas contente, vu qu'il n'y avait rien d'autre à manger ce soir-là.

Oltrona di San Mamette se situe à quarante-trois kilomètres de Milan, et l'on pouvait voir la nuit la ville en flammes dans le lointain, quand des quartiers entiers brûlaient après les bombardements. Le danger était réel, et tout le monde s'inquiétait pour Rosa Berlusconi quand elle partait pour son travail. Mais en définitive c'était une femme de caractère, obstinée comme son fils le serait lui-même. En tout cas, elle ne manqua pas de courage durant cette période. Elle s'impliqua même dans la protection des juifs italiens, d'une adolescente milanaise notamment. Cet épisode, dont Berlusconi se souvient fort bien, devait être mentionné à la Knesset par le Premier ministre Benyamin Netanyahou lors d'une visite d'État en 2010.

En 1938, Mussolini avait promulgué des lois raciales, et désormais les Allemands étaient aux commandes. Des milliers de juifs étaient arrêtés et expédiés dans les camps. Voici le récit de Berlusconi à propos de l'épisode en question :

— Ma mère prenait le même train tous les jours, avec les mêmes personnes qui, comme elle, allaient travailler à Milan. Tout le monde se connaissait. À un arrêt, un policier allemand, porteur d'une arme, monte à bord du train et interpelle une jeune fille : « Te voilà, toi ! Ça fait un moment que je te cherche ! Descends. Viens avec moi. » Il était évident qu'il s'en prenait à une jeune juive. Pour la jeune fille, descendre du train avec ce policier allemand, ça signifiait être envoyée dans un camp, presque à coup sûr. Ma mère était enceinte de plusieurs mois. Ça ne l'a pas empêchée de se planter devant le policier et de lui dire : « Vous feriez mieux de la laisser tranquille et de faire comme si vous ne l'aviez pas vue. » Le policier lui ordonna de se taire et lui dit : « Assieds-toi ou je te tue ! » Ma mère a refusé de se rasseoir. Elle a répliqué : « Allez-y ! Tuez-moi ! Mais regardez ces gens. Vous croyez qu'ils vous laisseront repartir vivant ? » Alors tous les passagers se sont levés et ont entouré ce type. Il a compris que s'il tirait sur ma mère, il finirait écrasé par la foule. Il a préféré descendre du train. Et c'est comme ça que la jeune fille a été sauvée.

Berlusconi fut ému aux larmes quand Netanyahou raconta cette histoire devant le Parlement israélien, avant de conclure par ces mots :

— Cette Italienne, en s'affirmant ainsi, a sauvé la jeune fille juive. L'espace d'un instant, elle a fait briller un rayon de clarté humaniste et de bravoure dans les ténèbres qui régnaient alors sur l'Europe. Cette femme courageuse s'appelait Rosa. Et l'un de ses fils s'appelle Silvio Berlusconi.

Après ce récit, Berlusconi marque une pause, le temps de prendre une profonde inspiration. On dirait qu'il trouve un réconfort à réveiller ainsi les souvenirs de son enfance dans l'Italie en guerre. Une forme de thérapie dirait-on, en quelque sorte. Il continue avec ferveur, et même avec passion :

— Ma mère m'a beaucoup inspiré, mais mon père me manquait vraiment. Son absence nous pesait. On ne l'a pas vu pendant les trois années que nous avons passées au village. Le dimanche matin, ma grand-mère m'emmenait à la messe dans une petite église. Une fois, j'ai remarqué un homme assis quelques bancs devant moi. Le cou de cet homme et son col de chemise, en tout cas vus de dos, ressemblaient à ceux de mon père. Pendant près d'un mois, avec ma grand-mère, on s'est retrouvés assis derrière lui le dimanche ; et à chaque fois je pleurais en silence, tellement mon père me manquait. À la fin de la guerre, beaucoup d'Italiens qui s'étaient réfugiés en Suisse ont commencé à rentrer. Mais mon père a été parmi les derniers à revenir. Tous les soirs, à six heures, je me traînais jusqu'à l'arrêt du car pour regarder les voyageurs descendre. Mon père n'était jamais parmi eux. Alors je rentrais en pleurant. Ça a duré des semaines. Et enfin, un soir, il est descendu du car. Tout le monde s'est embrassé. La famille a fêté ça. C'était formidable. Mon père était de retour ! Vous imaginez ce que c'est, pour un gamin d'à peine dix ans, d'être privé de son père pendant trois longues années, en pleine guerre, en plus ?

En 1946, la guerre était finie. Fini aussi, pour les Berlusconi, cette vie de misère à la campagne, les expédients pour trouver à manger, l'attente que la famille soit de nouveau réunie. Mais à l'évidence, l'expérience a considérablement renforcé l'instinct de survie du garçon et lui a donné du caractère.

— Pour être honnête, on ne m'aimait pas beaucoup dans l'école du village. Les gamins du coin nous en voulaient, à nous les Milanais évacués. On prenait de la place. On était toujours en train de chercher à manger. Il existait une expression assez vulgaire dans le dialecte local : « *Milanesi mangia fistun va fora di cujun.* » En gros, ça voulait dire : « Les Milanais, barrez-vous ! » Il y avait une brute, notamment, qui était toujours après moi. Il me faisait tomber dans la neige, il lâchait un chien sur moi, ce genre de trucs. J'étais au cours élémentaire. Un jour, au mois de juin, un orage de chaleur éclate. Il se met à pleuvoir des cordes. Le village d'Oltrona est perché sur une colline, avec l'école tout en haut et l'église en contrebas. Le patelin se composait de deux ruelles pavées qui dégringolaient la colline. Et il n'y avait pas de système de récupération des eaux. Quand il pleuvait fort, les deux ruelles étaient transformées en torrents et la place, en bas, se retrouvait inondée. Ce camarade me traitait de tous les noms, comme d'habitude, mais il était particulièrement mauvais ce jour-là. Alors j'ai décidé de me battre avec lui… Comment oublier ça ! La moitié de l'école formait déjà un cercle autour de nous. C'était *Règlement de comptes à OK Corral.* On s'est bagarrés. Les autres criaient. J'ai fini par avoir raison de lui et je lui ai plongé la tête sous la flotte. Je gueulais : « Tu vas arrêter de m'emmerder, maintenant ? Tu vas arrêter ? Dis que tu te rends ! » Il a crié : « Je me rends ! » Il reconnaissait sa défaite. Je l'ai laissé partir.

Berlusconi gesticule comme un mime. À le voir rejouer la scène ainsi, on croirait qu'il est toujours en train de maintenir sous l'eau la tête de cette brute ; et pour la première fois depuis qu'il a commencé d'évoquer ses souvenirs d'enfance, son visage affiche sa marque de fabrique : ce sourire cent mille volts qui chez lui proclame la victoire. Et Berlusconi de triompher :

— À partir de ce moment et pour le reste de mes jours, on m'a regardé comme un leader.

La famille ayant regagné Milan après la fin de la guerre, les parents de Silvio décidèrent de le placer dans un établissement catholique peu éloigné, un collège salésien en l'occurrence. Nombre de familles italiennes de cette époque considéraient comme une décision plutôt originale le fait de confier à des prêtres salésiens l'éducation d'un enfant de onze ou douze ans. Les gens riches choisissaient plutôt les jésuites. Mais les Berlusconi n'étaient pas riches. Et ils n'habitaient pas non plus du bon côté de la voie ferrée. Alors ce fut les salésiens.

Le collège Don Bosco de Milan : c'est là que le jeune Silvio étudia de onze à dix-huit ans. L'école était située Via Volturno, à moins d'un kilomètre de chez lui. Giovanni Melchiorre Bosco, connu sous le nom de Don Bosco, est un prêtre catholique ayant vécu au XIXe siècle. Éducateur et écrivain, il a longtemps résidé à Turin où il a consacré sa vie à l'éducation des enfants des rues, délinquants juvéniles et autres exclus. Sa méthode reposait sur le respect d'une stricte discipline et sur une instruction classique – le latin, le sport d'équipe, la prière. Don Bosco était un adepte de François de Sales, un aristocrate éduqué par les jésuites et devenu saint – le « saint noble », comme on le nommait. Don Bosco a fondé la société salésienne en 1859 pour venir en aide aux enfants victimes de la révolution industrielle. La charte des salésiens vise « la perfection chrétienne de ses membres, laquelle s'acquiert par les exercices spirituels, le travail manuel, la charité envers les enfants, notamment les enfants pauvres, et la formation des garçons destinés au sacerdoce ». Plusieurs personnalités notables du XXe siècle sont le produit des études salésiennes : le cinéaste Alfred Hitchcock, le dictateur Benito Mussolini, et le pape François.

Ceux qui ont connu cette éducation savent qu'elle reposait, du moins au départ, sur la discipline, sur la rigueur et sur une bonne dose de châtiments corporels. L'excentrique Alfred Hitchcock ne fréquenta pas plus d'une semaine le collège salésien de Battersea, dans le sud de Londres. C'était en 1908. Son père se rendit compte lors d'une visite que les bons prêtres avaient des méthodes un peu rudes : pour purger les enfants de leurs maladies physiques et morales, ils mettaient dans leur nourriture de fortes doses de laxatifs. Il décida aussitôt de leur retirer Alfred.

Dans le cas de Mussolini, le traitement sévère prodigué par les salésiens de son collège semble avoir joué un rôle formateur. Ce rebelle s'est senti victimisé, persécuté. Les prêtres, qui l'avaient classé bon dernier, l'humiliaient pendant les cours, les repas et même au dortoir. Après deux années de ce traitement, Mussolini s'est violemment battu avec un camarade ; ayant tiré un couteau, il l'a planté dans la main de son adversaire. Considéré comme un élément dangereux, incontrôlable, il a été renvoyé à l'âge de onze ans. Aucun doute, l'expérience aura contribué à forger la vision du monde du futur dictateur fasciste.

En revanche, un jeune Argentin tira grand profit de son passage chez les salésiens en 1949, et ce garçon n'est autre que Jorge Mario Bergoglio. Soixante-quatre ans plus tard, il deviendra le pape François. Le jeune Jorge attaqua ses études au Wilfried Baron Salesian College de Ramos Mejia, dans la banlieue ouest de Buenos Aires. Dix ans après, il rejoignait les jésuites et le séminaire. Il est donc l'un des rares élèves à avoir connu à la fois la méthode Don Bosco et la méthode Loyola. Un parcours peu ordinaire. En règle générale, les familles choisissent l'une ou l'autre option. Écoutons le pape François : « Le collège salésien était tout pour moi, nous étions immergés dans une préparation intensive à la vie. Les journées passaient vite et nous n'avions jamais le temps de paresser. Elles commençaient, poursuit-il, par la messe matinale. Ensuite venaient les cours, un déjeuner rapide, encore des cours, la récréation avec les prêtres, les devoirs, le rituel du coucher dirigé par le frère le plus ancien, et enfin l'extinction des feux. » Le pape estime que cette expérience lui a appris « la valeur sociale du vivre ensemble ».

Silvio Berlusconi en a gardé le même souvenir.

— Depuis les salésiens de Don Bosco, dit-il, j'ai appris la valeur des relations publiques et l'importance de bien s'entendre avec tout le monde.

Deux personnalités, deux existences on ne peut plus différentes... Pourtant Berlusconi et le pape François ont exactement le même âge. Nés l'un et l'autre à la fin de 1936, ils sont tous les deux entrés en sixième chez les salésiens.

— Ces huit années, explique Berlusconi, représentent mon expérience la plus formatrice. La discipline était très dure. La messe chaque matin. J'étais enfant de chœur. Ensuite la classe de huit heures et demie jusqu'à cinq heures. Latin, grec ancien, mathématiques ou littérature. Une heure pour déjeuner. À cinq heures, cinq heures et demie, on rentrait à la maison avec un paquet de devoirs. Ce n'était pas simple pour un garçon comme moi. J'étais obligé de bosser de longues heures jusqu'à ce que mon père rentre du travail, à neuf heures. La guerre m'avait privé de sa présence pendant trois ans, alors je l'attendais toujours avec impatience. Et quand il rentrait à la maison, c'était toujours un moment merveilleux. Même s'il avait passé une mauvaise journée, même s'il avait des soucis. Il nous apportait la bonne humeur. Comme je dis souvent, mon père se baladait avec un rayon de soleil dans la poche.

Quelques-uns des camarades de Silvio se rappellent un élève doué, un garçon à l'esprit entreprenant ; adolescent, il se dépêchait de faire ses devoirs pour aider les autres en échange d'une friandise ou d'un peu d'argent.

C'est chez les salésiens de Milan qu'il a fait la connaissance à douze ans de son ami Fedele Confalonieri. Ils ne se sont pas quittés pendant sept années, et leur amitié devait se poursuivre toute leur vie. Confalonieri avait un an de moins que Silvio, il était pourtant son alter ego et son mentor. Il a fini par diriger l'empire médiatique de Berlusconi, et présider le conseil d'administration de sa holding, la Fininwest. À la fin des années 1940, ils rentraient de l'école ensemble tous les soirs. Ils habitaient dans la même rue. Leur première rencontre avait eu lieu pendant la messe.

— Je jouais de l'orgue à la messe, raconte Berlusconi, pour diriger le chœur des élèves. Fedele a débarqué un matin. Il a tout de suite été évident qu'il jouait mieux que moi. Il est vrai qu'il suivait des leçons au conservatoire. Alors je lui ai laissé ma place.

Confalonieri, de son côté, se souvient de son ami Berlusconi comme d'un vrai boute-en-train.

— Il était tout le temps en train d'amuser la galerie, dit-il. Il avait beaucoup de charme. Il faisait partie de la troupe de théâtre de l'école. Il écrivait dans notre journal. Et bien sûr, chez les salésiens, on allait à la messe tous les matins. Il faut avouer que ce n'était pas facile, pour des gamins de cet âge. Je pense que ce qui nous a tout de suite rapprochés, c'est la musique. Plus grands, on a fait du jazz ensemble. Je me mettais à l'orgue, ou au piano, et il chantait, des morceaux américains bien souvent. Il voulait plaire. C'était un amuseur.

Quand on évoque ces souvenirs, Berlusconi détourne les yeux, et son regard se perd dans le lointain.

— Oui, finit-il par dire, Fedele était au clavier. C'était son boulot. Moi, j'avais une autre spécialité. Je faisais des discours de bienvenue pour l'accueil des visiteurs importants. Une fois c'était un évêque, une autre fois un cardinal. Je jouais les maîtres de cérémonie, j'étais l'élève chargé du discours. Mon numéro ravissait les prêtres qui étaient nos professeurs. Il arrivait que je fasse tout mon discours en latin. J'avais derrière moi huit ans de latin et cinq ans de grec ! C'était une véritable école ; si vous n'étiez pas bon, ils vous mettaient dehors. On était obligés de travailler dur.

Berlusconi est de nouveau tout sourire et plein de malice :

— J'avais une assez grande famille. Et parmi tous mes oncles, tantes, cousins et cousines, il n'y avait pas moins de huit religieuses. Huit nonnes ! Dont certaines habitaient un couvent non loin des salésiens. Alors quand nous recevions la visite d'un évêque ou d'un cardinal à l'école, et que je prenais la parole, elles venaient s'asseoir dans le public. Je n'oublierai jamais le jour où l'une d'elles m'a pris à part et m'a dit : « Quel superbe cardinal tu ferais ! » Et cette exclamation, elle ne devait plus cesser de la répéter par la suite.

L'anecdote le fait rire de bon cœur, au point de retarder la suite de l'histoire :

— Longtemps après cette histoire, alors que je venais de finir un discours, ma dernière cousine encore en vie, une religieuse elle aussi, est venue me dire : « Quel grand pape tu aurais fait ! » Et je dois dire que le pape actuel fait le boulot exactement comme je l'aurais fait moi-même. Mais reconnaissez que si nous avons presque le même âge, lui et moi, je fais tout de même bien plus jeune que lui !

Intenable, incorrigible Berlusconi !

À peine sortis de leur école catholique milanaise, Berlusconi et Confalioneri se lancèrent dans le business du spectacle. Leur orchestre de cinq musiciens était né au cours de leur année de terminale.

— C'était lui le maestro, dit Berlusconi. Il était au piano. Moi je chantais, je jouais de la contrebasse et de la guitare. On donnait des concerts, principalement le samedi soir et le dimanche après-midi. De bons concerts, vraiment. Et qui rapportaient de l'argent. On était excellents.

Berlusconi le compétiteur. Toujours le meilleur ! Toujours *numero uno*.

Cet orchestre récemment formé, avec Silvio à la contrebasse et Fedele au piano, incarnait l'authentique vocation de nos deux futures stars de la com. Et Fedele confirme que son vieux copain était aussi un bon chanteur :

— Oui, Berlusconi avait une belle voix. Un vrai crooner. Dès le début. On interprétait toutes les mélodies romantiques italiennes. Il écrivait aussi des chansons d'amour. Il chantait même en français et en anglais. Il était moderne pour les années 1950, vraiment dans le coup. On jouait aussi dans les bals, l'équivalent de nos discothèques d'aujourd'hui, sauf qu'à l'époque on se couchait à minuit. Maintenant, minuit, c'est l'heure à laquelle on va en boîte.

Cette remarque le fait pouffer de rire.

— Avec notre petite formation, après le bal on allait jouer dans les night-clubs de Milan. Sans parler des occasions spéciales, comme les mariages. Oui, on s'est fait pas mal de fric. Berlusconi proposait une belle interprétation de *My Funny Valentine* et de *The Man I Love*. Il connaissait tous les tubes de Sinatra. Par la suite, il chanterait du Jerome Kern et du Rodgers and Hammerstein, les morceaux les plus célèbres de Broadway. On avait dix-huit ou dix-neuf ans, et on pouvait déjà se payer plein de disques. Quand je pense qu'on peut maintenant télécharger toute cette musique gratuitement !

Après le bac, les deux amis se sont inscrits à l'université de Milan ; ils n'ont pas cessé pour autant de faire de la musique, et ce presque jusqu'à vingt et un ans.

Contrairement à une légende répandue en Italie, Confalonieri ne s'est jamais embarqué avec Berlusconi pour jouer sur des croisières. « À cause du mal de mer », dit-il. Mais s'ils ont renoncé à jouer ensemble après deux années de fac, ce n'est pas à cause des fameuses croisières.

— On était toujours copains, confie Berlusconi, mais il fallait tout le temps qu'il la ramène. Et ses critiques pouvaient être sévères. Si bien qu'on n'arrêtait pas de se disputer. Sur tous les sujets : le foot, la musique, etc. On avait vingt ans, on allait déjà à la fac, et c'est lui qui dirigeait notre petit orchestre. Il m'a viré.

Pour Berlusconi, l'explication tient au fait qu'il a le gène du marketing dans le sang depuis son plus jeune âge :

— Il m'a viré parce qu'il trouvait que je passais trop de temps à communiquer avec le public sur la piste de danse, et pas assez à jouer de la musique. « Du marketing pur et simple ! » ai-je essayé de lui expliquer. C'était important, c'était bon pour les relations publiques. Je me débrouillais pour que les gens viennent nous écouter, nous et pas un autre orchestre. Mais lui, ce qu'il voulait, c'était que je joue de la contrebasse. Il adorait ma façon de jouer de la contrebasse. Il m'arrivait aussi de me mettre à la batterie, d'ailleurs. Ou à la guitare. Voire au piano de temps en temps. Mais il me répétait : « Silvio, j'ai besoin de toi à la contrebasse. » Il me reprochait de passer la moitié de mon temps à faire des relations publiques. Forcément, un jour, une grosse engueulade a éclaté. Et là, il m'a viré. Comme ça ! Il m'a foutu dehors. Évidemment, je suis allé jouer dans un autre orchestre, et en l'espace de trois semaines tout le monde venait me voir jouer. Lui, il a fini par aller jouer à Beyrouth. Au Liban !

C'est seulement après s'être fait évincer par son meilleur ami que Berlusconi a commencé à travailler l'été pour les croisières Costa. Bien sûr, celui qui se qualifiait lui-même très sérieusement de « séducteur-né » avait déjà photographié des mariages et vendu des aspirateurs ; mais il peaufina véritablement son art de nouer des contacts en endossant le costume du crooner *has been* et du gentil animateur, sur des navires de croisière plein de mamies aux cheveux bleutés et de jeunes gens en voyage de noces.

— J'étais dans un orchestre de cinq musiciens, explique-t-il aujourd'hui, le Lambro Jazz Band. Ce nom s'inspirait du Lambro, la rivière qui traverse Milan. Au début, je jouais de la contrebasse. Puis j'ai chanté. Mais tous les soirs, à minuit, sur le pont principal, se produisait un événement intitulé en français *Une voix et une guitare*. C'était mon numéro ! J'étais vraiment bon pour amuser un public. J'avais un répertoire de cent cinquante morceaux et je demandais aux gens de choisir. J'avais même écrit des chansons avec trois fois rien, histoire de plaire à une jolie femme, sans doute. J'étais doué pour écrire des textes de chansons et j'avais le rythme dans la peau. Je m'amusais comme un fou. J'improvisais carrément des chansons, là, sur le pont !

Berlusconi en rit encore.

— En fait, je bossais dur sur ces croisières. Dès le matin, j'étais sur le pont pour faire de l'animation. L'après-midi, quand le bateau jetait l'ancre dans un port et que les voyageurs descendaient à terre pour visiter la ville, je devenais guide ! Même si je n'avais jamais mis les pieds dans la ville en question. Bon, il suffit de lire un guide touristique pour devenir guide soi-même. Le soir, retour sur scène avec l'orchestre, de neuf heures à minuit, pendant que les passagers dansaient. Enfin, de minuit à trois heures, c'était le show *Une voix et une guitare*. Mes journées étaient bien remplies…

Il était capable d'interpréter de nombreux morceaux de Sinatra, mais sa vraie passion allait à la chanson d'amour française.

— Au début, je chantais surtout des airs italiens. J'écrivais des paroles sur des mélodies de Fedele. Mais j'adorais le répertoire français. Leurs chansons d'amour ! Ça m'était venu lors d'un séjour à Paris, j'imagine. J'y étais allé avant la fin de mes études de droit et de mon diplôme. J'avais suivi un cours de droit comparé à la Sorbonne. Le soir, je chantais dans un cabaret. C'était génial. J'adorais. Mais mon père n'était pas content. Il voulait que je rentre à Milan.

Berlusconi se penche en avant, cherchant à produire un effet dramatique.

— Et là, un soir, alors que je chante dans mon cabaret, il se pointe sans prévenir. J'étais sur scène. Il s'est assis au fond de la salle. Il a attendu la fin du spectacle et après le tomber du rideau, il est venu dans ma loge. « Tu as l'intention de faire le chanteur de cabaret jusqu'à la fin de tes jours ? » J'ai compris que j'allais devoir arrêter. On s'est embrassés. On a quitté Paris le lendemain matin. Je suis retourné à la fac préparer mon diplôme. Ma carrière de chanteur s'est arrêtée là.

Précisément ce que voulait le père de Berlusconi. Silvio obtint son diplôme à l'âge de vingt-cinq ans et déploya aussitôt un don naturel pour les affaires. L'animateur se métamorphosa en brillant entrepreneur. Le *showman* devint un vendeur hors pair, un négociateur de moins de trente ans. Et comme il était Berlusconi, il voyait déjà les choses en grand.

Le crooner des croisières avait changé de costume.

Il allait devenir le jeune nabab milanais.

– 2 –

Le négociateur

Silvio Berlusconi a réalisé sa première affaire immobilière à l'âge de vingt-cinq ans.

C'était en 1961. Frais diplômé de l'université, titulaire d'un doctorat en droit commercial, le chanteur de charme s'était mué en employé de bureau multifonction ; en plus de ses études, il travaillait comme assistant pour petit entrepreneur milanais du nom de Pietro Canali.

La construction était en plein essor à Milan, devenue la capitale financière d'une Italie nouvelle. Ce début des années 1960 connaissait une croissance stupéfiante et bénéficiait de la postérité d'après-guerre. Les cheminées d'usines se dressaient partout, les Italiens faisaient de l'argent, et une nouvelle classe moyenne apparaissait. Le « miracle italien » : ainsi a-t-on qualifié ce boom économique. Industrialisation et urbanisation : le travail attirait les migrants venus du Mezzogiorno pauvre et agraire, et il n'y avait pas assez de logements pour eux. La richesse augmentait, et les familles de cette nouvelle classe moyenne avaient désormais les moyens de s'offrir leur première Fiat 500, une petite maison, ou encore un appartement en ville.

Le jeune Silvio a pris ce boom économique comme une invitation à saisir sa chance. Il était constamment à l'affût d'une affaire. Il cherchait sans cesse un angle d'attaque. Il avait depuis toujours le gène de la négociation dans le sang. C'était un vendeur hors pair. Ce n'est pas un hasard s'il avait choisi le marketing pour sujet de sa thèse. Laquelle thèse avait obtenu la meilleure note et lui avait permis de décrocher son doctorat à vingt-cinq ans, avec en prime une bourse de cinq cent mille lires attribuée par la société Manzoni, une agence de publicité milanaise à l'affût de nouveaux talents.

À peine diplômé, il refusait une première proposition. Elle venait de Carlo Rasini, le propriétaire de la banque du même nom, le petit établissement milanais où Luigi, le père de Silvio, travaillait fidèlement depuis de longues années. Gravissant un échelon après l'autre, Luigi Berlusconi s'était hissé jusqu'à l'équipe de direction de l'entreprise.

Carlo Rasini avait proposé à Silvio un emploi de caissier, un premier poste, une façon de lui ouvrir la porte de sa banque. Silvio avait décliné. Il voyait plus grand. Il rêvait de conclure une première affaire. Il avait repéré un terrain alléchant Via Alciati. Le quartier, immédiatement à l'ouest du centre-ville, était appelé à se développer. En tout cas, Silvio y flairait un potentiel.

— Je venais de passer mon diplôme de droit commercial, dit-il.

Berlusconi considère les photos noir et blanc au format poster accrochées aujourd'hui dans son bureau.

En fait de bureau, il s'agit d'un duplex plein à craquer situé à Arcore, près de Monza, dans la Villa San Martino. Il comprend une chambre forte et une table monumentale équipée d'une chaîne stéréo à l'ancienne permettant d'écouter des 33 tours. En haut, on trouve une chambre avec salle de bains, Jacuzzi et sauna.

Berlusconi jubile littéralement à la vue de ces photos. Rien d'étonnant s'il adore parler de ses débuts dans l'immobilier : c'est le domaine dans lequel il a fait fortune.

Le projet de départ était diablement simple ! Grâce à M. Rasini, Silvio avait été présenté à un client de la banque, Pietro Canali. L'homme n'avait guère d'envergure. Il n'était pas vraiment entrepreneur, il ne bâtissait rien. Il traitait des contrats pour d'autres entreprises sans avoir jamais développé lui-même aucun projet immobilier...

Arrive Berlusconi.

Lui voulait créer un partenariat avec Canali, une machine spécialement conçue pour acheter, Via Alciati, ce terrain de la taille d'un pâté de maisons. Ensuite, ils emprunteraient aux banques pour financer la construction de quatre résidences. Canali ferait appel à ses équipes. Berlusconi n'était pas timide. Il envisageait un accord à parts égales avec le signore Canali, son ex-patron. Canali était également client de la banque Rasini. Silvio avait son père dans la place et pouvait faire jouer son influence. Rasini avait déjà prouvé son affection pour le jeune Berlusconi en lui offrant un job. Bref, Silvio avait le cerveau en ébullition ; il essayait de réussir le mariage entre sa stratégie et son maigre carnet d'adresses.

— J'ai discuté avec mon père, dit-il, puis je suis allé proposer à Canali de monter une société. J'avais un joli nom en tête : Cantieri Riuniti Milanesi – les « Bâtisseurs Partenaires de Milan ». On s'est retrouvés à la banque. Le problème, c'est que M. Canali n'avait encore jamais fait ça. Mais j'avais tout étudié à fond : la situation du marché, le prix du terrain, tout. J'avais même pris contact avec le vendeur, qui selon toute apparence avait sacrément besoin d'argent. Là-dessus, j'ai fait mes comptes et déposé une demande de prêt à la Banca Nazionale del Lavoro. Cinq cents millions de lires. La banque exigeait un taux d'intérêt très élevé. Le directeur m'a dit : « Rentrez chez vous, discutez-en avec votre papa et revenez demain me dire si vous acceptez nos conditions. » C'était impossible !

Mon père aurait défailli si je lui avais dit mon intention d'emprunter cinq cents millions à la banque.

Mais le père de Berlusconi apporta son concours à l'entreprise.

— Mon père m'a donné trente millions de lires lorsqu'il a touché ses cotisations de retraite cumulées. Le capital initial prévu pour l'entreprise que nous avons formée, Les Bâtisseurs Partenaires de Milan, s'élevait à cinquante millions de lires. La moitié venait de moi, grâce à mon père, et la moitié de M. Canali.

Rasini aida également, en investissant cent quatre-vingt-dix millions de lires dans l'apport nécessaire. Et le surprenant Silvio se débrouilla pour prendre 50 % des responsabilités dans l'aventure.

— J'avais repéré l'affaire, explique-t-il avec bon sens. J'avais tout fait pour l'avoir. Du coup, mon but n'était pas seulement de devenir cadre dans la société ! Je tenais à être partie prenante de l'opération.

Sauf que Canali le prit de haut quand le jeune Berlusconi vint lui présenter le montage.

— Il voulait me donner 5 %, continue Berlusconi. J'ai répondu que je préférais avec un zéro de plus. Je voulais un partenariat cinquante-cinquante. Il m'a traité de dingue, de gamin. Si je m'imaginais que j'allais trouver l'argent ! J'ai répliqué que j'avais trouvé le terrain et négocié le prix. Que j'allais faire l'entrepreneur. Que je ferais appel à des amis à moi, de jeunes architectes. Et qu'à la fin je m'occuperais aussi des ventes. En fait, l'investissement à prévoir n'était pas si énorme dans la mesure où la construction serait financée par les banques et par un préachat des futurs propriétaires. Il a fini par céder. Il m'a dit que c'était *lui* qui était dingue. Mais si j'avais eu le courage de lui réclamer 50 % des parts, alors c'est que j'étais encore plus dingue que lui. Peut-être que deux dingues arriveraient à quelque chose en s'associant. Sur quoi mon père m'a aidé. Il m'a même donné trente mille lires quand il a touché ses retraites cumulées. Je me souviens que le capital des Cantieri Riuniti Milanesi était au départ de cinquante millions de lires. J'avais apporté la moitié, grâce à mon père. L'autre moitié venait de M. Canali. C'est comme ça que j'ai commencé à bâtir et à mettre en vente mes quatre premiers biens immobiliers de la Via Alciati.

Heureusement pour le jeune Berlusconi, pour son associé Pietro Canali et pour le père de Silvio en tant que membre de la banque Rasini, l'économie se portait bien et par conséquent le bâtiment aussi. Tout était affaire de temps. Milan était la capitale en pleine expansion d'une Italie florissante. Kennedy était à la Maison-Blanche, un mur se dressait à Berlin entre l'Est et l'Ouest, Sophia Loren était la coqueluche du cinéma italien, Fellini était le metteur en scène en vogue, les revenus augmentaient, et la vie, en général, se montrait généreuse.

Après avoir sécurisé l'apport financé par la banque Rasini, Berlusconi s'employa à lancer son projet de résidence Via Alciati. Son budget avait l'épaisseur d'une lame de rasoir et il faisait tout son possible pour attirer dans l'affaire des amis proches et des parents, dont un oncle du côté maternel, et un cousin. Plus tard, dans les années 1970, il persuaderait Fedele Confalonieri de venir travailler pour lui.

Berlusconi a toujours été un séducteur et un spécialiste des relations publiques, mais c'était aussi bosseur acharné. Dès le départ, il a joué de multiples rôles dans toutes ses aventures ; dans celle-ci, la première, il endosse tour à tour le costume de l'entrepreneur, du négociateur, de l'architecte, du décorateur, du directeur financier, du contremaître, du gardien, du chef des ventes et du promoteur. Mais surtout, il savait *vendre*. Vendeur : tel serait son rôle star dans la vie.

— Il nous arrivait plein d'aventures ! dit-il avec le large sourire de qui vient de gagner le gros lot.

Lui revient en mémoire une chaude journée de juillet 1961. Il avait vingt-cinq ans. Torse nu, un pinceau à la main, il était perché sur une échelle.

— C'était Via Alciati. Il fallait construire un showroom, une espèce de bureau de vente sur place, dans la rue, pour que les gens puissent entrer se renseigner. Mais il n'y avait pas de budget pour ça. J'ai demandé à M. Canali de me fournir une vieille baraque de chantier. Un truc en bois. On l'a réparé comme on a pu. J'ai apporté des meubles de chez moi pour que ce soit plus joli. Évidemment, il a fallu donner un coup de peinture à la devanture. J'ai choisi le bleu, ma couleur préférée.

Il se tait un instant, histoire de savourer son effet, puis rit encore.

— Alors me voilà sur mon échelle, avec mon pinceau, par ce chaud après-midi. À poil jusqu'à la ceinture pour bronzer un peu. Un couple se pointe. Âge moyen. Ils m'expliquent qu'ils ont une fille et qu'elle va se marier. Ils habitent tout près, au bout de la rue. Ce serait formidable si leur fille pouvait s'installer ici. Est-ce que je ne pourrais pas leur donner des informations, ou le nom d'une personne à contacter ? Impossible de répondre que le type au pinceau auquel ils étaient en train de parler n'était autre que le promoteur ! Alors j'ai contrefait ma voix et je les ai priés d'attendre une minute, le temps que j'appelle le boss. Je me précipite dans le petit bureau, je me lave en vitesse, j'enfile une chemise, je mets une cravate. Je ressors et je joue les vendeurs. C'est comme ça que j'ai vendu mon premier appart. Bien sûr, par la suite, ces gens, je les ai revus. Et le gars me disait : « C'est bizarre, la première fois qu'on est venus, il y avait un gars qui vous ressemblait comme deux gouttes d'eau. Il était dehors, en train de repeindre la façade. »

Berlusconi, hilare, imite la voix du client un peu perdu.

— J'ai répondu qu'il devait être tombé sur mon cousin, un gars qui me ressemble beaucoup mais n'est pas franchement une lumière. Quoi qu'il en soit, le premier appartement était vendu, et c'était le plus important. Le deuxième client s'est trouvé être la maman de mon ami Fedele Confalonieri. Elle est venue voir ce qui se construisait dans le coin. Et elle a acheté quatre appartements, tout un étage.

Berlusconi, toujours gesticulant, mime la visite du bâtiment vide en compagnie de la signora Confalonieri.

— Je lui ai fait faire le tour du propriétaire. Je lui ai montré l'emplacement des apparts, des jardins, de la cour, des garages. J'ai tout expliqué. Jusqu'au moindre détail. Elle était emballée. Sauf pour le garage. Elle a fini par acheter quatre appartements : un étage entier !

Les souvenirs jaillissent comme d'une fontaine. Ces années 1960 représentent véritablement la période durant laquelle Berlusconi s'est fait un nom comme promoteur immobilier milanais. Au début, il bâtissait surtout des résidences. Mais après le succès de la Via Alciati – une centaine d'appartements vendus ! –, il était prêt pour un défi de plus grande envergure. C'était possible puisque qu'il avait le concept, un entrepreneur en la personne de Canali, et une banque fiable pour les emprunts et les garanties.

En 1963, Berlusconi avait vingt-sept ans et il montait déjà en flèche sur la scène de l'immobilier milanais. Ce nouveau venu agressif et plein d'ambition était prêt à faire le grand saut et à se lancer dans la construction non pas seulement de quatre immeubles et de maisons, mais d'une véritable « ville nouvelle » à même d'accueillir quatre à cinq mille habitants. Le projet avait pour décor la banlieue nord de

Milan et une agglomération du nom de Brugherio, près de Monza et du circuit de Formule 1. Pour un homme aussi jeune, le bond en avant était considérable.

— Après la vente des appartements Via Alciati, dit-il, on en a construit beaucoup d'autres dans le même quartier. Le marché était porteur. Du coup, je me suis mis à réfléchir à un projet plus vaste. Ce qu'il fallait, c'était présenter sur le site lui-même un modèle d'appartement tout équipé, près du bureau de vente. L'idée était de réaliser quatre fois plus de maisons que Via Alciati. Je voulais promouvoir quelque chose de nouveau, une autre conception de la vie urbaine. Et j'ai trouvé ce beau terrain à Brugherio. J'y suis revenu avec M. Canali. Il a accepté d'entrer dans l'affaire et d'autres actionnaires nous ont rejoints. Une société a été créée, Edilnord. Le projet lui-même s'appelait Centro Edilnord. Je n'aimais pas trop ce nom-là, mais mes associés y tenaient. Ils étaient plutôt vieux jeu, il faut dire.

Parmi les fondateurs d'Edilnord, on retrouve M. Canali en tant qu'actionnaire minoritaire. M. Rasini a lui aussi joué un rôle utile dans le projet en apportant des financements bancaires. Mais l'essentiel du capital provenait d'un trust fiduciaire qui avait déjà investi dans l'affaire de la Via Alciati, une société suisse établie à Lugano, une ville discrète, assez pittoresque. La structure financière de l'opération était une espèce de toile d'araignée sur le mode des participations croisées dont les actionnaires étaient des membres de la famille Berlusconi. Une fois devenu milliardaire, Silvio aurait d'ailleurs à répondre à quelques questions désagréables posées par les enquêteurs sur les origines helvétiques du capital de départ investi par ses soins dans Edilnord. Il a toujours nié avec véhémence que ce placement ait fait l'objet de la moindre irrégularité.

Berlusconi devrait également affronter des soupçons sur les conditions d'obtention de ses permis de construire. Du reste, lui-même se souvient que Milan était alors une jungle où la corruption des fonctionnaires et des élus locaux était endémique.

— Le projet Edilnord n'était pas simple. Mais j'avais juré de ne plus jamais bâtir dans Milan même. C'était trop compliqué avec la bureaucratie et les politiciens.

Il regarde ses mains avec une expression de gêne mêlée de dégoût.

— À Milan, à l'époque, pour obtenir les autorisations et les permis, il fallait faire la tournée. Et il fallait la faire avec une enveloppe dans la bouche, comme je disais ! Vous deviez payer quelqu'un pour avoir le permis de vous raccorder à l'égout. Vous vouliez mettre des panneaux ? Il fallait payer. Des feux de signalisation ? Idem. C'était sans fin. Alors qu'à Brugherio, on est tombés sur des gens honnêtes. J'en étais très heureux.

Cependant, un obstacle de taille devait se dresser sur son chemin : le chantier de ce projet au nord de Milan fut lancé au moment où le marché de la propriété immobilière commençait de s'effondrer. On était à la fin de 1963. Le boom donnait des signes de faiblesse. En Italie, le secteur du bâtiment entrait dans une phase de récession. C'était la fin d'un cycle.

— Les débuts de l'opération ont été vraiment difficiles. C'était un sacré défi. Il n'y avait plus moyen de vendre un appartement. Mes associés voulaient se retirer.

En 1964, il dut affronter la grogne d'une poignée d'investisseurs impatients.

— En gros, ils m'ont dit qu'ils souhaitaient arrêter le chantier, vu que le marché était déprimé. Ils expliquaient que ça ne servait à rien de continuer. Mais j'étais jeune, j'avais réussi à vendre un appartement et ça comptait beaucoup pour moi. C'était ma deuxième opération ! Je n'avais pas du tout envie de jeter l'éponge. Je leur ai demandé un délai de trois mois, le temps de trouver une solution. Je voulais chercher un acheteur unique, quelqu'un qui accepterait de prendre l'ensemble. C'était mon idée. Du jamais vu. Puisqu'on n'arrivait pas à vendre les appartements au détail, peut-être qu'un gros fonds de pension pouvait accepter de les acquérir tous, en vue de les louer aux familles. Pour moi, c'était la piste à suivre : les fonds de pension. Mes associés ont dit d'accord. Ils m'ont donné trois mois pour vendre les apparts. En cas d'échec, ils mettaient la société en liquidation.

Une véritable épopée attendait Silvio Berlusconi – une course d'obstacles dont chacun était plus insurmontable que le précédent. Mais il n'en a pas moins réussi à charmer et à séduire un fonds de pension, lequel a signé l'achat des quatre mille appartements d'Edilnord en un seul énorme contrat. Bingo !

Berlusconi est intarissable sur le sujet.

Au moment de cet ultimatum, il avait déjà repéré le contact qui lui ouvrirait la porte du bon fonds de pension. Un fonds destiné aux cadres venait juste de se choisir pour président un manager que Silvio connaissait à Milan comme appartenant à l'agence de publicité Manzoni – cette même agence qui avait décerné à Berlusconi sa bourse d'encouragement de cinq cent mille lires pour sa thèse sur les aspects contractuels de la publicité. Des contacts un peu partout et une activation permanente des réseaux : telle est la marque de fabrique de Silvio Berlusconi.

— Je suis allé le voir chez Manzoni, dit-il, et je lui ai expliqué mon idée. Il m'appréciait énormément. Il était dans le jury quand j'avais passé mon doctorat, à l'écrit comme à l'oral. On avait une bonne relation. Il m'a répondu qu'en effet les fonds de pension achetaient des appartements, mais seulement à Rome, pas à Milan. J'ai défendu ma cause ! Milan était une grande ville ! Les fonds de pension n'avaient-ils pas intérêt à diversifier leurs investissements ? Non, non, disait-il. C'était quasi impossible. Il venait seulement d'être nommé à cette présidence. Il n'avait pas encore assuré son pouvoir. À Rome, les responsables des fonds de pension avaient noué des liens très étroits avec les entrepreneurs locaux. Tout le monde se serrait les coudes. Rien à faire. Mon interlocuteur n'y croyait pas du tout. Mais j'ai insisté. Je lui ai proposé d'envoyer au moins un de ses cadres sur les lieux, pour voir. Il a grommelé que c'était du temps perdu. Puis il a cédé. Et il m'a mis en rapport avec le directeur général, un type très dur qui ressemblait à un géant.

Berlusconi imite le garçon qui bat en retraite en se protégeant la tête à la vue d'un monstre imaginaire.

— Dodet : le géant s'appelait comme ça. Il est venu voir le chantier et ça lui a plu. Pour lui, c'était du bon boulot. Mais ça n'allait pas être facile de convaincre le fonds de pension d'investir à Milan plutôt qu'à Rome. Il n'y croyait pas non plus, en fait. Je l'ai supplié de faire venir quelqu'un de Rome pour se rendre compte sur place. Une semaine plus tard, il m'appelle pour me dire qu'il pourrait programmer une visite environ un mois et demi plus tard. Là-dessus, ils me disent qu'ils débarquent dans trois semaines. J'étais mal. Tout ce que j'avais à leur montrer, c'était un immeuble même pas terminé. Trois semaines ! Je ne crois pas avoir jamais bossé aussi dur qu'à ce moment-là. Trois semaines sans fermer l'œil, pratiquement.

Trois semaines à faire la tournée de ses amis architectes, d'anciens camarades du lycée. Il a vu aussi des équipes de maçons. Comme d'habitude, il a mobilisé une flopée d'oncles, de tantes, de cousins et autres. Et il a mis tout le monde au boulot. Jour et nuit. Vingt-quatre heures sur vingt-quatre.

— Personne n'a beaucoup dormi pendant ces trois semaines, dit-il avec un sourire de satisfaction. Trois équipes de huit heures se relayaient tous les jours. Et quand les douze membres du conseil d'administration de ce fonds de pension ont débarqué de Rome pour venir sur le site avec le géant, M. Dodet, ils n'en ont pas cru leurs yeux. Ils avaient devant eux une pelouse immense. Je m'étais débrouillé pour acheter aux salésiens la pelouse d'un terrain de foot, et je l'avais replantée. C'était pratiquement une nouvelle invention. J'avais fait venir des bouleaux de Hollande et je les avais replantés aussi, avec des buissons et des arbres de douze ou treize mètres pris dans le jardin d'un ami. Ils bordaient maintenant les allées du site. J'avais fait planter partout des massifs de fleurs, dessiné des allées. Les toits étaient couverts des meilleures tuiles. Les appartements de démonstration étaient meublés, tous dans des styles différents – vous en aviez un dans le style anglais, un autre dans le style contemporain. Il y en avait pour tous les goûts. Les meubles, je les avais empruntés à mes amis architectes qui les avaient apportés de chez eux. Certains venaient de chez mes oncles, mes tantes. Il y avait même des draps et des couvertures dans les lits, des serviettes dans les salles de bains, des assiettes et des verres, tout ce qu'il fallait !

Après avoir fait des moulinets avec ses bras, il prend une mine de conspirateur et enchaîne, d'une voix grave, sur une petite supercherie berlusconienne :

— J'avais même persuadé un copain de Florence, un baron en fait, de venir jouer les gardiens dans le style vieille école avec l'uniforme, la casquette et tout. Il était à l'entrée quand ils sont arrivés. J'avais fait poser une plaque gravée d'une phrase en latin qui voulait dire : « Aujourd'hui on s'amuse, demain au boulot, bienvenue chez nous ! » Tout était impeccable. La perfection absolue.

Berlusconi n'avait pas une longue carrière derrière lui, et l'avenir d'Edilnord dépendait entièrement de cet accord.

Autant dire qu'il avait intérêt à faire bonne impression sur ces visiteurs à l'aspect mécontent, douze hommes venus de Rome contre leur gré, sous la pression du président en personne. Ils commencèrent par faire le tour du chantier. Berlusconi leur offrit des boissons et des petits fours. Mais ils ne se laissèrent pas attendrir aussi facilement. Berlusconi se rappelle une discussion avec le vice-président. De tous, il se révéla le plus hostile au projet. Il était monté sur la terrasse d'un des appartements et il y fumait une Astor, une cigarette très appréciée de l'élégante société romaine.

— On était là, sur la terrasse. Une terrasse entièrement conçue par moi ! Avec sa table de ping-pong et ses détecteurs de mouvement. Il y avait même un chauffage à infrarouges grâce auquel on pouvait se tenir dehors en plein hiver. Le vice-président fumait ses Astor à la chaîne. Il les allumait avec le mégot de la précédente. Il me fait signe d'approcher et me dit : «J'aime bien ces cigarettes, tu vois. Alors explique-moi, mon gars. Comment je fais si je veux en griller une ? On est à combien de kilomètres du bureau de tabac le plus proche ? » Là-dessus, il éclate de rire. Un rire cruel. Je lui réponds aussi sec en pointant le doigt vers le chantier : « Là, on a prévu un bar-tabac. » Le gars prend un air dédaigneux. Je décide alors de lui raconter une blague napolitaine vraiment hilarante. Et c'est comme ça que tout s'est arrangé.

L'artiste, le comédien : tout Berlusconi est là. Mais la tâche n'était pas si facile, lorsqu'il s'agissait de faire croire que le projet était populaire au sein de la population locale, et ce face à un conseil d'administration sceptique venu de Rome, sollicité en pleine récession pour un investissement immobilier.

— Je suis un perfectionniste, explique Berlusconi. Je voulais à tout prix faire bonne impression, et surtout je voulais démontrer à ces gens qu'il existait à Milan des perspectives florissantes dans la location d'appartements. J'ai eu l'idée de leur présenter des futurs locataires dévorés d'impatience. J'ai appelé ma mère et tous mes parents. Je leur ai demandé de venir le lendemain matin sur le site d'Edilnord, et de visiter les appartements témoins. Ils sont tous venus. Ça faisait du monde ! Ils se sont baladés. Ils ont admiré les appartements. À un moment, ils sont arrivés sur cette terrasse où je me trouvais en compagnie du vice-président, ce gars peu sympathique qui fumait des Astor. Il se tourne vers moi et dit : « C'est bizarre, tout ça. J'ai l'impression d'être à un enterrement, ou à un mariage. Cette jolie fille, là, on dirait qu'elle connaît tous les acheteurs. Elle fait la bise à tout le monde. Elle embrasse les gens comme s'ils étaient de sa famille. »

Berlusconi laisse échapper des cris de joie, puis grommelle :

— Impossible de lui cacher la vérité plus longtemps. J'étais cuit. Cette fille, c'était la seule cousine que j'avais oublié d'appeler. Si elle était venue, c'est qu'elle avait entendu dire que j'organisais une fête de famille à Edilnord. À son arrivée, elle s'est mise à embrasser tout le monde.

Il grimace en une parodie de chagrin.

— Je n'avais plus le choix. Il ne me restait plus qu'à avouer la vérité au vice-président et à ses collègues. À savoir que j'avais invité toute ma famille à venir visiter les appartements. J'ai précisé qu'ils étaient tous vraiment curieux, intéressés par le projet, ce qui était la vérité. Au moment de partir, les membres du conseil d'administration se sont tous montrés charmants avec moi. J'ai même eu des compliments. Mais quelques jours plus tard, le président du fonds de pension m'a dit qu'un des dirigeants, un certain M. Mancuso, continuait de s'opposer fermement au projet d'achat, probablement du fait qu'il était dans le circuit romain et voulait bosser avec ses potes, point barre. Le problème, c'est que ce M. Mancuso pouvait bloquer toute l'affaire.

Berlusconi avait réussi à séduire tout un conseil d'administration romain, même après cette comédie ratée avec sa famille. Il n'allait sûrement pas jeter l'éponge devant un dernier obstacle ! Le plan qu'il lança était digne d'Agatha Christie, voire de la Panthère rose... Il illustre bien la ténacité et l'ambition du personnage, son habileté tactique et stratégique quand il s'agit d'arranger une affaire. Il avait – il a toujours – la conviction profonde de pouvoir résoudre n'importe quel problème, à condition d'affronter directement l'adversaire pour le convaincre à force de flatterie, de charme et de séduction.

— J'ai commencé par me rendre à Rome. J'ai demandé à des amis sur place de me trouver le téléphone de la secrétaire qui assistait ce Mancuso. Ensuite je me suis débrouillé pour la rencontrer. Bref, j'ai commencé à lui faire du plat.

Il mime le mauvais garçon et continue :

— Après l'avoir séduite, je lui ai expliqué en détail ce que je voulais. Et je lui ai demandé de me réserver un billet dans le train que son boss prenait tous les quinze jours. C'était le Rome-Milan. Il partait à cinq heures de l'après-midi pour arriver à minuit à destination. Le jour dit, j'ai sauté dans un avion pour Rome et je suis allé directement prendre le train de cinq heures pour Milan. Je me suis installé dans le wagon-restaurant. J'avais choisi une table qui me permettrait d'être assis en face de Mancuso. Je l'ai vu arriver de loin. Il n'avait vraiment pas l'air de bonne humeur. J'étais assez anxieux. J'ai déplié le *Corriere della Sera* et je suis resté caché derrière, le temps que Mancuso s'installe. Le train a démarré. Au bout de cinq minutes, je baisse mon journal et je pousse une exclamation de surprise : « Cher monsieur ! Quelle coïncidence ! » Lui me jette un regard mauvais : « Zut ! Mon ennemi ! » Voilà comment notre discussion a commencé. Au début, ça a été difficile. Mais nous avions un long voyage devant nous : sept heures de train. J'ai entrepris de le séduire, et à la fin j'ai emporté le morceau. À notre arrivée à Milan, nous étions les meilleurs amis du monde. Il m'avait raconté sa vie et nous avions parlé de tout, y compris du projet immobilier. Maintenant il était archi-convaincu. Ensuite il a défendu l'idée avec ferveur. Et quelque temps après ce voyage en train, le fonds de pension décidait d'acheter tous les appartements du site. Le marché était conclu.

Il souligne l'heureuse issue en mimant un soupir de soulagement.

Il faut de la chance pour faire fortune. En 1968, quand le projet Edilnord de Brugherio entra dans sa phase finale, le marché de l'immobilier s'était relevé, et tous les appartements achetés par le fonds de pension furent loués. Berlusconi avait joué et gagné. Il s'était fait un nom. Mais comme toujours, il ne tenait pas en place : il avait envie de plus grand encore.

Ses idées tournaient à présent autour des cités-jardins et des villes-dortoirs. Il voulait en bâtir autour de Milan. Il avait prouvé qu'il avait les épaules assez larges pour gérer un projet de développement de taille moyenne, et qu'il était même capable de le revendre à un gros investisseur si le marché donnait soudainement des signes de faiblesse. Ce n'était pas si mal, pour un homme de moins de trente ans !

En même temps, l'homme à femmes qu'il était aussi faisait la cour à une modeste banlieusarde, Carla Elvira Dall'Oglio. Ils se marièrent en 1965 et deux enfants naîtraient de cette union : Marina en 1966, et Pier Silvio trois ans plus tard. Berlusconi prospérait ; en bon rejeton de la bourgeoisie milanaise, il avait fondé une famille.

Le projet Edilnord achevé, il créa une nouvelle société, l'Edilnord Centri Residenziali SA. Cette fois, il l'enregistra sous le nom d'une de ses cousines, une certaine Lidia Borsani. Elle avait trente et un ans. Sa mère était la sœur de Rosa, la mère de Silvio. La société dont elle était devenue propriétaire sur le papier était financée par une kyrielle d'investisseurs italiens et étrangers, dont la fameuse compagnie fiduciaire de Lugano. Il était indispensable que Berlusconi lui-même n'apparaisse pas comme le propriétaire sur les registres de l'entreprise.

Si Berlusconi avait besoin d'une nouvelle société, c'est qu'il avait un nouveau projet en tête. Il avait acheté une immense parcelle dans la banlieue est de Milan. Ce terrain, qui lui avait coûté trois milliards de lires – deux millions de dollars de l'époque – se situait non loin de l'aéroport de Linate. C'est là que Berlusconi avait décidé de rebondir. Il avait bâti des résidences dans et près de Milan ; à présent il voulait innover, introduire en Italie le concept nord-européen de ville-satellite. Cette mode se développait déjà en Grande-Bretagne, aux Pays-Bas, en Allemagne et en France. Berlusconi était résolu. Il allait bâtir une petite cité-jardin à même d'accueillir des milliers d'habitants, et il l'équiperait de tout le confort moderne – ça, c'était la touche Berlusconi. Mais cette fois, il contrôlerait toute l'opération. Sur ce projet, il serait non seulement développeur mais aussi promoteur et propriétaire.

— J'avais envie de poursuivre ce rêve de bâtir des villes nouvelles, dit-il. La demande était forte, le marché euphorique. La leçon que j'avais tirée du projet Edilnord, c'est que si je voulais vraiment bâtir une grande ville, il fallait commencer par prévoir d'obtenir tous les permis. En effet, la ville devrait avoir tout sous la main : ses écoles, ses commerces, ses jardins, ses pizzerias, ses églises et ses hôpitaux. Mon idée était moderne pour l'époque. Elle consistait à développer une autre vision de la ville : plein d'espaces verts, plein de pistes cyclables, de rues et d'allées piétonnières. Ce qu'il fallait, c'était un lieu où la jeune maman pourrait envoyer ses enfants à l'école sans avoir rien à craindre, un lieu où les gens pourraient vivre, travailler, prier, faire leurs courses, faire du sport, jouer au tennis, aller à la piscine… Bref, avoir sous la main tout ce qu'une famille peut souhaiter. Ce que j'avais en tête, c'était un *Milano Due* dont vous n'aviez jamais besoin de sortir.

Milano Due, Milano 2… Le projet nécessitait d'investir un énorme capital, à commencer par les trois milliards de lires nécessaires à l'achat du terrain. Mais il devait faire date dans l'histoire du pays. Dès 1973, Berlusconi inaugurerait la première livraison de *Milano Due* et se taillerait une notoriété nationale, celle de l'homme qui a fait surgir de terre une cité-jardin moderne, luxueuse, à même d'accueillir dix mille habitants. Quelques années plus tard, il recevrait l'équivalent italien d'un véritable titre de chevalerie pour services rendus à la nation – et ce grâce à *Milano Due*. Fini de l'appeler Silvio ! Le *Cavaliere* Berlusconi était né. Ce surnom plaisait aux Italiens dont le roi non couronné était Gianni Agnelli, l'ex-play-boy qui défendait les couleurs de la Fiat, la firme automobile dont sa famille était propriétaire. Agnelli avait lui aussi un surnom : l'*Avvocato*, en référence à son diplôme de droit. Le pays, à présent, avait deux icônes : l'*Avvocato* et le *Cavaliere*.

D'un point de vue commercial, *Milano Due* fut un triomphe. Les familles y débarquaient par dizaines tous les week-ends, envahissaient les bureaux de vente et bombardaient les équipes de questions. Les gens avaient hâte de connaître plus de modernité. Berlusconi liquida tous ses logements en un rien de temps. Il était en train de faire fortune. Il devenait riche.

Il rencontra une difficulté commerciale et politique seulement vers la fin de l'opération. Étant donné le plan d'aménagement des sols qui avait été arrêté, *Milano Due* se trouvait situé juste sous la piste d'envol de Linate, le principal aéroport de Milan. Et ça signifiait un décollage toutes les quatre-vingt-dix secondes au plus fort de l'activité.

Ce détail risquait de peser sur la valeur des appartements ; mais il suffisait de déplacer la piste un peu plus loin, et là c'était le jackpot.

C'est à cette époque que Berlusconi, tout à fait par hasard, rencontra un prêtre qui, étant aussi un homme d'affaires, allait le tirer… d'affaire. Certains voyaient en ce prêtre un visionnaire, d'autres un voyou. Quoi qu'il en soit, il ressemblait à Berlusconi. Lui aussi était un constructeur et un marchand de rêves. Lui aussi était un séducteur expert en relations publiques. Lui aussi était dur en affaires…

Don Luigi Verzé entre en scène.

Ce religieux à l'intarissable faconde était connu pour faire la pluie et le beau temps à la fin des années 1960 et au début des années 1970. Lorsqu'il rencontre Berlusconi et commence à travailler avec lui, il est déjà une légende locale. Don Verzé était au service de Dieu, mais il aimait bien faire aussi son propre business. D'emblée, les deux hommes s'entendirent comme larrons en foire. Don Verzé était une personnalité généreuse, considéré comme un philanthrope, un bâtisseur d'hôpitaux. Ses détracteurs voyaient en lui un traître, une sorte de Richelieu, un intrigant, un individu puissant doté d'un ego monumental.

Au début des années 1970, Verzé essayait de construire un hôpital novateur, un établissement à but non lucratif, à deux pas du terrain acheté par Berlusconi pour y bâtir son *Milano Due*. Il avait déjà fait l'acquisition d'une parcelle de cinq hectares destinée à accueillir un complexe hospitalier baptisé San Raffaele, en mémoire de l'archange du même nom, le saint patron de la guérison.

Les deux hommes eurent tôt fait de comprendre qu'ils avaient le même problème. Berlusconi comme Don Verzé s'opposaient à la voie aérienne, laquelle survolait le quartier résidentiel de l'un et la clinique de l'autre. Après quelques pourparlers, ils prirent une décision commune :

ils s'associèrent sur le projet d'hôpital, dont Edilnord devint partenaire. Puis ils cosignèrent une pétition au nom des patients de San Raffaele et des résidents de *Milano Due* qu'ils envoyèrent à Rome, au ministre des Transports. Ils demandaient que la piste d'envol soit déplacée, dans l'intérêt des patients de San Raffaele et des résidents de *Milano Due*. Ils firent plusieurs fois le voyage vers Rome ensemble. Ils y rencontrèrent des chefs de l'armée de l'Air et des cadres de la compagnie aérienne Alitalia. À leur retour à Milan, ils discutaient avec les responsables municipaux et régionaux, et aussi avec les autorités sanitaires. À force de se serrer les coudes et de faire du lobbying ensemble, ils obtinrent ce qu'ils voulaient. Une directive gouvernementale en date du 30 août 1973 établit explicitement que « les nouvelles pistes de décollage éviteront de survoler la zone Berlusconi-Don Verzé ».

Nombreux étaient les terrains d'entente entre les deux hommes.

— Don Luigi cherchait la bonne personne, se rappelle Berlusconi, pour bâtir un hôpital près de *Milano Due*. Je suis allé le voir. On est devenus amis. Il a bâti son hôpital juste à côté de *Milano Due*. On a fait plein de choses pour cet établissement, à commencer par la station d'épuration des eaux. Après, on a continué de travailler ensemble, sans cesser d'être amis...

Mais le visage de Berlusconi s'assombrit soudain.

— Il y a aussi ce projet sur lequel on a travaillé des années. Il visait à permettre aux gens de vivre jusqu'à cent vingt ans avec une qualité de vie excellente. On avait pensé à tout. Acheté des terrains près de Vérone. L'idée était lancée. Nous avions avec nous les meilleurs gérontologues, le dessus du panier. Là-dessus, don Luigi est mort. Et tout s'est arrêté.

Mais en 1973, il était encore bien vivant, et l'empire de Berlusconi prospérait. En avril de cette année-là, Silvio persuada son vieux copain Fedele Confalonieri de travailler avec lui. Confalonieri se débattait pour gérer tant bien que mal sa petite usine de fabrication textile ; il était prêt à faire de nouveau équipe avec Silvio. L'alter ego du collège salésien était de retour...

Berlusconi était à ce moment-là un célèbre promoteur immobilier, un magnat du bâtiment italien. *Milano Due* engrangeait les félicitations des architectes et des urbanistes. Néanmoins, le complexe suscitait des controverses. Le déplacement de la piste de décollage n'était pas du goût des élus de Segrate, une commune voisine. Les accusations de corruption et de lobbying agressif devaient poursuivre le projet *Milano Due* pendant des années, même si ses innovations en matière de logement inspiraient d'autres constructeurs.

— Je n'ai graissé aucune patte, affirme Berlusconi. Je me suis battu comme un diable pour avoir mes permis de construire. J'ai eu des discussions interminables et plein de débats avec le conseil municipal de Segrate au complet. J'ai rencontré toutes les associations. J'ai même été agressé par des militants d'extrême gauche opposés au projet. Mais il n'y a eu aucun dessous de table.

Pot-de-vin ou pas, il est clair que *Milano Due* a fait de Berlusconi un homme riche. Il était déjà fortuné dans les années 1960, mais à partir de 1973, après l'achèvement du projet, cette fortune s'est démultipliée. D'ailleurs, à cette époque, il s'est mis à vivre comme un homme riche et célèbre. Grâce à un autre de ses amis controversés, un avocat du nom de Cesare Previti, il a fait l'acquisition à Arcore de la Villa San Martino. Il était en passe de devenir un promoteur accompli, une figure nationale, une star qui avait tendance à faire dans le tape-à-l'œil, une espèce de

Donald Trump à l'italienne, un homme haut en couleur dont les extravagances, pour ainsi dire, étaient livrées avec le personnage.

Berlusconi s'installa à la Villa San Martino en 1974. La propriété, remplie de meubles et d'œuvres d'art onéreux, était enregistrée sous le nom d'une société-holding. Berlusconi prospérait. Il avait à ses côtés son vieil ami Fedele et son plus jeune frère, Paolo Berlusconi. Ce dernier avait commencé avec le projet *Milano Due.* Il continuerait avec *Milano Tre.* Il possédait aussi des centres commerciaux et des immeubles de bureaux.

À en croire Confalonieri, Silvio commençait à s'ennuyer. Il rongeait son frein. Il était prêt pour autre chose. Le succès de *Milano Due* lui avait permis d'augmenter son patrimoine. Il reprit le Teatro Manzoni, une salle située au cœur de Milan. Il acheta aussi un quotidien national publié par une figure du journalisme italien, le sarcastique Indro Montanelli. Et il montait de nouvelles sociétés en vue d'autres projets de construction. Le négociateur s'était déjà transformé en magnat de l'immobilier. Mais l'argent et la notoriété ne suffisaient pas à son bonheur. Il lui fallait un nouveau défi. Il allait le trouver à *Milano Due,* justement, dans le réseau câblé artisanal dont il avait équipé sa cité-jardin dès 1970.

— J'avais envie de fournir un nouveau service à *Milano Due,* dit-il. Et c'est là qu'a commencé mon aventure télévisuelle. J'ai commencé par un circuit de vidéosurveillance grâce auquel les parents pouvaient surveiller leurs enfants quand ils étaient à l'école, au jardin ou à la piscine. Après, avec le câble, on pouvait même suivre la messe en direct, filmée dans l'église de *Milano Due.* Les gens aimaient bien. Moi aussi, d'ailleurs. Après avoir acquis un peu d'expérience dans ce domaine, j'ai étudié le marché de la télévision locale, afin d'anticiper son développement.

En 1974, un élément clé a permis d'entrevoir ce que deviendrait la télévision italienne. Il s'agit d'un arrêt de la Cour suprême concernant une affaire obscure de réseau câblé dans la ville de Biella, près du lac Majeur. La Cour suprême a autorisé ce réseau à continuer de diffuser des images, et la décision a provoqué un séisme. À l'époque, les seules images autorisées étaient encore celle de la RAI, la télévision d'État. Fedele Confalonieri se souvient :

— Berlusconi a suivi toute l'affaire avec attention. Pour la première fois, il semblait possible de défier le monopole d'État en matière de divertissement télévisé. C'est alors que Berlusconi a eu son intuition la plus géniale. Il a vu dans l'arrêt de la Cour suprême une opportunité extraordinaire. Il a créé un réseau câblé à *Milano Due*. Et il a acheté en 1978 la fréquence d'une petite chaîne télé. Il a réuni le tout pour lancer Telemilano 58, une chaîne commerciale. Vous n'imaginez pas à quel point ce qu'il faisait était radical. La loi ne permettait pas aux télés locales de diffuser des émissions ou des informations en direct. Mais Berlusconi était déjà prêt à affronter le réseau géant possédé par le gouvernement. Ça ne signifiait pas affronter seulement la télé. C'était politique aussi. C'était courageux. C'était dingue.

Comme toujours, Berlusconi avait en tête un plan ambitieux : il allait se mesurer à tout l'appareil d'État.

— En Italie, comme dans toute l'Europe, il n'y avait que la télévision publique, dit-il. C'était la seule autorisée. C'était un monopole d'État. Personne ne pensait même à le contester. Pire encore, toutes les chaînes étaient contrôlées par les partis politiques. Impossible de trouver un employé de la télé qui ne fût pas le frère, le cousin, le parent ou l'ami intime de quelque politicien. Autant vouloir gravir l'Everest ! Il s'en est suivi une bataille que vous pouvez qualifier d'épique...

Épique, en effet. La bataille fut rude, et Berlusconi en sortit milliardaire.

Il se jeta dans une frénésie d'achats et mit la main sur toutes les chaînes locales du pays. Il en achetait un bouquet, puis il passait à l'étape suivante. Il était prêt à acheter la RAI si nécessaire. À devenir une sommité des médias.

Et il procéda en inventant le premier réseau à grande échelle de télés commerciales de toute l'Europe.

– 3 –

Le magnat des médias

Villa San Martino, Silvio Berlusconi a pris place dans le somptueux canapé de son magnifique salon.

— Avant nous, dit-il, il n'y avait en Italie que la télévision d'État. C'était la même chose ailleurs en Europe, du reste. Les chaînes cessaient de diffuser à minuit, et vous n'aviez rien le matin pour les femmes au foyer. C'était vraiment ennuyeux.

C'est alors qu'il entre en scène. L'idée : tirer parti de cet arrêt de la Cour constitutionnelle italienne autorisant une télévision privée locale à continuer d'émettre. En 1976, les écrans étaient encore en noir et blanc. L'Italie, qui avait traversé dix ans plus tôt seulement le boom économique de l'après-guerre, continuait de s'industrialiser. On était encore loin de la télé couleur. La télévision d'État jouait un rôle largement éducatif ; elle œuvrait dans la pédagogie et le pédantisme. La RAI proposait notamment une émission célèbre intitulée *Non è mai troppo tardi* – « Il n'est jamais trop tard » – dans laquelle apparaissait un instituteur, Alberto Manzi, qui enseignait littéralement aux téléspectateurs à lire et à écrire. Nombre d'ouvriers arrivés des campagnes pour travailler en ville étaient illettrés. Ces émissions avaient donc une fonction sociale utile à de très nombreux Italiens. Dans ce pays demeuré féodal à certains égards, le communisme était en pleine expansion, comme d'ailleurs dans le reste de l'Europe. Tandis que le Kremlin finançait le Parti communiste, la CIA manœuvrait en coulisse pour appuyer la Démocratie chrétienne. La vie politique vivait sous la menace terroriste des Brigades rouges, des militants d'extrême-droite qui s'apparentaient aux Baader Meinhof d'Allemagne ou aux terroristes français d'Action Directe. Et l'influence politique de l'Église catholique était très forte.

Le Vatican s'opposait violemment à la légalisation du divorce et prenait part aux affaires gouvernementales à l'instar d'un parti politique ; elle s'alliait d'ailleurs aux Démocrates Chrétiens. Le *prime time* bien sage diffusé en noir et blanc était censé refléter les valeurs chrétiennes dont l'éthique était centrée sur la famille. Les Italiens avaient beau apprécier de s'amuser et de faire la fête, ils subissaient la loi des seigneurs romains qui régnaient sur la RAI et lui imposaient un gris uniforme, institutionnel.

À minuit l'État cessait d'émettre, et la soirée prenait fin sur les accords du *Guillaume Tell* de Rossini. Puis la mire s'affichait, et le logo de la chaîne restait à l'écran toute la nuit ; dès lors, l'appareil faisait entendre périodiquement d'atroces tonalités à l'intention des téléspectateurs qui avaient oublié d'éteindre leur poste.

Cette esthétique grisâtre et administrative était alors en vigueur dans presque toute l'Europe, à l'exception de la Grande-Bretagne et du Luxembourg où des chaînes privées avaient déjà le droit de concurrencer la télévision d'État. La télé était un service public, tout comme l'eau, l'électricité et le téléphone. Elle faisait partie des biens que l'État avait confiés à des compagnies qui les géraient en son nom. En Italie, en Allemagne, en France, ce « service public » offert aux citoyens était aussi le porte-voix des partis politiques au pouvoir.

En Italie, du fait de cette mission de service public, et de l'état d'esprit général, la RAI ne diffusait pratiquement pas de publicité. Le peu de réclame qui apparaissait à l'écran ne prenait pas la forme de spots de trente ou soixante secondes : il obéissait à un petit format bizarre. Tous les jours, peu avant neuf heures du matin, RAI Uno, le navire amiral de la télé nationale, proposait douze minutes de pub empaquetée dans un interlude intitulé *Carousel*, lequel consistait en plusieurs sketches de deux ou trois minutes mettant en scène des acteurs ou des chanteurs célèbres. C'étaient les balbutiements de la pub à la télé. Les sketches faisaient la promo des célébrités et aidaient au positionnement commercial des produits. Dans un de ces messages fameux concernant le Cynar, un alcool au goût d'artichaut, on voyait un acteur très connu s'asseoir à la terrasse d'un bar noir de monde, vanter les qualités énergétiques de sa boisson favorite et la commander tout simplement en l'appelant par son nom – la pub se résumait à ça.

Berlusconi commente ces faits d'un ton impavide :

— La pub à la télévision publique n'avait pas d'effet sur les ventes. Pourquoi ? Parce que la plupart des spots étaient institutionnels. C'était trop sage. On montrait la marque une ou deux fois, et *basta*. Autant pisser dans un violon, comme on disait alors. Ça n'attirait l'attention de personne.

L'inventeur de la télé commerciale italienne n'a jamais caché son mépris pour la télédiffusion d'État.

En 1977, après avoir diffusé depuis ses studios de *Milano Due* des radio crochets et des jeux télévisés, il a envie de nouveaux développements. Il achète une fréquence locale, dresse une antenne sur le toit de la tour Pirelli et commence à émettre sur Milan et ses environs. Tele Milano 58 : tel est le nom de sa chaîne.

Marina, sa fille aînée, avait alors une douzaine d'années. Elle se rappelle encore la toute première émission de Tele Milano 58, un dessin animé de Betty Boop passé à huit heures du soir. Elle l'a regardé avec son petit frère Pier Silvio, que tout le monde appelait Dudi.

— C'était à Arcore, se souvient-elle. Mon frère et moi, on était en bas, sur le canapé du séjour. Mon père avait un dîner d'affaires et on n'était que tous les deux devant Betty Boop. Papa nous a appelés trente fois ! Il était à son dîner, mais il nous appelait toutes les cinq minutes pour s'assurer qu'on était bien devant la télé. Il voulait savoir si c'était net, si l'image était bonne, si on entendait bien le son. Il n'arrêtait pas de nous poser des questions. Il était excité. Il avait vraiment le sentiment de créer quelque chose de nouveau, et ça le rendait nerveux.

Marina n'a pas oublié non plus la façon dont son père procédait pour effectuer ses propres études de marché, notamment en interrogeant sa famille et ses proches pour avoir leur opinion.

— Au début, dit-elle, il se méfiait des agences de marketing. C'est avec nous qu'il discutait des programmes. Il préférait demander à ses enfants ce qu'ils aimaient regarder. Il consultait sa famille, ses amis, son entourage.

Elle glousse de plaisir, puis s'esclaffe au souvenir qui lui revient maintenant :

— Ce qui me frappe le plus, c'est que papa devait être le seul parent à se déclarer vraiment *heureux* de voir ses enfants assis devant la télé ! Le soir, vers huit heures, quand il rentrait à la maison, il fallait qu'on regarde tous ensemble. Il avait même réussi à convaincre ma mère de nous laisser dîner devant les émissions. On était son audimat. Il nous demandait toujours quelle chaîne on préférait, quel programme nous intéressait.

Comme nombre de *self-made men* débarqués de nulle part pour créer puis dominer toute une industrie, Silvio Berlusconi ne faisait pas confiance au système. Il aimait effectuer ses propres enquêtes d'opinion ; il ignorait même l'avis de ses plus proches experts et conseillers.

*

En 1979, il avait débauché de la RAI une célébrité d'origine américaine, un spécialiste des jeux télévisés au nom amusant : Mike Bongiorno. Ce dernier devint la première star de sa chaîne. C'était un joyeux drille, et il commença aussitôt à faire grimper l'audience. Aux yeux de la télé d'État, Berlusconi passait maintenant pour un concurrent ambitieux, redoutable et passablement énervant. En fait, c'est la bataille pour conquérir le marché de la publicité qui devait se révéler décisif dans la tentative berlusconienne de défier l'État et de créer un marché d'annonceurs à destination des chaînes. Dès le départ, Berlusconi se voulut un concurrent particulièrement agressif vis-à-vis de la RAI.

— Maintenant que Tele Milano 58 diffusait ses programmes, dit-il, il fallait chercher des débouchés publicitaires locaux. Nous étions très novateurs. Notre façon de démarcher la clientèle différait totalement de ce que faisait la RAI. À ce moment-là, vous étiez obligé d'avoir un réseau spécial rien que pour acheter du temps d'antenne, une tranche pour la pub sur la télé d'État. Les espaces publicitaires de la RAI étaient réservés à une poignée de compagnies. Et pour y entrer, il fallait connaître des gens, surtout dans le milieu politique.

Il se penche en avant avec sur le visage une expression de conspirateur.

— Il y avait un organisme qui gérait les concessions de publicité de la RAI : la Sipra. Et cette Sipra avait à sa tête un colonel du nom de Giovanni Fiore, qui régnait sans partage sur le marché. C'était lui le boss. Un de mes amis était allé le voir pour essayer d'obtenir un espace sur le *Carousel* du soir. Fiore lui a dit : « Revenez me voir dans un mois. » Un mois plus tard, mon ami revient et Fiore lui dit : « Désolé, mais d'après nos renseignements, vous n'êtes pas un bon catholique. » Mon ami a dit qu'il ne voyait pas le rapport. Fiore n'a pas cillé : « On m'a dit que vous n'alliez pas à la messe le dimanche. » Le gars a laissé passer un mois de plus. Il est revenu à la charge. Et Fiore, cette fois, lui dit : « Oui, bon, on m'a confirmé que vous étiez bien allé à la messe. Mais il paraît que vous n'avez pas communié. » Mon ami est retourné à l'église, il a communié, et c'est comme ça que le commandant a consenti à lui vendre quinze espaces publicitaires dans le *Carousel.*

Fin de l'anecdote. Mais Berlusconi n'en a pas fini avec la RAI :

— Comme toutes les télés en Europe, elle était considérée comme la propriété privée des politiciens. Les seules personnes qui y avaient accès étaient les journalistes amis, les potes des politiciens et les hommes d'affaires qui entretenaient de bonnes relations avec les partis.

En 1979, après avoir fait sensation à Milan, Berlusconi achète un bouquet de chaînes dans toute l'Italie. Il n'avait pas envie de jouer à l'intérieur du système. Il voulait changer les règles, imposer sa propre méthode. Écoutons Fedele Confalonieri :

— Avec cet arrêt de la Cour suprême, Berlusconi a eu l'intuition qu'il était possible de s'en prendre au monopole d'État. Il a envisagé la libéralisation du marché comme une chance extraordinaire à saisir. Il a décidé d'entrer en compétition avec la RAI. Et il en fallait, du courage, pour faire ça en 1979 ! Il a décidé d'y aller quand même. Cette dérégulation créait des opportunités au niveau local, mais ça ne suffisait pas en termes de volume d'affaires et de revenus. Alors il a réuni des stations locales et régionales. La loi interdisait les émissions et les news en direct, mais elle autorisait ce qui était enregistré. Le défi de Berlusconi, c'était comment générer d'importants revenus publicitaires avec un bouquet de télés locales peu attractives pour les annonceurs.

Et il tenait sa réponse : faire profiter toute l'Italie des messages publicitaires, et non pas seulement les téléspectateurs locaux. Pour cela, il fallait unifier le réseau et calquer les programmes sur ceux d'une chaîne nationale.

Berlusconi allait créer l'illusion d'une chaîne nationale en diffusant partout au même moment – à moto, en camion, en train et même en avion léger – les mêmes cassettes vidéo. Les stations régionales synchronisaient leur programmation : d'abord une série, une émission enregistrée puis, finalement, toutes les émissions de la journée. Du nord au sud de l'Italie, tout le monde avait l'impression de regarder la même chaîne nationale, alors que tout partait des chaînes locales.

— Enregistrer les émissions et les redistribuer aux stations locales, raconte Berlusconi, c'était créer *de facto* une chaîne nationale. On avait la possibilité de vendre des spots de pub aux grands annonceurs comme Coca-Cola. En obtenant une grosse part du marché publicitaire national, j'ai inventé une forme de télé qui faisait du direct sans faire du direct. C'était du direct enregistré. Toutes les stations locales diffusaient la bande exactement à la même heure. Les téléspectateurs, à la maison, croyaient voir une émission en direct.

Ce système de vrai faux direct a permis à Berlusconi d'approcher des annonceurs avec une perspective de profit rentable. Mais les agences avaient leur façon de travailler, et l'habitude de faire la pluie et le beau temps sur le marché : elles se sont fait tirer l'oreille. Elles n'ont pas acheté la méthode Berlusconi, ce qui l'a amené une fois encore à changer les règles du jeu. C'est ainsi qu'il fonde en 1979 une société intitulée Rete Italia, et commence à racheter les droits de la télé italienne pour les matchs de foot, les séries et les grands films hollywoodiens. Une bibliothèque de contenus était née, qui ne tarderait pas à entrer en concurrence avec la RAI. Et pour court-circuiter les agences, Berlusconi décida de créer une société de publicité maison : Publitalia. Grâce à elle, il pouvait s'adresser directement aux annonceurs en leur offrant un package complet comprenant des émissions sexy et des spots modernes produits par ses soins.

— Les agences s'attribuaient des commissions énormes, dit-il, et nous on avait les miettes. Elles décidaient de tout. Alors j'ai décidé de renverser la situation en créant ma propre agence. On allait produire nous-mêmes des spots pour les clients. Au début, c'était dur. Ça a pris du temps. Il nous a fallu trois ans pour y arriver. J'avais l'habitude d'attaquer avec des offres spéciales. L'une s'appelait « Opération à risque » : l'annonceur bénéficiait d'une réduction de 80 %, plus une promesse de remboursement si notre pub restait sans influence sur le niveau des ventes.

Berlusconi proposait maintenant une couverture complète du pays, laquelle était mesurée par un institut national du nom de Nielsen. Il offrait des émissions de téléachat non stop et plaçait les spots publicitaires aux moments stratégiques de sa programmation. Tels sont les éléments qui ont révolutionné le marché : la stratégie, un réseau couvrant tout le pays, des contenus nouveaux. Adieu les vieux sketches démodés en noir et blanc et les sempiternels acteurs faisant la promotion des produits. Ils étaient remplacés par des spots dans le style Madison Avenue : des annonces choc comme on en voyait en Amérique, avec plein de jolies filles et tout le tapage nécessaire. Berlusconi produisait des publicités sexy, attirantes, associées aux grandes marques présentes sur le marché de la consommation, et les Italiens adoraient ça. Il savait très bien ce qu'il faisait. Le chanteur de charme se produisant dans les croisières avait cédé la place au promoteur immobilier, lequel s'était mué à son tour en impresario naturel des médias et de la télé. Il essayait de comprendre ce que le pays aimait, quand bien même ce n'était pas toujours du meilleur goût. En 1979, ayant recruté d'anciens condisciples du lycée et des vétérans de *Milano Due*, il les envoya à Hollywood avec mission de commencer à acheter des droits cinématographiques. Il se mit aussi à concurrencer la RAI pour les droits de retransmission des matchs de foot. Il se débrouilla même pour piquer à la RAI les droits de la série événement *Dallas* ! Il fit de Cola-Cola l'un de ses principaux sponsors. Il ajouta à son programme les séries *Dynasty* et *Beautiful.* Il lança le samedi soir une luxueuse émission de variétés pleine de filles court vêtues et d'humour populaire. C'était parti !

En 1979, armé désormais d'un réseau de chaînes locales, Berlusconi déposa une nouvelle marque qui deviendrait sa propriété la plus lucrative. Il s'agissait d'un nouveau nom dans le paysage télévisuel : Canale 5 – la « Cinquième chaîne », si on veut. Bientôt, les épisodes de *Dallas* ou de *Dynasty* diffusés dans toute l'Italie s'ornèrent de ce petit logo incrusté dans l'angle de l'écran. Il représentait un serpent mangeant une fleur, et s'inspirait d'un blason du XIe siècle arboré par une vieille famille milanaise, les Visconti. Il symbolisait depuis longtemps la cité de Milan, et Alfa Romeo l'utilisait déjà pour ses voitures. Il ne tarderait plus à apparaître comme la marque générale de tout ce qu'entreprendrait Berlusconi ; et le fameux serpent symboliserait sous peu l'empire médiatique en pleine expansion de Silvio Berlusconi.

À la fin des années 1970, il regroupa ses intérêts dans une nouvelle holding familiale, Fininvest. Mais il garda ses proches collaborateurs. Fedele Confalonieri, rencontré chez les salésiens à l'âge de treize ans, était toujours là. Le camarade de fac Marcello Dell'Utri s'occupait de Publitalia, l'agence de publicité issue de Rete Italia et qui disposait de quatre-vingts bureaux locaux. Mais un homme surtout a contribué à transformer en réalité le rêve berlusconien d'une télévision nationale. Un homme davantage connu aujourd'hui dans le monde du football, après avoir longtemps dirigé le Milan AC. À ce moment-là, il n'était qu'un petit entrepreneur de Brianza, une région agricole de Lombardie. Sa spécialité consistait à équiper les studios de télévision. Il installait des antennes relais et en assurait la maintenance. Il avait pour client principal Télé Monte-Carlo. Et son nom était Adriano Galliani.

— Nous nous sommes rencontrés en novembre 1979, raconte Berlusconi. Ici, dans cette pièce. Il possédait une entreprise, Elettronica Industriale. En fait, il venait me proposer ses services techniques. Il faut croire qu'on avait des atomes crochus, car la chimie a opéré tout de suite. Adriano Galliani était un authentique homme d'affaires de Brianza. Il était bourré de talent. Une harmonie parfaite s'est établie entre nous.

Galliani est un homme chauve et jovial. Il porte un élégant costume bleu et une cravate jaune. Lui non plus n'a pas oublié ce jeudi 1er novembre 1979. Un jour de Toussaint ! Le temps était gris et froid. La ville d'Arcore et la Villa San Martino étaient plongées dans le brouillard.

— Cette journée est gravée dans ma mémoire, dit-il. Je fournissais à Tele Milano des appareils à haute tension. Un jour, Berlusconi m'invite à passer le voir à Arcore, dans sa villa. J'avais lu des articles sur lui et il était un de mes clients, mais nous ne nous étions jamais rencontrés. Je ne savais pas ce qu'il voulait. Fedele Confalonieri était là aussi, dans le salon. J'étais rentré du Japon la veille après avoir assisté à un congrès sur l'électronique. J'étais encore sous l'effet du *jet lag*. Berlusconi m'a invité à m'asseoir et m'a demandé de but en blanc si j'étais capable de lui installer un système de transmission pour trois chaînes nationales. Son raisonnement était le suivant. La RAI avait trois chaînes, il voulait concurrencer la RAI, donc il lui fallait trois chaînes. J'ai répondu que je pouvais le faire. Il m'a proposé tout de suite d'acheter la moitié des parts de ma société. Il m'a demandé de dire mon prix. Il était prêt à payer. Je l'ai regardé pendant une bonne minute. Puis j'ai dit : « Un million de lires. » « Ça marche ! » a répondu Berlusconi. L'affaire était conclue. On s'est serré la main et je suis parti. Et voilà comment mon aventure a commencé. Peu après, nous avons créé Canale 5, la première chaîne nationale de télé privée.

En fait, Galliani n'a pas créé trois nouvelles chaînes à partir de rien. Il a développé deux autres chaînes achetées par Berlusconi. Mais c'était l'homme clé de l'équipe. En 1982, Berlusconi s'est débrouillé pour acheter sa deuxième chaîne, Italia 1, à un patron de presse en difficulté, le groupe Rusconi. Il lui a imprimé sa marque. Ensuite il a acquis Rete 4, pour une autre bouchée de pain. Le vendeur, le légendaire éditeur Mondadori, avait besoin de liquidités, et il savait qu'il ne pouvait concurrencer Canale 5, la chaîne grandiose de Berlusconi. L'élite chic de Milan avait appris à produire des best-sellers, mais diriger des chaînes de télé, c'était une autre histoire. Et Berlusconi était demandeur.

À l'automne de 1984, moins de cinq ans après sa première rencontre avec Galliani, Silvio Berlusconi avait atteint son but. Il était fier de posséder trois chaînes de télévision – autant que la RAI. Canale 5 était le navire amiral de son empire. Et la formule gagnante reposait sur un mélange tape-à-l'œil de sitcoms, de danseuses et de séries. Et quant aux chaînes Italia 1 et Rete 4, elles tiraient aussi leur épingle du jeu.

En 1980, Berlusconi faisait 13 % des audiences italiennes, contre plus de 80 % à la télévision d'État. Deux ans plus tard, la RAI descendait à 63 %. En 1984, les deux adversaires étaient pratiquement à égalité. Les revenus publicitaires de

Publitalia explosaient. Le bras publicité de l'empire Berlusconi augmentait son chiffre d'affaires de 48 % par an. Les rentrées, qui étaient de six millions en 1980, atteindront les quatre cent cinquante-cinq millions en 1984. Elles doubleraient encore quatre ans plus tard !

En Italie comme aux États-Unis, et comme dans toute l'Europe occidentale, le milieu des années 1980 connaît un regain de prospérité. La consommation augmente, alimentée par les rêves nés de la publicité. Berlusconi vendait à ses compatriotes un nouveau style de vie : du Dallas, de jolies filles, du clinquant et du kitsch. Sa fortune était liée à un boom publicitaire auquel prenait part la « génération du moi », une armée de *yuppies* et de nouveaux riches qui regardaient Canale 5, Italia 1 et Rete 4. Tout comme London Weekend et ITV avaient ébranlé la suprématie de la BBC en Grande-Bretagne, Berlusconi offrait à l'Italie une alternative haute en couleur à la télévision d'État.

De sorte qu'en 1984, il était devenu un membre incontournable de la scène nationale. Il demeurait certes un outsider, un dissident, mais il était puissant. Il mettait à rude épreuve le monopole d'État en matière de divertissement télévisé ; il était en train de conquérir le marché de la publicité avec un réseau de stations régionales toujours interdites de direct et de journaux télévisés. D'un point de vue strictement légal, il ne violait pas la loi, mais il tournait autour, dans un contexte juridique où l'autorité, en la matière, revenait à l'État.

Culturellement parlant, il faisait ruisseler sur les écrans désormais en couleur des cascades de pastel et de technicolor. Il introduisait le business à l'américaine dans une Italie habituée à la grisaille du réseau gouvernemental. Il achetait des droits cinéma avec une ferveur qui faisait enrager les intellectuels à la mode et les gardiens de la culture gauche caviar. Il créait un jeu « culturel » inspiré par *La Roue de la fortune*, mais au format italien, et symbolisé par Mike Buongiorno. Au pays avide d'amusements, il proposait tout un troupeau de jolies filles, de musiciens, de chanteurs et de danseurs.

Confalonieri admet qu'il s'agissait de programmes racoleurs, mais il ajoute qu'il fallait y voir un changement radical après des années d'ennui.

— Il faut analyser le contexte, dit-il. Comment ça se passait alors. Dans les années 1980, le pays traversait une période de récession et d'austérité. La société subissait le terrorisme des Brigades rouges et la perpétuelle influence d'un puissant Parti communiste. Lancer une chaîne commerciale dans des conditions pareilles, c'était révolutionnaire. Berlusconi se dressait contre la domination culturelle et l'*establishment.* Il proposait un autre mode de vie. Et c'était en soi une action politique.

C'est à ce moment qu'il situe le début de la carrière politique du *Cavaliere.* Tout a commencé quand cette télévision extravagante et décomplexée a pris racine dans le pays, et défié les gardiens d'une pensée fondée sur la tradition et la démocratie chrétienne.

— Berlusconi a mis sur orbite une télé qui vantait le consumérisme. Ça aussi, c'était politique. L'écran étincelait de publicités *flashy.* C'était une télé qui vous mettait de bonne humeur. Une télé optimiste. Proaméricaine. C'était le Texas de *Dallas* et de *Dynasty.* L'espérance à l'américaine ! Le contraire exactement de l'état d'esprit austère qui régnait à l'époque. Et tout ça dans le respect des catholiques et des communistes. Si bien que la vraie révolution, la politique, pas la culturelle, a commencé à la télé.

Confalioneri brosse un tableau précis de cette révolution. À Milan, les milieux d'affaires snob et l'*establishment* financier regardaient Berlusconi comme un nouveau riche, un arriviste, un *outsider.* Il avait beau être un milliardaire, un géant des médias, il n'était pas né riche. Dans les vieilles familles de la société bien née, on se moquait de lui, on le méprisait, on le considérait comme un rustre dépourvu d'élégance.

Cela ne l'empêchait pas d'être en excellents termes avec au moins un de ceux qui dirigeaient le pays. En 1984, un de ses proches n'était autre que le nouveau président du Conseil, une grande perche socialiste du nom de Bettino Craxi.

Berlusconi s'était fait un ami de ce politicien chauve, chaussé de lunettes, aux épaules larges et au tempérament têtu. L'homme, en fait, avait une volonté de fer. Et il en fallait pour présider une coalition de cinq partis – le *Pentapartito*, comme on appelait son gouvernement. Mais ce socialiste était favorable au business, comme le serait Tony Blair en Grande-Bretagne dix ans plus tard.

Berlusconi et Craxi étaient amis depuis quelque temps. En fait, Berlusconi était un peu considéré comme un sponsor de Craxi. Il comptait parmi ses appuis. On a même parlé de liens très forts noués entre les deux familles. À l'été 1984, le président du Conseil devient le parrain de Barbara, la petite dernière de Silvio – une enfant née en Suisse hors les liens du mariage, et dont la maman était l'actrice Veronica Lario. Berlusconi devait divorcer de sa première femme pour épouser Veronica, et le mariage civil serait alors prononcé par Paolo Pillitteri, beau-frère de Craxi et maire de Milan à l'époque. Ce jour-là, Craxi et sa femme Anna seraient respectivement garçon et demoiselle d'honneur auprès des mariés.

Craxi, président du Conseil depuis 1983, s'attirait les foudres des communistes qui l'accusaient de vouloir libéraliser une économie jusqu'alors étatique. Berlusconi, quant à lui, était évidemment la risée des intellectuels qui lui reprochaient d'inonder le pays de sitcoms et de séries vulgaires importées des États-Unis ; et il était à la tête d'intérêts substantiels susceptibles d'être affectés par des lois orientées vers une régulation du marché. En définitive, cette amitié eut un effet décisif dans la protection des affaires de Berlusconi.

En 1984, son empire médiatique prospérait. Et pourtant, Berlusconi avait besoin d'aide. Il devait affronter un véritable détachement de politiciens et d'intellectuels, et subir le mépris non seulement des responsables de la RAI mais aussi celui des patrons de presse qui redoutaient de le voir siphonner tous leurs revenus publicitaires. Pire encore, ses adversaires lui reprochaient d'enfreindre la loi en diffusant ses programmes dans tout le pays, privilège dévolu en principe à la RAI.

— La RAI et les milieux politiques m'en voulaient, dit-il. Je subissais une forte hostilité de leur part. Ainsi ce terrible échange téléphonique, au début de l'année 1980, avec Willy De Luca qui dirigeait la RAI. Il était furieux parce qu'on lui piquait des parts d'audimat. Il m'a traité de fou. Il m'a dit que les politiciens allaient me détruire. Il m'a même menacé. Il criait : « Tu vas l'avoir, ton contrôle fiscal ! » J'ai raccroché. J'en avais les genoux qui tremblaient.

En Italie, il n'est pas inhabituel de voir des magistrats et des procureurs coordonner leur action pour viser un adversaire politique ou une cible judiciaire. En 1984, en l'espace de trois jours, des magistrats de Rome, de Turin et de Pescara ordonnèrent l'interruption des trois chaînes de Berlusconi. Motif : elles diffusaient illégalement sur l'ensemble du territoire. Il s'agissait d'une attaque concertée, et Berlusconi ne risque pas de l'oublier :

— La guerre était déclarée. Une guerre longue et sans merci. La justice a continué en faisant poser des scellés sur nos émetteurs. Ils nous ont fermés parce que la RAI avait déposé plainte. Il paraît que nos chaînes violaient un article de la Constitution qui accordait à la télévision publique le monopole de la diffusion sur l'ensemble du territoire.

S'ensuivit une bataille légale et politique : la RAI contre Berlusconi. La RAI était soutenue par les seigneurs démocrates chrétiens et communistes. Craxi, qui avait besoin de la Démocratie chrétienne pour appuyer sa coalition, fut précipité dans la mêlée. Berlusconi l'appela au secours, et il répondit présent. Au bout de quatre jours de *black-out*, il signa en urgence un décret ordonnant la reprise des programmes. Ce texte est aussitôt entré dans l'histoire sous le nom de « décret Berlusconi ». Il va sans dire qu'il a été fort controversé.

L'aspect le plus surprenant de cette saga judiciaire est peut-être moins le *black-out* ordonné par les magistrats que le mouvement de protestation populaire déclenché dans toute l'Italie par cette décision. Le rêve berlusconien – une vie meilleure, plus kitsch – avait touché une nation, des millions de familles, et en particulier des femmes et des enfants. Lesquels étaient à présent en colère. *Les Schtroumpfs* avaient disparu des écrans ! Une des émissions préférées des écoliers ! Même chose pour *Dallas*, *Dynasty* ou *La Roue de la fortune*… Les protestations fusaient des quatre coins du pays. On était encore loin de Facebook et de Twitter, mais la fureur s'exprimait quand même : le standard des journaux ne parvenait plus à répondre aux milliers d'appels. Berlusconi en profita pour montrer qu'il jouissait désormais d'une puissance médiatique considérable. Il ordonna à ses chaînes d'afficher à l'écran un carton avec des numéros de téléphone : les cabinets des magistrats de Turin, de Rome et de Pescara, ceux du standard de la RAI à Rome, et même celui du cabinet du président du Conseil ! Les téléspectateurs obéirent à la consigne. Le public de Berlusconi exprimait sa loyauté et sa mauvaise humeur. Le *Cavaliere* avait compris ce que voulaient les masses. Il avait donné au peuple du pain et des jeux. Et le peuple, maintenant, en redemandait. Il voulait sa dose de drogue quotidienne.

— Ils ont failli nous conduire au désastre en nous empêchant d'émettre, dit Berlusconi. Mais le public s'est rebellé.

Il y avait des gosses qui protestaient dans la rue avec des pancartes : « On veut nos Schtroumpfs ! » On était entrés dans l'existence des gens ordinaires, on participait à la vie familiale de millions d'Italiens. Quand on a commencé, la télé d'État diffusait des programmes en soirée seulement. Nous avons été les premiers à en diffuser le matin, l'après-midi et tard le soir. D'où le profond impact que nous avions sur les habitudes des gens, sur les femmes au foyer notamment qui, pour la première fois, bénéficiaient de ce confort : pouvoir regarder la télé toute la journée. Mais nos principaux supporters, c'étaient nos annonceurs et le monde des affaires. Ils ont exercé une forte pression sur les politiciens pour qu'on revienne sur l'interdiction. Ils se sont adressés à Craxi et aux autres en disant qu'ils avaient besoin de diffuser des messages publicitaires sur le petit écran, sous peine de voir leurs affaires chuter. C'était peut-être encore le meilleur argument en notre faveur.

Craxi est donc intervenu. Mais son « décret Berlusconi », qui levait l'interdiction d'émettre, était si controversé qu'il fut déclaré anticonstitutionnel. Il fut impossible au Parlement de l'approuver. On était en novembre 1984. Craxi n'a pas lâché le morceau. Il a présenté un deuxième « décret Berlusconi ». Lequel fut enfin adopté en février 1985. Mais ce texte-là arrivait à expiration à la fin de l'année, de sorte que Craxi a été obligé d'en promulguer un troisième au mois de juin. Ce dernier « décret Berlusconi » put finalement faire force de loi, mais à condition qu'il fasse enfin l'objet d'une législation en bonne et due forme sur la gestion et la régulation des programmes télévisés et de la publicité en Italie. L'affaire devait prendre cinq ans : elle ne fut conclue qu'en 1990. Et même alors, la controverse fut si forte que cinq ministres démissionnèrent en signe de protestation, dont Sergio Mattarella, l'actuel président de la République, ministre de l'Éducation à l'époque. C'est Giulio Andreotti qui occupait alors le fauteuil de président du Conseil. Toute l'aile gauche de son parti démocratique chrétien a claqué la porte du gouvernement. Ils refusaient que soit légalisé l'empire médiatique de Berlusconi. Mais Craxi, qui, en 1990, n'était plus premier ministre mais restait le chef du puissant parti socialiste, lequel faisait partie de la coalition gouvernementale, lui est resté fidèle.

Il ne fait aucun doute que Craxi a joué un rôle déterminant dans le sauvetage et la légalisation de l'empire Berlusconi. Les amitiés peuvent quelquefois se révéler utiles... D'ailleurs Berlusconi est le premier à le reconnaître :

— Oui, je dirais que ma relation avec lui a été utile. L'amitié a pesé dans son choix. Mais je lui avais expliqué aussi, et de façon détaillée, que la télévision commerciale pouvait jouer un rôle fondamental dans l'économie. Je lui ai dit que le monde politique n'avait rien à craindre de chaînes commerciales qui n'avaient même pas le droit de diffuser des infos. Aucun doute, j'étais reconnaissant à Craxi pour ce qu'il avait fait. Mais bon, s'il a pu agir, c'est aussi parce qu'il avait le soutien de sa coalition.

Tout le monde n'était pas convaincu que Craxi ait signé ce décret par simple amitié, ou parce qu'il défendait un socialisme plus moderne, plus favorable à l'économie. Et Berlusconi a dû essuyer des accusations. On lui a reproché d'avoir acheté Craxi. On a dit qu'il l'avait payé sur des fonds secrets, avec de l'argent transféré vers des comptes *off-shore*. Des magistrats ont déclenché une enquête. Ils ont établi des charges. Pour eux, les sociétés contrôlées par Berlusconi avaient versé l'équivalent de onze millions d'euros sur des comptes *off-shore* contrôlés par Craxi. Craxi et Berlusconi se verraient accusés et condamnés pour financement illégal des partis politiques, mais la condamnation serait finalement abandonnée en vertu des lois de prescription. Berlusconi n'a cessé de nier ces accusations, et affirme toujours qu'il ne s'agissait que d'attaques mensongères inventées par les magistrats de gauche.

Berlusconi prend un air renfrogné quand ce sujet de la corruption arrive sur le tapis.

— Je ne me suis jamais embarqué dans ce genre de relation avec aucun politicien, déclare-t-il gravement.

Son ami Craxi a été pris dans une myriade d'actes de corruption pour lesquels il a été condamné par contumace, avant de mourir en exil, en Tunisie, dans sa résidence secondaire. Berlusconi agite ses bras, qui font des moulinets.

— Craxi, on l'a accusé d'avoir gagné plein d'argent avec ses activités politiques. Sauf qu'il est mort en laissant son épouse et sa famille dans une pauvreté absolue. Sa femme était dans le besoin. Elle devait rembourser un emprunt sur la maison en Tunisie. Un autre sur son appartement à Milan. Croyez-moi, je suis très informé sur tout ça… Pour la bonne raison que…

Berlusconi se tait un instant, comme s'il hésitait à en dire davantage. Puis il baisse les yeux vers le tapis. Pendant une brève seconde, son visage est comme empreint d'une piété sacerdotale. Puis il reprend calmement :

— Disons que quelqu'un est intervenu pour soutenir la famille Craxi, alors que cette famille était privée de ressources financières.

Il ne perd pas son aplomb et continue de dérouler le fil de ses souvenirs, les yeux fixés au loin.

— Craxi m'a parlé une fois des difficultés financières que rencontrait son parti. Je lui ai répondu qu'il pouvait compter sur moi si nécessaire. Il s'est pétrifié, m'a regardé droit dans les yeux et m'a dit : « Tu es mon ami. Ne me fais plus jamais une proposition pareille, car elle détruirait notre amitié. » C'était ça, le vrai Bettino Craxi. Ce Bettino Craxi tellement vilipendé. Bon, il a reconnu lui-même devant la Chambre des députés qu'il avait besoin d'argent pour financer le Parti socialiste. Est-ce que la Démocratie chrétienne n'a pas besoin d'argent ? Et les autres partis ? Tous subissaient la puissante concurrence du Parti communiste, qui était largement financé par Moscou. Quand on a ouvert les archives du KGB, on s'est aperçu que 63 % des fonds débloqués par l'Union soviétique en faveur des partis européens allaient au Parti communiste italien ! Les autres avaient du mal à se financer, alors tout naturellement ils allaient voir dans le secteur privé.

En 1980, en Italie, on regardait comme une pratique normale le fait que les partis politiques aillent chercher leur financement du côté des lobbies privés et des intérêts financiers. Ça passait par des comptes *off-shore* et par des enveloppes. Quelques années plus tard, les lois devaient changer. L'idée était d'encadrer le financement des partis politiques. Il en résulta le scandale du *Tangentopoli*[1], qui fit tomber la moitié de la classe politique italienne. Les magistrats avaient déclenché une guerre révolutionnaire contre tous les partis, et c'est dans le tohu-bohu qui en était résulté que Berlusconi a envisagé pour la première fois de s'engager politiquement. Mais pour le moment, il était pleinement satisfait de ses occupations. Le promoteur immobilier était devenu un milliardaire à la tête d'un empire médiatique. Il était lié à Craxi et à d'autres politiciens ? Certes, mais n'était-ce pas monnaie courante ?

Ses détracteurs l'accusaient d'être devenu un vendeur de produits bas de gamme, l'homme dont la télévision avait tué le cinéma italien, l'homme qui n'avait réussi à sauver son empire que grâce à l'aide du président du Conseil Bettino Craxi. Ses fans, en revanche, voyaient en lui le novateur, l'impresario, le génie du marketing aux intuitions fulgurantes. Ils appréciaient chez lui une qualité peu courante :

---

1. *Tangente*, en italien, signifie « pot-de-vin ». *Tangentepoli*, c'est donc la « ville des pots-de-vin ». (Note du traducteur.)

son empathie naturelle envers l'homme de la rue. Il vendait du confort et une vie meilleure. Il fournissait des émissions décomplexées à un public familial qui avait furieusement envie d'échapper à la réalité. Il vendait du rêve.

Ou bien il vendait « de la fumée », comme il l'avait dit lui-même à un ami dans les années 1980.

Dès le départ, il avait compris quels étaient les ingrédients susceptibles d'entrer dans la composition d'une grande télévision italienne. Des films, des séries, des émissions de variétés et du sport. Il a acheté des droits à Hollywood. Il a acheté des séries et des jeux. Il a créé son *Samedi soir*. Et surtout il a acquis les droits footballistiques sur plein de matchs. Les Italiens lui en étaient reconnaissants. Et la RAI était folle de rage. Berlusconi, à chaque fois, lui piquait le marché en écrasant les prix. Rien d'étonnant, par conséquent, s'il a songé à se payer un club de foot dès que son empire commercial eut été légalisé. Il avait compris le lien entre sport et divertissement. Et quel meilleur club s'offrir que le Milan AC ? N'était-ce pas l'équipe qu'il avait adorée, enfant, quand son père l'emmenait au stade ?

Lorsque vous êtes Berlusconi, vous ne vous contentez pas d'acheter les droits de retransmission des matchs de foot.

Vous achetez carrément l'équipe de foot.

– 4 –

Apocalypse now !

— Attaque ! Attaque !

Dans les vestiaires du célèbre Milan AC, Silvio Berlusconi s'égosille. Auprès de lui, le coach est à bout de nerfs.

C'est Filippo Inzaghi, un homme de petite taille, d'apparence fragile et tremblante, un ex-joueur qui occupe le poste d'entraîneur depuis quelques mois seulement. Des mois éprouvants ! Berlusconi lui donne de petites tapes sur le bras.

— Maintenant, dis-moi un peu. Le coach, il gueule quoi quand il est sur le banc ? Allez ! Dis-le ! Je n'entends rien ! Plus fort !

Inzaghi a joué attaquant à la Juventus et à Milan. Il est l'un des meilleurs buteurs de l'histoire du football. À l'époque, il passait aussi pour un play-boy qui faisait la fête en ville avec de jolies femmes. Aujourd'hui, il a presque le physique d'un de ces tuberculeux du XIXe siècle en partance pour un sanatorium dans les montagnes suisses. Il en a des frissons, d'entendre Berlusconi lui mettre la pression. Il a manifestement envie de battre en retraite.

— Attaque !

La réponse est sortie faiblement, comme si sa voix allait se briser. Berlusconi promène un regard coléreux sur les joueurs déroutés répartis sur les bancs autour de la pièce, puis il reprend d'un ton railleur :

— Non, non, non ! Tu ne peux pas faire mieux que ça ? On est dans un stade, là ! Je vais te montrer comment on fait…

Gonflant la poitrine comme Popeye, il hurle :

— Attaque !

Le volume est au maximum. Le hurlement mélodieux qui sort en italien de sa gorge tient du Klaxon et de la corne de brume, ou bien c'est la note la plus basse et la plus mauvaise d'un chanteur d'opéra…

— *Attaccare ! Aaattaaaaccaaaareeee !*

Le coach du Milan AC baisse les yeux, et Berlusconi en remet une couche :

— Et voilà !

Avec un large sourire, il attrape la main du pauvre Inzaghi et la lève comme en un geste de triomphe.

— Qui le fait mieux que moi ? Personne ! Le numéro un, c'est moi et toujours moi !

Une heure plus tôt, le numéro un arrivait à Milanello, le centre d'entraînement historique du Milan AC ; et comme à son habitude, il était venu en hélicoptère.

Milanello n'est qu'à cinquante kilomètres de Milan, au cœur de la luxuriante Lombardie. Silvio Berlusconi est un homme dont la fortune politique s'est édifiée sur un parti dont le nom évoque les acclamations d'un stade de foot : « *Forza Italia !* » Les visites hebdomadaires qu'il rend à son équipe chérie ont toujours beaucoup compté pour lui, telle une pièce essentielle de son psychisme et de son ego.

Le fait de venir à Milanello en hélicoptère relève entièrement de la geste berlusconienne.

En ce vendredi après-midi automnal, début octobre 2014, les feuillages sont encore verts et un vent chaud secoue la cime des arbres. Les branches seront secouées bien davantage par l'arrivée de l'AgustaWestland, douze passagers arborant le logo de Mediaset.

L'appareil se pose à l'emplacement habituel, à savoir un terrain de basket reconverti en héliport. Un van Volkswagen Crafter blanc aux vitres teintées est en stationnement dans le périmètre de l'hélico dont les pales continuent de tourner. Du van sort d'un bond Adriano Galliani, le vice-président du club. L'entraîneur nerveux le suit à la trace. Tous se hâtent pour aller accueillir Berlusconi qui sort de l'aéronef entouré de ses gardes du corps. Nous sommes le 3 octobre 2014. Il est quatorze heures.

Comme toujours, Berlusconi et ses gardes montent dans le van avec le vice-président et le coach. Le trajet jusqu'au *club-house* dure trois ou quatre minutes. Une fois sur place, Berlusconi se promène tranquillement, tout sourire. Il serre des mains, il fait un tour dans la salle à manger des joueurs et complimente la brigade des cuisines. Il informe Inzaghi et Galliani de son intention d'aller aux toilettes. Les deux hommes n'ont plus qu'à attendre dans la petite salle à manger du président où la table est dressée de façon simple : nappe blanche, bouteilles d'huile d'olive et de vinaigre balsamique, sel et poivre, deux paniers d'argent emplis de *grissini* et de petits pains, deux variétés d'eau minérale, l'une pétillante et l'autre plate.

Dès que Berlusconi revient, l'intérêt de tous les convives se porte sur l'entrée jambon et melon – jambon et figues, en ce qui concerne Galliani. Suit un délicat risotto au safran auquel Berlusconi ne peut résister, même si c'est catastrophique pour son régime, paraît-il.

Inzaghi a pris place au bout de la petite table. Il mange nerveusement et boit de l'eau minérale à petites gorgées. Il ne quitte pas Berlusconi des yeux. Galliani, lui, a l'air d'apprécier son repas. Il se sert en risotto. Il se montre affable, jovial même, sauf quand une remarque lui échappe sur l'« arrogance » de la Juventus. Le thème est récurrent chez lui, et c'est compréhensible de la part d'un homme qui a fait de Milan une puissance footballistique mondiale, toujours dans l'ombre de la Juventus. Pour faire simple : Milan a toujours souffert d'un certain complexe d'infériorité face à la Juventus, l'équipe de Gianni Agnelli.

Berlusconi est dans son élément. Mais à peine a-t-il fini son risotto qu'il enveloppe son entraîneur d'un regard pénétrant. L'interrogatoire commence. Il a vu le dernier match, dit-il. Il a étudié attentivement les joueurs et leurs déplacements. Il veut parler formation, et il veut savoir qui sera titularisé pour le prochain match, et qui restera sur le banc. Il veut qu'Inzaghi présente un jeu plus offensif. Et il veut donc en parler. D'où sa première question :

— Qui vas-tu faire rentrer ?

— Je dirais Muntari, répond Inzaghi. Parce qu'on a besoin de sa puissance.

— Pourquoi pas Poli ? réplique Berlusconi dans le centième de seconde qui suit.

Ce n'est pas pour rien que le coach nerveux est assis à cette même table où Berlusconi et Galliani ont évoqué à maintes reprises, avec ses prédécesseurs, le prochain match, le milieu de terrain, la défense et l'attaque, la forme physique de tel ou tel, le choix des joueurs présents sur le terrain. Dans cette pièce, la composition de l'équipe a fait l'objet de discussions avec des coaches de légende, les Sacchi, Capello, Ancelotti, des hommes qui ont remporté pas moins de vingt-six coupes. Autant dire qu'Inzaghi préfère choisir ses mots avec grande prudence :

— Poli est bien, mais il ne tiendra pas jusqu'à la quatre-vingt-dixième minute. Je ne le ferais pas rentrer au début du match.

Il y a désaccord avec le président du Milan AC.

Aussitôt Berlusconi change de sujet. Il s'intéresse à présent à la santé de Mattia De Sciglio. Il demande avec assez d'insistance :

— Mais demain, qui jouera en milieu de terrain ? On va commencer avec De Jong ?

Inzaghi ne semble pas apprécier cette idée. Pourtant il approuve d'un hochement de tête, en marmonnant quelque chose sur De Jong, un joueur « essentiel » sur ce match. Galliani, voyant que l'entraîneur est en difficulté, plaisante sur le fait qu'il est « un homme à femmes ». Inzaghi est sans défaut, dit-il, à part qu'il se montre incapable de résister à la beauté féminine. Inzaghi sourit d'un air honteux. La tension paraît sur le point de retomber. Mais tout le monde a compris. Berlusconi s'adresse à son entraîneur sur un ton extrêmement direct. Il n'a pas suggéré un plan de titularisation des joueurs pour le prochain match, il l'a imposé. Ce qui est conforme à l'opinion du vieil ami Fedele Confalonieri : « Berlusconi aime être le patron. »

Après la plaisanterie de Galliani, l'atmosphère s'est quelque peu apaisée. La gaieté revient dans la conversation. Après le déjeuner, on prend la direction des vestiaires et de la salle de gym. Le moment est venu de rencontrer l'équipe.

Le trio – Berlusconi, Galliani, Inzaghi – traverse péniblement la pelouse du premier des sept terrains qui composent le complexe sportif de Milanello. Ce terrain avoisine le *club-house*. De l'autre côté, se dresse le bâtiment beige abritant les vestiaires, la salle de physiothérapie, le gymnase et la piscine.

L'équipe au complet les attend aux vestiaires. Les joueurs sont assis sur des tabourets pliants en fer. Le nom de chaque footballeur s'imprime en noir sur une feuille blanche marquée du logo Milan AC, collée sur la porte des casiers. Au-dessus du casier lui-même, repose le même sac de sport noir portant en blanc les noms des sponsors : Adidas, Emirates. Les joueurs se lèvent comme un seul homme à l'arrivée de Berlusconi. Il les salue tous, l'un après l'autre, en les appelant par leur nom.

— Comment ça va ? Bien ? dit-il à l'attaquant Stephan El Shaarawy.

Puis, à l'avant français Jérémy Ménez :

— Ça va mieux ? Les journaux ont raconté que tu n'étais pas très en forme.

À Fernando Torres, avant-centre :

— Comment va ta femme ? Et les enfants ? Cette nouvelle maison ? Tout le monde est bien installé ? Pas de problème ? Super.

À Christián Zapata, le défenseur colombien habitué au poste d'arrière central :

— Au fait, bon anniversaire !

À Alex, défenseur originaire du Brésil :

— Complètement guéri ? Sur le terrain ce week-end, hein ?

Alex approuve d'un hochement. Il va bien. Il va pouvoir rejouer.

Le moment est venu, pour Berlusconi, de galvaniser ses troupes. Campé au fond des vestiaires, avec à ses côtés l'entraîneur Inzaghi, il s'adresse aux joueurs en adoptant un ton un rien professoral :

— Bon, j'ai regardé vos deux derniers matchs. Vous avez réussi à développer un jeu harmonieux. C'était prenant. C'était vraiment digne d'une grande équipe. J'ai noté que vous vous êtes bien comportés pendant les corners. Je voudrais vous rappeler que vous êtes censés gagner ensemble la surface de réparation pendant que le ballon est en l'air. Étant donné que les défenseurs ne peuvent pas avoir en même temps l'œil sur vous et sur la balle, leur réaction instinctive consistera à essayer de vous bloquer le passage.

J'ai obtenu plein de penaltys avec ce mouvement. Mais il faut qu'il soit bien exécuté. Et je vous répète ce que vous devez toujours vous dire à quinze ou vingt minutes de la fin du match : « Reste en possession de la balle ! »

Dans les vestiaires de Milanello, les joueurs du Milan AC sont déconcertés par le petit sermon de Berlusconi, mais ils sourient avec respect. Dans un angle de la pièce, Galliani semble partagé entre l'émerveillement et la concentration. Inzaghi hoche la tête : il est d'accord avec le boss.

Berlusconi se tourne à présent vers lui et recommence à lui donner des tapes sur le bras.

— Dis-moi, coach. À ce moment-là, qu'est-ce que le coach est supposé gueuler depuis son banc ?

— Attaque, lâche Inzaghi dans un souffle.

Berlusconi lui fait les gros yeux.

— Il faut le dire plus fort que ça.

Berlusconi braille à nouveau :

— Attaque ! Ça veut dire tu colles le ballon à ton pied, tu dribles la défense et tu joues. OK, coach. Maintenant, vas-y. On va voir s'ils entendent quelque chose.

Inzaghi recommence :

— Attaque ! lance-t-il faiblement.

— Plus fort ! dit Berlusconi.

— Je n'ai plus de voix, se plaint le malheureux entraîneur.

— Plus fort ! insiste le boss. On est dans un stade !

Inzaghi a l'air gêné. Pourtant il fait une autre tentative et crie :

— Attaque ! Attaque !

Mais les mots qui sortent de sa bouche s'entendent à peine.

— Je n'entends rien ! proteste Berlusconi. Plus fort !

— Attaque ! reprend le coach mollement.

— Allez ! le raille Berlusconi. Bon, je vais te montrer comment on fait.

Il laisse alors échapper un cri de guerre, une note basse, si profonde et si sonore qu'elle semble remonter à l'époque où il faisait le crooner sur un bateau de croisière, et jouait de la contrebasse dans la formation de Fedele Confalonieri.

— *Attaccare ! Aaattaaaaccaaaareeee !*

Puis il affiche un large sourire, prend la main d'Inzaghi et la lève pour lui faire effectuer un demi-salut.

— Alors qui est-ce qui crie le mieux ? Moi, bien sûr ! Le numéro un, c'est toujours moi !

Les joueurs se lèvent pour lui dire au revoir. Là encore, il s'adresse à chacun personnellement et leur serre la main.

— Ciao, ciao, ciao… Merci à tous.

Il dit au Japonais Keisuke Honda :

— Bravo pour ton but de la semaine dernière. Bravo, bravo.

C'est Honda qui marquera le lendemain le but décisif du match.

Le dernier joueur auquel Berlusconi s'adresse est le grand milieu de terrain ghanéen Sulley Muntari :

— Alors, quand est-ce que tu me présentes ta femme ?

Le joueur n'en croit pas ses oreilles.

— J'aimerais juste la rencontrer, la voir. Je suis vieux, alors tu ne risques rien. Mais j'aimerais bien la rencontrer. Tout le monde dit que c'est la plus belle.

Muntari sourit. Berlusconi sourit. Inzaghi sourit puis accompagne Berlusconi jusqu'à la porte.

Et c'est un Silvio Berlusconi particulièrement enjoué qui, après un dernier salut de la main, quitte les vestiaires comme un bolide et va au gymnase serrer la main du staff au complet. Pendant ce temps, les joueurs gagnent le terrain et se préparent pour leur entraînement.

Plus tard, de retour au *club-house*, un invité demande au patron s'il a jamais imposé à un coach la composition de l'équipe. Un large sourire s'affiche sur le visage de Berlusconi.

— Est-ce que j'ai jamais imposé une composition d'équipe ? Non. Ai-je fait des suggestions ? Bien sûr ! Très souvent. J'ai toujours discuté avec mes entraîneurs. On échange beaucoup pour savoir qui rentrera sur le terrain. On parle de chacun des joueurs en particulier avant chaque match. Il arrive que je ne sois pas d'accord avec le coach. Quand c'est le cas, c'est toujours lui qui gagne. Je n'ai jamais abusé de mon pouvoir en tant que propriétaire et président du club. Je n'ai jamais essayé de prendre l'ascendant sur l'entraîneur. Après tout, c'est lui qui est responsable des résultats de l'équipe. Prenez Sacchi, par exemple. Ensemble, on a inventé la formule d'un Milan AC qui occupe le terrain à fond. On a créé une équipe qui aime jouer, qui respecte ses adversaires et qui est applaudie par les supporters pour cette raison même. Et je crois que ce concept, maintenant, est profondément inscrit dans l'ADN du club.

Galliani a un sourire entendu ; il a vu Berlusconi gérer beaucoup d'entraîneurs au fil des années. Écoutons son point de vue :

— Il ne va pas imposer telle ou telle composition d'équipe. Mais il est sûr qu'il adore discuter des matchs. La technique de jeu, les aspects tactiques. Il aime ça, parler avec le coach. Un peu comme un patron de presse aime parler avec son rédacteur en chef. C'est lui qui l'a nommé. Ça n'empêche pas le rédacteur en chef de définir librement sa ligne éditoriale. Mais le propriétaire du journal peut changer de rédacteur en chef s'il en a envie. Dans un club de foot, c'est pareil.

L'après-midi touche à sa fin. Berlusconi et Gallieni sont au *club-house*, confortablement installés dans les canapés blancs du salon. La baie vitrée donnant sur le terrain, et au-delà sur les vestiaires et le gymnase, est tendue d'un rideau ajouré que traversent les rayons d'un soleil déclinant.

Gallieni a un tempérament espiègle. Il est connu pour être tout aussi coureur de jupons que le coach dont il se moquait tout à l'heure. Il a toujours plein d'anecdotes à raconter. Il reste le dernier fan de Berlusconi. C'est un admirateur sincère, un ami véritable, un associé sérieux et le bras droit du *Cavaliere* au Milan AC, comme il était son bras droit naguère dans l'empire télévisuel. Galliani compte parmi les alter ego les plus importants dans la vie de Berlusconi. Il est quasi à égalité avec Fedele Confalonieri en termes d'amitié et d'intimité.

À la minute présente, il écoute avec attention Berlusconi raconter comment il a été amené à acheter le club milanais en 1986, et parler de ce que Milan signifie vraiment pour lui :

— Vous savez, quand je suis entré ici, c'était comme un rêve devenu réalité. Débarquer à Milanello en tant que président du club ! Un rêve que j'avais toujours partagé avec mon père. Vous n'imaginez pas le nombre de fois où je suis allé au stade avec lui. Quand on perdait, on était en larmes. Papa me consolait. Il me disait : « Tu verras. La prochaine fois, c'est Milan qui va gagner. Continue d'avoir envie de gagner, c'est tout. »

Berlusconi regarde au loin. Le grand communicant est très calme, soudain.

— Pour moi, reprend-il, la véritable signification de ce club, c'est qu'il me rappelle mon enfance. Il me rappelle mon père. Lui et moi, on parlait du Milan AC presque tous les soirs quand il rentrait du travail. Il me demandait si j'avais fait mes devoirs, et après je mettais toujours la discussion sur ce sujet. Le Milan AC n'était pas une grande équipe, à l'époque. Ils ne gagnaient jamais rien. Mais cette équipe me représentait, d'une façon ou d'une autre. Je m'identifiais à ses joueurs. Je fantasmais. Si bien qu'en 1986, la première fois que j'ai été approché, et que la possibilité d'acheter le club s'est présentée, j'ai immédiatement pensé à mon père, et j'ai dit oui. Mon père a beaucoup compté dans ma décision, même si le club était assez médiocre, même si ses résultats étaient nuls, même s'il était en pleine déconfiture.

Fedele Confalonieri, l'autre alter ego d'importance, se rappelle que les discussions sur le rachat du Milan AC ont commencé bien avant, dès la fin des années 1970, en fait. Mais Berlusconi était victime alors d'un certain snobisme. On le regardait comme un *outsider*, un parvenu qui avait réussi comme promoteur, un nouveau riche débarqué dans le monde italien des affaires.

— Silvio et moi, dit-il, nous étions fans de ce club depuis notre enfance. J'allais tout le temps au stade avec lui, et avec son père qui était un de ses plus grands supporters. La première fois que Berlusconi a réfléchi à la possibilité de faire une offre, c'était à la fin des années 1970. Le Milan AC allait mal, à ce moment-là. Et Gianni Rivera, le capitaine de l'équipe, n'appréciait pas du tout Berlusconi. Il s'est débrouillé pour bloquer l'opération. Il est vrai qu'avoir un patron comme Berlusconi, ce n'est pas si facile. Dès son arrivée, il a pris les choses en mains. Au début des années 1980, le club continuait d'aller mal. L'équipe perdait tous ses matchs. Deux fois rétrogradée en deuxième division ! Un vrai désastre. Alors, à l'automne 1985, quand Berlusconi a de nouveau parlé de racheter le club, plusieurs d'entre nous s'y sont opposés. Même Galliani avait des doutes, autant qu'il m'en souvienne. Et si quelqu'un connaît le foot, c'est bien Galliani. Il avait été vice-président du Monza AC.

Selon lui, la situation financière du Milan AC n'était pas claire. On avait peur de découvrir après coup une dette cachée, ou de tomber sur une très mauvaise surprise financière. Mais Berlusconi était déterminé. Il avait envie d'acheter le Milan AC. Et d'après moi, c'était principalement parce qu'il avait une passion pour ce club.

Adriano Galliani se rappelle le moment crucial de la décision, à la fin de l'année 1984, entre Noël et le jour de l'an :

— On était chez Berlusconi à Saint-Moritz, dans une maison qui avait appartenu à Reza Pahlavi, le shah d'Iran. C'est là que Berlusconi a décidé d'acheter le Milan AC. Je lui déconseillais de le faire, sachant ce que ça pouvait coûter, de posséder un club de football. Je lui ai dit que l'idée était excellente, mais que ce serait un gouffre financier. Il n'a pas répondu. On a quitté Saint-Moritz pour rentrer à Milan dans son jet privé, et il n'a pas dit un mot de tout le voyage. On était trois à bord : lui, Confalonieri et moi. Berlusconi n'a pas desserré les dents pendant les quarante ou quarante-cinq minutes qu'a duré le vol. Mais après que le jet s'est posé à Linate, soudain il a parlé. Depuis le décollage de Saint-Moritz, il avait réfléchi à mes mises en garde. Selon moi, il devait se montrer extrêmement prudent dans cette affaire. Il avait pensé aussi à l'enthousiasme de Fedele Confalonieri, le copain d'enfance, le grand supporter de Milan. Or Confalonieri était favorable au projet. Et là, tout de suite après l'atterrissage, alors que le jet roule sur le tarmac, Berlusconi nous annonce sa décision : « On y va. On achète le Milan AC. »

Dès lors, il presse son équipe de chercher un arrangement final. Et le 20 février 1986, l'affaire est conclue. Silvio Berlusconi, le promoteur richissime devenu géant des médias possédait maintenant le club du Milan AC. Et comme si ce n'était pas assez, ce même jour, plus exactement dans la soirée de ce même jour, les trois amis montaient dans le jet pour gagner Paris où Berlusconi tenait à être présent pour le lancement de sa chaîne privée française : la Cinq.

— Je n'oublierai jamais ce jour-là, raconte Galliani. Ce 20 février ! Le matin, Silvio Berlusconi signe l'achat du club, et le soir on s'envole pour Paris et on lance la Cinq, notre chaîne commerciale française dont c'était la première émission. Quelle journée ! Elle avait commencé avec l'achat du Milan AC, et le soir Berlusconi partait conquérir la France ! On a fêté ça au Jules Verne, le restaurant de la tour Eiffel. Le champagne coulait à flots. Il y avait aussi du bordeaux, un Mouton Rothschild, et il était excellent.

Berlusconi avait donc racheté le club. Comme Galliani l'avait prévu, il fallut investir des tonnes d'argent dans l'encadrement et les joueurs. Ces fonds permirent à Arrigo Sacchi de faire venir un trio de footballeurs hollandais : Ruud Gullit, Marco van Basten et Frank Rijkaard. Et ces stars de légende allaient apporter au club la puissance attaquante qui lui manquait jusque-là. L'équipe fut complétée par des internationaux italiens tels que Paolo Maldini, Franco Baresi, Alessandro Costacurta et Roberto Donadoni. Sous Berlusconi, le Milan AC remporterait pas moins de vingt-huit coupes et trophées et deviendrait le second club le plus titré du monde.

Maintenant qu'il s'était acheté une équipe, Berlusconi était impatient de marquer de façon spectaculaire son entrée dans l'univers du foot. Fidèle à son habitude, il entendait montrer à la planète entière qu'il était bien le numéro un.

— Je sortais juste du *show-biz* et de la télé, dit-il. J'ai compris que ce qu'il nous fallait, c'était du clinquant, quelque chose qui fasse événement, différent. En préparant la présentation de l'équipe au stade Arena de Milan, j'ai repensé à cette scène d'*Apocalypse Now*, quand les hélicoptères descendent en piqué. Alors une idée nous est venue : les joueurs, habillés avec élégance, arriveraient en hélicoptère, et ils salueraient la foule, et je prononcerais un discours pour dire ma fierté…

L'arrivée des hélicoptères ! Cet événement-là non plus, Galliani ne risque pas de l'oublier. Un moment wagnérien directement inspiré du film de Francis Ford Coppola. Les trois hélicos se sont posés dans le stade. Les speakers hurlaient. Le *Chant des Walkyries* grondait comme le tonnerre dans les haut-parleurs.

— On voulait en mettre plein la vue au public, raconte Galliani. Alors Berlusconi s'est posé dans le stade. Et l'équipe au complet est descendue des hélicoptères. Le petit stade était comble : les supporters du Milan AC avaient répondu présent. Il y avait près de dix mille personnes dans les gradins.

Mais cette audacieuse mise en scène, planifiée avec tant de soin par Berlusconi, faillit être lessivée par l'orage qui éclata au-dessus de Milan ce 18 juillet 1986. Ce fut le déluge. Les supporters étaient trempés. Mais cela n'a pas semblé les déranger outre mesure.

Trois hélicoptères se sont donc posés sur le terrain même. En sont descendus les joueurs, les stars. Massaro, Tassotti, Maldini. Ainsi que Franco Baresi, le capitaine de l'équipe. Le Milan AC de Berlusconi avait atteint le cœur même de Milan, son stade. Le style *Apocalypse Now* s'accompagnait peut-être d'une pincée d'état d'esprit Canale 5 – ou la Cinq –, avec le nombre approprié de chanteuses et de vedettes de la télé, avec force tape-à-l'œil, et bien sûr avec la star des stars, le nouveau propriétaire de l'équipe, l'homme du jour, l'incarnation de l'Italie nouvelle, le *condottiero* Silvio Berlusconi.

À quarante-neuf ans il accomplissait un autre des rêves de sa vie. Et le football italien, après cette résurrection du Milan AC en juillet 1986, ne serait plus jamais le même.

Le Milan AC revivait, et la clé de ce renouveau consistait à dépenser des masses d'argent en joueurs, en entraîneurs et en encadrement. Il fallait construire un style de jeu ; il fallait surtout développer une équipe plus offensive, orientée sur l'attaque. La stratégie était claire. Le coût était astronomique.

— Le Milan AC n'est pas coté en bourse, explique Galliani, et nous gardons ce genre d'information pour nous… mais disons, pour être correct, que depuis 1986 Milan a coûté plus d'un milliard d'euros. La passion, ça revient très cher.

Au cours de ces années, Berlusconi a peut-être dépensé une fortune, mais il a aussi construit un club dont la valeur atteint aussi une fortune. Il semble que le staff mis en place par Berlusconi et Galliani ait eu les bonnes intuitions quand il s'est agi d'acheter et de vendre des joueurs. Et pour gagner les coupes également (sous la coupe de Berlusconi, Milan deviendrait bientôt le deuxième club le plus titré au monde, avec 28 coupes et trophées). Une des clés de cette réussite, c'est le choix des entraîneurs qui se sont succédé dans le club, les prédécesseurs d'Inzaghi ; ils avaient tous l'air de surgir de nulle part, et ça ne les empêchait pas de se révéler des gagneurs de niveau mondial. Arrigo Sacchi, par exemple, fut le premier entraîneur recruté par Berlusconi en 1987. Il venait de Parme, où il avait entraîné une modeste équipe évoluant en deuxième et troisième divisions. Aux yeux de la presse sportive italienne, il manquait de crédibilité. Berlusconi l'a engagé tout de suite après la victoire de Parme sur Milan lors d'un match de poule comptant pour la Coupe d'Italie.

— Si j'ai pensé que Sacchi serait le bon coach pour Milan, c'est que j'avais étudié le jeu de son équipe. Elle ne jouait pas en défense, comme le font beaucoup d'équipes en Italie. Pendant des années, le football italien s'est appuyé sur un jeu défensif, comme s'il entendait se satisfaire d'un petit score. Sacchi, lui, exhortait ses joueurs à y aller à fond, à vouloir gagner, à attaquer. Je me rappelle notre première rencontre, lors d'un déjeuner. Galliani était présent. Sacchi n'avait pas un caractère facile, mais je l'aimais beaucoup.

Sacchi a rejoint le Milan AC le 1er juillet 1987. Il s'est immédiatement illustré par son courage, sa grande volonté et son intelligence stratégique. En plus, il a su employer habilement l'argent de Berlusconi en achetant notamment le trio de stars hollandaises Rudd Gullit, Marco van Basten et Frank Rijkaard, pendant les saisons suivantes. Ces légendes du football ont insufflé à l'équipe la puissance d'attaque dont elle avait besoin, et couronnaient la pléiade de célébrités italiennes internationales qui jouaient déjà pour l'équipe – parmi elles Paolo Maldini, Franco Baresi, Alessandro Costacurta, et Roberto Donadoni. Résultat, le club s'est mis à engranger des victoires. La saison 87-88 le voit remporter le Scudetto, le championnat italien de première division. En 88-89, ce sera la Coupe des champions, exploit qui se renouvellera en 89-90. Quoi qu'il en soit, il ne semble pas que Berlusconi ait souvent pu imposer une équipe à Sacchi. Il aborde aujourd'hui le sujet sur le ton le plus diplomatique :

— Sacchi avait un caractère bien trempé. C'était un homme de décision. C'était dur de le faire changer d'avis, quel que soit le sujet abordé. Il était fier et résolu. Mais il s'est révélé être un excellent choix. On a lancé tous les deux une campagne pour acheter des joueurs, et c'est comme ça que nous avons réussi à faire de Milan une équipe plus offensive, plus agressive.

Galliani partage cet avis :

— Au final, on a eu quatre bonnes années avec Arrigo Sacchi. On a gagné plein de Scudetti et de coupes. Tout était pour le mieux. Puis Arrigo Sacchi a décidé qu'il voulait devenir l'entraîneur de l'équipe d'Italie. Cela dit, on a eu de la chance car il a été remplacé au club par un autre entraîneur légendaire, Fabio Capello. Encore une intuition de Berlusconi. Un ancien grand joueur devenu commentateur à la télévision. Il s'occupait aussi de nos équipes de volley et de rugby. Bref, il n'était plus vraiment dans le football. On le recrute quand même. On le met sur le banc de l'entraîneur. Et que se passe-t-il ? Il se passe que Fabio Capello gagne le Scudetto de la saison 91-92. Rebelote en 92-93. Et re-rebelote en 93-94 ! Entre 1993 et 1995, il aura le plaisir de jouer trois fois des matchs aller et retour dans la Champions League, et de remporter en 1994 la Ligue des champions de l'UEFA. Il gagne aussi le Scudetto de 1996. Avec Capello, le club du Milan AC vivait vraiment le *Chant des Walkyries*.

Berlusconi enchaîne :

— Je l'ai connu quand il était joueur, et j'ai toujours su qu'il serait excellent dans le management d'un club. Je lui ai demandé de faire une formation de cadre, et il a dit oui. Après ça, je lui ai demandé de superviser trois ou quatre de nos équipes – hockey, rugby, volley-ball et base-ball. Il s'en est remarquablement sorti. Alors quand j'ai eu besoin d'un entraîneur, c'est à lui que j'ai pensé. Toute la presse était contre nous ! Les journaux ont prétendu que j'essayais de me débrouiller pour être le vrai coach de l'équipe, et que Capello me servirait de majordome. Mais ce n'était pas ça du tout. Capello a tout de suite fait ses preuves en remportant plein de succès. C'était un type formidable, très concret, très positif. Travailler avec lui était un plaisir.

Après Capello, le duo Berlusconi-Galliani tapa de nouveau dans le mille en attirant au Milan AC leur troisième grand entraîneur, Carlo Ancelotti, un homme qui emmena son équipe vers les plus magnifiques succès des premières années du XXIe siècle.

— Ancelotti était un gros bosseur, dit Berlusconi, toujours ouvert à de nouvelles idées. Avec lui, c'était l'harmonie totale. On était d'accord sur la composition de l'équipe et il entretenait d'excellentes relations avec les joueurs. Un grand coach ne doit pas avoir seulement des compétences techniques, il doit aussi être une sorte de père au sein de l'équipe. Un grand coach inspire à ses joueurs respect et sympathie. Voire de l'affection. Et Ancelotti faisait ça extrêmement bien. Je disais qu'il était le père de l'équipe. Et quand on y réfléchissait, on se disait qu'un trio aussi légendaire, Sacchi, Capello, Ancelotti, eh bien ! on n'était pas près de le revoir.

En effet. Après le départ d'Ancelotti en 2009, tout changea au sein du Milan AC. L'esprit *Apocalypse Now* avait fait long feu. L'heure était aux entraîneurs néophytes. Dont certains ne devaient pas rester longtemps. Ancelotti fut remplacé par un Brésilien du nom de Leonardo qui avait joué milieu de terrain au sein du club, sous la direction d'Ancelotti justement. Il a tenu un an. Est arrivé ensuite Massimiliano Allegri qui a gagné le championnat de première division 2011 avant de connaître une série de défaites qui se sont enchaînées pendant plus de deux ans. Il fut remplacé par le Néerlandais Clarence Seedorf que Berlusconi renvoya au bout d'à peine six mois. En 2014, arrive le jeune Inzaghi – ex-attaquant de Milan. Tout comme Capello, ces hommes n'avaient pas toujours l'expérience d'un entraîneur de première ligue : en fait, Berlusconi ne semblait jamais aussi heureux que lorsque son choix se portait sur des novices. Quoi qu'il en dise, il veut que le coach l'écoute. Il s'en explique ainsi :

— Ce n'est pas une question de stratégie ou de vision particulière du jeu. Ce qui compte pour moi, quand je choisis un collaborateur, c'est l'homme. En recrutant un coach plus âgé, aucun doute, vous avez le bénéfice de l'expérience.

Le jeune, lui, il a faim, il a davantage d'enthousiasme. Et il peut se révéler plus ouvert aux conseils et aux suggestions. Il écoutera plus facilement les indications venues de l'encadrement du club.

Malheureusement pour Berlusconi, engager Inzaghi, jeune et inexpérimenté, s'avère être une erreur. Il est rapidement remplacé par le Serbe Siniša Mihajlović.

Berlusconi est intarissable sur la tactique et la stratégie du jeu, ainsi que sur le style et la nécessité de produire un football élégant. Il a beau avoir acheté et vendu quelques-uns parmi les joueurs les plus chers de la planète, dont plusieurs stars du terrain à la personnalité excentrique et peu commode, il demeure un traditionaliste habité par une vision désuète de la beauté footballistique. Du reste, sa marque de fabrique personnelle, ce qu'il appelle lui-même le « style Milan », est moins affaire de mode que d'apparence et de comportement.

— Le style Milan, c'est une bonne conduite sur le terrain et hors du terrain, dit-il, lui dont la propre conduite « hors du terrain » devait être fortement mise à mal. Ça consiste à être un adversaire loyal, à rester calme quoi qu'il arrive. Ça tient aussi à la façon dont tu te présentes, physiquement parlant. Aujourd'hui, par exemple, beaucoup de joueurs sont couverts de tatouages, ils ont des coupes de cheveux bizarres. De mon temps, pardon de le dire de cette façon, mais je vérifiais moi-même, et plutôt deux fois qu'une, le nœud de cravate de mes joueurs, avant qu'ils aillent s'exprimer à la télévision.

Berlusconi aime l'ordre. Il aime la propreté. Il n'aime pas les tatouages. Et il n'aime pas Mario Balotelli.

— Je suppose, dit-il avec un profond soupir, que j'appartiens à une autre génération. La vérité, c'est que je ne peux pas supporter les tatouages et les piercings. Ni les coupes de cheveux bizarres d'un joueur comme Balotelli. J'aimerais que le Milan AC revienne à l'élégance, au style qui était partie intégrante de son histoire.

Dans la pièce principale du *club-house*, le soleil a disparu derrière les rideaux ; c'est le crépuscule. Berlusconi parle avec enthousiasme. Il ne cesse de répéter : « Mon Milan AC… » Les souvenirs reviennent en nombre. Il évoque les moments d'intense émotion vécus dans le stade. Le football est chez lui une passion, de même « son » Milan AC qu'il ne peut évoquer sans être bouleversé. On a l'impression qu'il revit les grandes victoires et les grandes défaites du club. Une de ses plus merveilleuses expériences est la victoire sur le Steaua Bucarest, à Barcelone, le 24 mai 1989, devant quatre-vingt mille supporters milanais.

Des milliers de fans qui ont d'ailleurs vécu ce match comme une épiphanie, une étape décisive dans l'évolution du nouveau Milan AC.

— Ce soir-là, dit-il, lorsque nous avons battu Bucarest à Barcelone, nous nous sommes hissés sur la scène internationale. Le Milan AC a produit un jeu extraordinaire. Un moment, le club a donné l'impression d'être l'équipe la plus forte du monde, capable de développer une technique de jeu pratiquement parfaite. Je me souviens des rues de Barcelone, ce jour-là. On ne voyait que des vagues et des vagues de drapeaux milanais. Des armées de supporters avaient fait le déplacement. Le stade était si beau ! À la fin, les gradins se sont illuminés en même temps de milliers de bougies brandies par nos supporters. Des étoiles qui allaient briller toute la nuit ! Un vrai paradis.

On chercherait en vain la moindre trace d'ironie dans son propos tandis qu'il continue :

— À l'hôtel, j'ai même fait un discours depuis le balcon. Je me serais cru dans la peau du jeune Mussolini…

Il a un petit rire gêné.

— Les fans me criaient de sortir et de descendre faire la fête avec eux. Bon, c'était la première fois qu'on gagnait la Coupe des clubs champions européens. C'est resté dans mon cœur, et dans le cœur des supporters du Milan AC.

Si heureux que soit ce souvenir, Berlusconi s'assombrit soudain quand il repense au très mauvais moment qu'il lui a été donné de vivre en tant que propriétaire du club : le quart de finale de la Ligue des Champions à Marseille, le 20 mars 1991, quand les lumières tout à coup se sont éteintes dans le stade...

C'était au Stade Vélodrome. L'Olympique de Marseille jouait à la maison en match retour, après un nul 1-1 à l'aller. Et Milan défendait son titre. Le match était tendu. L'arbitre avait déjà distribué cinq cartons jaunes, trois à Milan et deux à Marseille, et aucun but n'avait encore été marqué. La seconde période était bien engagée quand Marseille ouvre le score à la 75e minute sur un tir de l'ailier Chris Waddle. À la 87e minute, tout près de la fin, les projecteurs tombent en panne. Le stade est plongé dans le noir. Un quart d'heure après, quand les lumières reviennent, les joueurs de Milan refusent de reprendre le match. L'éclairage, disent-ils, continue de fonctionner mal, et la partie a été interrompue quand le terrain a été envahi par les équipes télé et les supporters de l'OM. Adriano Galliani en personne avait arrêté le match. Il était descendu sur le terrain pour dire aux joueurs de rentrer au vestiaire. Il avait retiré son équipe.

L'UEFA finit par accorder la victoire à Marseille par forfait. Le Milan AC n'avait plus qu'à dire adieu à son troisième titre. Un 3-0 tombait automatiquement dans l'escarcelle de l'OM qui l'emportait facilement. Pour faire bonne mesure, Milan fut éliminé pour un an du foot européen au motif que ses joueurs avaient refusé d'aller au bout d'un quart de finale de la Ligue des Champions. Galliani aussi devait payer cher : l'UEFA l'a interdit pour deux ans de toute fonction officielle.

Silvio Berlusconi manifeste son écœurement par une grimace. Pour lui, la faute en revient à son bras droit :

— C'était entièrement la décision d'Adriano Galliani, dit-il, même si ça s'est produit après une pluie d'insultes et de provocations de la part des supporters. De la part de l'arbitre aussi. Et même des joueurs marseillais. C'était un moment de très grande tension. Tout le monde était à cran. Galliani était dégoûté de toutes les irrégularités auxquelles il avait assisté pendant ce match. Il a craqué. Il a pris cette décision qui nous a coûté cher.

Le ton de Berlusconi se fait laconique.

— C'était sa décision. Il l'a toujours revendiquée. Il a assumé ses responsabilités.

Galliani paraît gêné. Il se penche en avant sur le canapé. Ce choix de faire sortir les joueurs à Marseille, c'est son Vietnam. Quand il lui revient en mémoire, il prend une expression grave, douloureuse.

— Trois, quatre, cinq minutes peut-être avant la fin du match, dit-il en essayant bravement de sourire, les projecteurs s'éteignent. C'est le noir complet. On n'y voyait rien. Des supporters, croyant le match fini, ont quitté les gradins et se sont mis à courir sur le terrain. J'y suis allé aussi et j'ai dit à l'arbitre que les règles n'étaient plus du tout respectées. Le public avait franchi les lignes de touche et il manquait toujours la moitié des projecteurs. Il m'a répondu qu'il fallait continuer à jouer. J'ai insisté. Je lui ai demandé de virer le public du terrain. Il me répétait qu'il fallait jouer, je répétais que les règles n'étaient pas respectées, on s'est disputés, et j'ai pris cette décision. J'ai commis cette erreur. Je l'attribue à un instant d'émotion excessive. Mais sur le moment, j'étais vraiment convaincu qu'il n'y avait pas assez de lumière pour jouer correctement.

Sans parler des supporters de Marseille qui avaient envahi la pelouse en gueulant et en nous hurlant des insultes. Fin de l'histoire. C'était ma décision : aucun doute là-dessus. Le Milan AC s'est retrouvé disqualifié pour un an. Moi pour deux ans. Mais au niveau international seulement, pas en Italie. Berlusconi m'a laissé à mon poste. Après, en 1992, on a gagné le Scudetto. Et en 1994, la Ligue des Champions.

Donc, pas de regrets…

Galliani ôte ses lunettes et sourit.

— Si. Des regrets. Bien sûr. L'épisode n'est pas des plus élégant. Et sûrement pas dans le style du Milan AC. Mais bon, c'était il y a vingt-quatre ou vingt-cinq ans. Alors il y a prescription.

Il y a certes prescription, mais il y a aussi que le football a changé. Le marché s'est mondialisé. Des investisseurs enrichis par les pétrodollars sont devenus les derniers riches à vouloir se lancer dans l'acquisition d'un club et le développement d'une marque.

Berlusconi décrit ce phénomène : la planète football est presque méconnaissable aujourd'hui, et la globalisation du marché a fait grimper le prix des joueurs à des niveaux devenus prohibitifs, qu'ils jouent pour le Real Madrid, Chelsea ou Milan. Selon lui, celle-ci est occupée aujourd'hui par des milliardaires asiatiques et arabes, par des magnats et des cheiks qui viennent acheter des clubs dans tous les pays d'Europe. Inquiet, il se demande s'il pourra encore rivaliser avec des budgets aussi considérables que ceux du Real Madrid ou de Barcelone.

— Dans le cas du Real et de Barcelone, ce sont des clubs dotés de traditions respectables profondément enracinés dans leurs villes respectives. Ce sont des coopératives dont les actionnaires ne sont autres que les supporters. L'un et l'autre disposent de gros moyens. Quant aux investisseurs du Moyen-Orient et d'Asie, il devient très difficile de les concurrencer. On ne fait pas le poids face aux pays qui ont du pétrole.

Il se déplace sur le canapé. Il est dix-huit heures passées et il semble prêt à partir. Il va remonter tout à l'heure dans son hélicoptère. Quinze minutes plus tard, il sera à Arcore. Cette journée à Milanello semble lui avoir redonné de l'énergie. Il a discuté football. Le football est sa passion. C'est un fait : elle l'a accompagné toute sa vie comme un des éléments essentiels de sa psychologie. Le football lui sert de guide pour approcher aussi bien les affaires que la télévision, la politique, et l'existence en général.

— Je pense que le football fonctionne comme une métaphore universelle de la vie, dit-il. Ce n'est pas une passion nationale en Italie seulement. C'est pareil dans le monde entier. Je crois que c'est parce que le foot est une métaphore universelle. C'est l'opposition entre le bien et le mal, entre les amis et les ennemis. Avec un arbitre pour garantir l'impartialité. Comme dans la vie ! Il y a un adversaire, et vous devez l'affronter. Vous devez essayer d'être meilleur que lui. Et il faut le vaincre avec élégance, avec style. Vous devez rechercher la beauté. Vous ne pouvez pas jouer n'importe comment. Il faut convaincre tous ceux qui vous regardent que vous êtes le meilleur, et dans la vie c'est ce qui se passe. Voilà pourquoi je considère le football comme une métaphore de la vie.

Bien sûr, l'Italie est passionnée par ce sport, et le contexte a joué son rôle dans l'heureuse passion manifestée par Berlusconi pour le foot et le Milan AC.

Mais en devenant président de ce club, il a vu son rêve devenir réalité, et plus encore Berlusconi n'était plus seulement un promoteur arriviste qui avait gagné beaucoup d'argent sur la place de Milan. Et plus seulement le magnat des affaires qui avait inventé la télévision privée et fait fortune pour la deuxième fois dans les médias. Il était désormais le propriétaire d'un club de football. C'était un joueur. C'était un héros populaire. Le propriétaire d'une puissante collection de marques et d'outils de communication couvrant l'univers du divertissement télévisé, des médias et du sport. Le milliardaire possédait maintenant les droits d'une passion capable d'unir des millions d'Italiens. Quand ils entendent résonner les notes de *Forza Italia*, les supporters italiens, et pas seulement les supporters milanais, se sentent inspirés, optimistes et joyeux. Mais pour Berlusconi, c'était encore autre chose. Ce chant allait lui faire connaître une nouvelle métamorphose quand il s'en servirait pour se lancer dans la politique en créant un nouveau parti qui précisément porterait ce nom : Forza Italia. Il s'apprêtait à faire son entrée sur la scène nationale, à se transformer lui-même une dernière fois : le milliardaire, l'homme d'affaires, allait devenir le fondateur d'un parti politique. Et il le ferait dans la langue du football, en exploitant la notoriété et la gloire attachées à sa qualité de patron du Milan AC. Dans une période – la fin des années 1990 – où l'ensemble du système politique italien implose en laissant dans son sillage une succession de scandales, de suicides et de procès pour corruption, Berlusconi décide d'occuper le terrain. Et il le fait en fondant un nouveau parti auquel il donne le nom d'un chant habituellement entonné dans les stades, un hymne créé par l'équipe marketing de sa chaîne de télévision.

Mais l'enjeu, cette fois, dépasse de très loin un match de la Champions League… C'est la bataille de sa vie que va devoir mener maintenant Silvio Berlusconi.

– 5 –

Un milliardaire à la présidence du Conseil

— On voulait me dissuader d'y aller. Mes amis les plus proches, mes conseils, toute ma famille. Ils m'ont mis en garde. Ils m'ont dit de ne pas me lancer dans la politique. Tout le monde était contre. Ma mère s'y opposait farouchement. Elle disait que la politique me ferait du mal, ainsi qu'à ma famille, à mes enfants et à mes affaires.

Silvio Berlusconi s'est assis à une table en teck laquée, dans le jardin de la Villa San Martino. Il revit ces journées du printemps et de l'été 1993, quand l'heure approchait. Bientôt, au début de 1994, serait diffusée la vidéo dans laquelle il annoncerait son intention de briguer une charge publique. Tel l'authentique fan de foot qu'il était, il informerait la Nation de sa décision de « descendre dans l'arène ». Le projet était audacieux, et il s'appuyait sur un plan marketing précis, digne de Madison Avenue. Le produit qui serait présenté aux Italiens n'était autre que Silvio Berlusconi en personne. En même temps, un nouveau parti allait voir le jour, créé par ses soins et baptisé d'un nom qui résonnait comme la clameur d'un stade : Forza Italia.

Au début des années 1990, Berlusconi occupait déjà une place importante dans le paysage italien. Toute l'Europe de la politique et des affaires le connaissait. Il avait créé en France, en Allemagne et en Espagne des chaînes de télévision commerciales privées qui ambitionnaient de reproduire le succès de Canale 5. Pour édifier son empire médiatique, il avait dû batailler avec le pouvoir dans la moitié de l'Europe.

Il était à deux doigts maintenant de devenir l'homme le plus fortuné d'Italie. Ce milliardaire de fraîche date atteignait le plus haut niveau dans son domaine d'activité. Il passait pour le Rupert Murdoch européen. Il figurait dans le classement des milliardaires les plus riches de la planète, établi chaque année par la revue économique *Forbes* – cette liste des personnalités les mieux nanties du monde globalisé. En même temps, il était controversé.

Non seulement il régnait sur un empire télévisuel, bientôt rebaptisé Mediaset et coté à la bourse de Milan pour une valeur de quatre milliards d'euros, mais en plus il avait élargi et diversifié ses activités. Il possédait désormais des intérêts dans l'ensemble des médias, dans les assurances, les produits financiers destinés aux particuliers, l'immobilier et le bâtiment, dans les supermarchés, la grande distribution et la publicité. Il était aussi propriétaire du Milan AC, un club qui remportait des coupes et rassemblait des millions de supporters derrière son fanion. Un accord controversé lui avait permis d'acheter le groupe d'édition La Mondadori et il contrôlait à 40 % le marché de la presse italienne. Il avait acheté *Il Giornale*, le quotidien national de centre droite fondé en 1974 par Indro Montanelli, un intellectuel légendaire connu pour son indépendance d'esprit.

En 1993, Berlusconi était donc très célèbre – tristement célèbre, diront ses critiques. La gauche du pays le regardait comme un monstre, un capitaine d'industrie férocement anticommuniste doublé d'un patron des médias.

Son empire télévisuel était sans cesse attaqué par la gauche des commentateurs, des intellectuels et des politiques. Ils avaient les chaînes de Berlusconi dans le collimateur ; ils lui reprochaient de dégrader la culture et de rafler une trop grande part du gâteau publicitaire. En 1990, une nouvelle loi avait définitivement finalisé le fameux « décret Craxi » remontant aux années 1980 : les trois chaînes de Berlusconi, désormais pleinement légales, pouvaient diffuser sur l'ensemble du territoire, parallèlement à la RAI. Autrement dit, un « duopole » existait *de facto*. Afin de se conformer à la nouvelle législation, Berlusconi avait dû céder les parts qu'il détenait dans la presse écrite. Cela n'avait pas représenté un problème. Il s'était contenté de transférer ses avoirs au nom de Paolo, le plus jeune de ses frères. Ce dernier, tout comme ses cousins et d'autres membres de la famille, appartenait de toute façon, et depuis des années, à la structure actionnariale de Fininvest.

En 1993, Silvio Berlusconi était dans son pays un milliardaire de l'audiovisuel – mais pas seulement. Il exerçait de fait un pouvoir politique, vu la puissance de ses intérêts dans les médias, la distribution et l'édition. Pourtant, tout n'allait pas pour le mieux dans son empire. Il avait été durement frappé par la récession du début des années 1990, et par la chute des revenus publicitaires. Si son activité se développait, son endettement augmentait lui aussi puisqu'il atteignait plus de quatre fois le montant de ses actifs. La banque milanaise qui lui faisait crédit avait décidé de serrer la vis à la société Fininvest qui se retrouvait placée sous le contrôle de Franco Tatò, un directeur venu de l'extérieur. La mission de Tatò consistait à mettre la société au régime sec, afin de réduire sa dette. Il se révéla particulièrement efficace puisque Fininvest, en l'espace de deux ans, vit sa cote grimper en bourse au point d'atteindre les trente milliards d'euros à la fin des années 1990.

Mais en 1992-1993, Berlusconi rencontre des problèmes financiers et commence à attirer l'attention d'un nombre d'adversaires de plus en plus nombreux au sein de l'administration judiciaire. Un petit groupe de magistrats et de juges milanais s'intéresse de très près à ses intérêts financiers. En moins d'un an, une douzaine d'enquêtes sont lancées séparément à Milan et à Rome sur les sociétés qu'il possède dans les domaines de l'immobilier, des médias et du bâtiment.

Berlusconi ne saurait oublier cet épisode qui marque le début d'une série de scandales considérables portant sur des faits de corruption. Lesquels scandales devaient provoquer à leur tour un séisme dans la classe politique italienne, avant de précipiter son ami Bettino Craxi dans la disgrâce, l'exil et la condamnation judiciaire. L'épisode, connu sous le nom de *Tangentopoli,* a déclenché l'opération baptisée Mains propres, destinée à nettoyer le système politique.

Les investigations des juges ont duré plus de deux ans. Elles se soldèrent par l'arrestation d'une quantité de comptables et de porteurs de valises qui furent jetés en prison et invités à lâcher des noms en échange d'une peine allégée. Les juges multipliaient les perquisitions à l'aube. Ils déclenchaient des contrôles fiscaux surprise. Ils arrêtaient même des entrepreneurs milanais et des dirigeants de sociétés, qui tous ou presque étaient accusés de financement illégal de partis politiques ou de prise illégale d'intérêt. Ils devaient mettre au jour un réseau de corruption systématique auquel tout le monde prenait part dans les milieux des affaires et de la politique.

L'opération Mains propres a eu pour conséquence de faire tomber une génération entière de dirigeants politiques. L'*establishment* italien s'effondra du jour au lendemain. Nombre d'entrepreneurs et d'hommes d'affaires se suicidèrent en prison. Il n'était plus question à Milan que d'enveloppes, de pots-de-vin et de personnalités figurant sur la liste des prochaines arrestations. Les pages des journaux étaient pleines d'histoires de comptes *off-shore* et de blanchiment d'argent sale. Les employés se retournaient contre leurs patrons sous la pression des magistrats ; et ceux qui se mettaient à table déclenchaient de nouvelles rafales de scandales.

Berlusconi dit avoir traversé cette période dans la « terreur » et l'« angoisse ».

En 1992, son propre frère, Paolo Berlusconi, fit l'objet de multiples enquêtes judiciaires pour des faits de subornation et de corruption à Rome et à Milan. En 1993, ce fut le tour de Gianni Letta d'être mis sur la sellette. Il dirigeait à Rome le lobbying Berlusconi. Il était aussi vice-président de Fininvest. Il a admis avoir préparé lui-même une enveloppe contenant l'équivalent de trente-cinq mille euros en liquide, et de l'avoir fait porter à travers les rues de Rome au dirigeant d'un petit parti politique. Ce même printemps, les inspecteurs des finances firent une nouvelle descente au quartier général milanais de Berlusconi. Les bureaux de *Milano Due* furent perquisitionnés. En juin 1993, Fininvest publiait un communiqué démentant formellement toute malversation, et tenait à souligner que ses bureaux avaient subi pas moins de cinquante-sept inspections financières. Les magistrats ne s'arrêtèrent pas au seuil des chaînes télévisées et des sociétés dont Berlusconi était propriétaire ; ils s'intéressèrent aussi à ce qu'ils considéraient comme la caisse noire dans laquelle puisaient les associés de Berlusconi pour acheter et vendre les joueurs de son cher Milan AC.

Cette campagne anti-corruption menée par un petit groupe de magistrats milanais touchait l'ensemble de la société italienne. Leur bulldozer pulvérisait l'ordre ancien et laissait dans son sillage des dizaines de carrières brisées dont les victimes étaient des politiciens et des hommes d'affaires. À Milan, les salons confortables où s'effectuaient les opérations financières étaient en pleine paranoïa. À Rome, c'étaient les leaders des cinq partis de gouvernement qui étaient systématiquement mis en examen et voués à la disgrâce. Tous tombaient les uns après les autres, comme des quilles dans un bowling.

— Avec *Tangentepoli*, raconte Berlusconi, les cinq partis ont été purement et simplement balayés de la scène politique. L'enquête, au début, a donné l'impression que les responsables politiques du pays tapaient dans la caisse de leur parti, ce qui pouvait être vrai ici ou là. Mais il a vite été clair que dans la majorité des cas, à commencer par celui de Bettino Craxi, l'argent était principalement employé pour financer le fonctionnement du parti, pas du tout à des fins d'enrichissement personnel.

Mais l'Italie avait modifié ses lois pour empêcher les partis de se financer illicitement en faisant appel au secteur privé, et les procureurs se sont engouffrés dans cette brèche. L'argument de Berlusconi est que l'appel aux dons privés, de la part des partis, était la norme en Italie où aucun financement public n'était en vigueur.

En d'autres termes, c'était pratique courante – *Cosi fan tutte*, pour le dire en bon italien.

En tant que symbole de l'ordre ancien, Bettino Craxi devait adresser aux magistrats un témoignage écrit dans lequel il précisait que son parti, comme les autres, avait reçu régulièrement des contributions venues des firmes parmi les plus importantes, telles que Fiat, Olivetti ou Fininvest.

— Il n'y avait tout simplement pas moyen de faire autrement, affirme aujourd'hui Berlusconi. Il n'y avait pas d'option alternative. La seule exception, c'était le Parti communiste qui, lui, a toujours été grassement financé. Ils encaissaient plein de financements illégaux en provenance de l'Union soviétique. Et ils contrôlaient des coopératives aux quatre coins du pays. En plus, ils avaient leur propre journal. Le Parti communiste italien était très puissant, très très riche à l'époque. Après que le scandale eut ruiné les partis modérés, j'ai commencé à regarder autour de moi et à chercher une alternative au Parti communiste. J'ai essayé de créer un rassemblement de partis capable de lui faire concurrence. J'étais inquiet ! Sans l'émergence d'une force modérée, les communistes étaient assurés de gagner les prochaines élections, puisqu'ils n'auraient personne en face d'eux.

C'est donc en 1993, dans ce chaudron de peur et de haine, que Berlusconi décide d'entrer en politique. Il a commencé par mettre à contribution l'équipe marketing de son empire médiatique pour créer des groupes de discussion et procéder à des sondages. L'idée était de se pencher sur les opinions des citoyens et les préférences des électeurs, comme on procède à une étude de marché dans le but de lancer une boisson sans alcool. En juillet de cette année 1993, Berlusconi nie dans une interview avoir jamais planifié son entrée en politique. Pendant que ses équipes analysaient avec soin les réactions du public, lui prenait contact avec les quelques politiciens encore en place et tentait de les convaincre de fonder une coalition, un front uni. Mais ses interlocuteurs étaient rares : le paysage politique italien était devenu un désert.

La plupart des Italiens pensaient que si Berlusconi entrait en politique, c'était pour sauver ses affaires et pour bénéficier d'une immunité parlementaire qui le mettrait à l'abri des investigations judiciaires. Une opinion encore très répandue de nos jours. Mais Berlusconi a une tout autre vision des choses. Il affirme au contraire qu'il n'avait pas le choix. L'opération Mains propres, affirme-t-il, avait fait du pays une terre brûlée, et c'est ce qui l'a décidé à franchir le pas.

Le mur de Berlin était tombé depuis quatre ans, et le Parti communiste italien lui-même s'était rebaptisé dès 1991 « PDS », Partito democratico della sinistra – « Parti démocrate de la gauche ». Pourtant, aussi surprenant que cela paraisse, Silvio Berlusconi a continué de considérer ce parti comme un danger pour lui, pour ses affaires et pour son pays. Le Parti communiste avait beau avoir changé de nom, il n'en demeurait pas moins à ses yeux une organisation désuète qu'il redoutait de voir un jour gouverner l'Italie. Aujourd'hui encore, il nourrit une haine viscérale à l'égard de l'extrême gauche, qui d'ailleurs la lui rend bien.

Il s'anime quand on lui rappelle les scandales et l'explosion de l'ordre ancien qui a marqué le début de la décennie 1990. Quand il se rappelle l'atmosphère de 1993, il s'agite et sort le terme « communiste » comme on brandit un revolver. Dans sa rhétorique, c'est le mot-valise où fourrer tout ce qui lui inspire du mépris.

— Les juges de gauche devenaient dingues, dit-il en frappant le sol du pied. Surtout les procureurs de Milan. Le résultat des courses, c'est que vous aviez cinq partis politiques rayés de la carte. Pour la gauche, la porte était grande ouverte. Pour la première fois depuis cinquante ans, ils étaient au seuil du pouvoir. Et Dieu sait pour combien de temps ! Pour moi, c'était une tragédie. Mais pas seulement pour moi. Plein d'hommes d'affaires redoutaient de voir les communistes s'emparer de l'Italie. Nous savions tous ce que représentait l'idéologie communiste. Voyez-vous, nous ne pensions pas vraiment qu'une victoire du Parti communiste italien apporterait le paradis sur terre.

C'est à ce moment-là, en 1993, que les magistrats milanais en charge de l'enquête sur *Tangentepoli* ont commencé à focaliser leur action sur Silvio Berlusconi. Ils ont coincé les principaux responsables de ses entreprises, et braqué leurs projecteurs sur les livres de comptes. Fedele Confalonieri, l'ami de longue date, siégeait désormais à la tête de l'empire médiatique. Il fut parmi les premiers lieutenants du *Cavaliere* à être convoqué par les juges de l'opération Mains propres. Il raconte :

— En avril 1993, les inspecteurs du fisc ont débarqué dans nos locaux, et les magistrats s'en sont pris à nous. Les enquêteurs nous accusaient d'avoir financé illégalement le Parti socialiste. Pour la raison que nous avions participé aux réceptions organisées pendant leur convention annuelle ! Des cadres de nos sociétés y étaient, oui. J'ai expliqué aux juges que nous avions été présents aussi à la Fête de *l'Unità*, la convention annuelle du Parti communiste. Ils m'ont répondu qu'ils ouvriraient une enquête sur ce point-là aussi...

Il rit sombrement à l'évocation de cet échange.

— Parce que je leur avais dit que nos sociétés avaient un stand aux conventions de tous les partis, ils m'ont envoyé une nouvelle citation à comparaître. Mais tout ça s'est terminé par un non-lieu. J'ai été déclaré non coupable.

Et d'ajouter d'un air satisfait :

— En fait, il n'y a même pas eu de procès. J'ai essayé de leur expliquer pour quelle raison nous faisions ça.

C'était de la promotion, disais-je, c'était pour connaître les partis politiques qui exerçaient un contrôle sur notre avenir en tant que télé commerciale. La plupart de nos annonceurs venaient à ces conventions. Notre place était là, c'est tout.

Berlusconi ne nie pas être devenu la cible des magistrats milanais en cette année 1993. Mais il adopte un ton plaintif pour répondre aux allégations qui ont justifié les poursuites durant toute sa carrière. Il nie tout en bloc, catégoriquement, d'une voix chantante, et en affichant une expression de fierté. Non ! il n'a pas été contraint d'entrer en politique pour se tirer d'affaire. Ce n'est pas pour obtenir l'immunité parlementaire qu'il a brigué des mandats. Et pas non plus parce que son empire médiatique aurait été criblé de dettes et au bord de la faillite.

— Ce sont des mensonges, affirme-t-il, à peine gêné. C'est le contraire de la réalité. Si mes sociétés avaient eu besoin de plus de financement, elles l'auraient obtenu plus facilement avec un entrepreneur fidèle au poste. Or c'est le contraire qui s'est passé. J'ai été récompensé de mon entrée en politique par un nombre record de procès qui promettaient de s'éterniser.

Confalonieri se montre encore plus véhément, comme il se doit de la part d'un des plus féroces défenseurs de Berlusconi :

— Bien sûr, qu'on avait beaucoup de dettes ! Mais on était un grand groupe ! Avec des intérêts dans la télévision, la publicité, la grande distribution, les assurances. On avait des affaires dans plein de domaines. De toute façon, nos actifs étaient importants, substantiels. Nous avions des réserves. La preuve, c'est qu'à peine deux ans plus tard, à notre entrée en bourse, nous pesions cinq milliards de dollars. Il est complètement faux de croire que Berlusconi s'est lancé dans la politique pour fuir la justice, ou parce que son empire s'écroulait. C'est une contre-vérité. C'est de l'invention. C'est la première pierre posée en vue de construire un énorme château de mensonges. Et tout ça contre Berlusconi. Et pour longtemps.

Dans le jardin de sa villa, à Arcore, le *Cavaliere* s'agite un peu. Il s'étire, il regarde au loin. Il donne de petits coups sur la table en teck du bout de son stylo. Manifestement, il n'est pas fâché de sortir de la défensive et de raconter enfin comment il s'est mis à caresser l'idée d'entrer en politique.

Comment l'idée lui est-elle venue en premier lieu ? C'est encore un mystère aujourd'hui. Une histoire veut qu'il ait réuni en avril 1993 un conseil de guerre auquel participait Bettino Craxi. C'est là que l'idée est discutée pour la première fois, s'il faut en croire Ezio Cartotto, un homme aigri, ex-employé de Fininvest et jadis conseiller de Berlusconi pour les affaires politiques.

Mais Berlusconi nie la version des faits qui voudrait que Bettino Craxi soit venu chez lui, à Arcore, le 4 avril 1993, pour parler de la création d'un nouveau parti susceptible de remplacer la Démocratie chrétienne et le Parti socialiste, deux formations désormais vaincues et hors du coup. L'histoire raconte que Berlusconi, à la fin de l'échange, aurait dit savoir ce qu'il avait à faire.

En fait, Berlusconi admet en avoir parlé avec Craxi, mais pas ce 4 avril. Et il affirme que Craxi était contre.

— Il me conseillait de ne pas me lancer dans la politique, dit Berlusconi. Selon lui, le milieu politique était ce qu'il y avait de plus atroce. Je n'imaginais même pas à quel point. Et ce milieu était encore plus atroce en Italie, du fait du rôle qu'y jouaient les magistrats activistes. Il était catégorique. Il me disait : « Surtout pas ! Ne fais surtout pas ça ! »

Confalonieri lui aussi se rappelle les discussions avec Craxi, et la peur qui planait alors de voir Berlusconi devenir la cible des juges.

— En 1993, pour un homme comme Berlusconi, entrer en politique, c'était prendre de très gros risques, dit-il avec beaucoup de conviction. En ce qui me concerne, j'étais farouchement contre. En effet, je ne croyais pas qu'il arriverait à fonder un parti aussi facilement et à gagner une élection comme ça, sur sa lancée. Mon argument, c'était qu'à la fin on aurait payé la note du dîner sans avoir rien mangé du tout. Je me souviens de la dernière fois que j'ai vu Craxi. C'était juste avant son départ pour l'exil. Je lui ai demandé ce qu'il en pensait. Il m'a répondu que Silvio pourrait faire 6 % des voix, 8 % au mieux, en tout cas pas plus.

Berlusconi a toujours eu l'obsession des sondages. Il ne nous surprendra donc pas en disant qu'il a pris sa décision après avoir reçu à Arcore la visite d'un obscur professeur de sciences politiques dénommé Giuliano Urbani.

— C'est moi qui avais demandé au professeur Urbani de venir me voir, dit-il. Je l'avais prié d'apporter le dernier sondage d'opinion réalisé par son université. Le résultat de cette étude était clair. Étant donné que les partis de centre droite avaient été éliminés par les scandales, donc qu'ils n'existaient plus, c'est la gauche qui allait l'emporter, et largement. Les chiffres promettaient 40 % des suffrages au Parti communiste rebaptisé ; vu notre système électoral, c'était suffisant pour avoir 74 % des sièges à la Chambre des députés.

Il marque une pause, et les chiffres des élections semblent lui tomber devant les yeux.

— C'est là que je me suis décidé. Ces chiffres ont emporté ma conviction. Je me suis dit que j'allais me mettre en quête d'une alternative politique. J'ai d'abord essayé de monter une coalition avec les partis de centre droite. Mais ça s'est révélé impossible. Alors j'ai résolu de créer mon propre parti.

Durant ce torride été politique, Berlusconi se rend également à Turin afin de présenter ses hommages à Gianni Agnelli, l'héritier de Fiat, un roi non couronné en Italie.

— J'ai dîné avec Gianni Agnelli, dit-il, et je lui ai présenté quelques-unes des plates-formes programmatiques sur lesquelles je travaillais. Je lui ai même montré les *storyboards* de plusieurs spots télé préparés par nos publicitaires. Il a été très impressionné. Il m'a dit : « J'espère que vous arriverez à réunir derrière un programme ce qui reste des anciens partis. » L'idée, à ce moment-là, était toujours de les rassembler pour essayer de contrer les communistes. Après cette soirée, je suis resté en contact avec Agnelli pendant tout l'été. Et je lui ai dit un jour que la seule alternative consistait en fait à créer mon propre parti. Il m'a déconseillé de faire ça. Il disait que c'était trop dangereux. Que les hommes d'affaires avaient une autre logique mentale que les hommes politiques. Il a essayé de me dissuader.

Quelques mois plus tard, Berlusconi faisait le grand saut. Et Agnelli, fidèle à son cynisme légendaire, devait déclarer au nom de l'industrie italienne :

— S'il gagne, ce sera notre victoire à tous. S'il perd, ce sera sa défaite à lui.

À l'automne 1993, Berlusconi réunissait des dizaines de cadres appartenant aux services vente et marketing de ses chaînes télévisées, et leur confiait une mission nouvelle : créer un parti. Marcello Dell'Utri, directeur marketing de Mediaset, et Cesare Previti, avocat et ami proche de Berlusconi, comptaient parmi les fidèles les plus enthousiastes. Ils furent chargés de préparer les candidats. Ils organisèrent des stages de formation hebdomadaires sur l'organisation de la vie politique. Ils jetèrent les bases d'un programme et désignèrent des représentants locaux et des candidats. En septembre 1993, Berlusconi avait expliqué à Dell'Utri, lequel s'apprêtait à fonder son propre mouvement politique, qu'il entendait bien avoir un parti en ordre de bataille pour les prochaines élections.

À la fin de cette même année 1993, des responsables des ventes et du marketing, aidés d'un réseau de consultants financiers, ouvraient dans tout le pays des permanences pour les clubs Forza Italia. Ces locaux formeraient la colonne vertébrale d'un parti national dont les stratèges avaient défini la cible avec le plus grand soin. Un contenu programmatique était défini, ainsi que les spots télé prêts à être bombardés dès le début de la campagne. Le plan marketing était prêt. Il reposait sur les méthodes de Mediaset. Et c'était la première fois, dans l'histoire de l'Occident, qu'un parti politique venait à être imaginé, conçu, fondé et finalement lancé à partir d'une firme importante.

— Berlusconi restait un entrepreneur, dit Confalonieri. Il a créé son parti en se basant sur une approche entrepreneuriale. Il a fait son étude de marché, repéré ce qu'attendaient les gens, et créé la structure à même de combler ce vide, ce que le marché réclamait. Je l'entends encore me dire : « Aujourd'hui, il n'y a qu'un seul produit sur le marché de la politique. Imaginons que la gauche soit un soda, un soda sans goût. Ce qui manque, c'est une boisson nouvelle. Un soda qui ait du goût. » Il avait compris que ce produit nouveau n'existait pas sur le marché. Il fallait donc le créer et le proposer aux Italiens. C'est sa conception de la politique. Il la voit avec l'œil de l'entrepreneur. Il monte un plan marketing pour lancer une marque.

Berlusconi était à jamais un vendeur. Il allait mettre son talent de séducteur au service d'un projet politique.

Jusqu'à la fin de l'année, il envoie des signaux annonçant son arrivée prochaine sur la scène politique. Fait surprenant de la part d'un simple milliardaire, d'un magnat de l'audiovisuel, il décide de soutenir publiquement, et avec force, le candidat de droite à la mairie de Rome. L'homme en question n'est autre que Gianfranco Fini, un politicien néofasciste qui ne cache pas son admiration pour Mussolini. Berlusconi dit qu'il n'a fait alors que répondre à une question posée par un journaliste. Mais ce soutien est perçu dans toute l'Italie comme un message sans ambiguïté.

Et ce n'est pas tout. Berlusconi fait des appels du pied à un autre parti de droite, la Ligue du Nord, une formation xénophobe, anti-impôts, enracinée dans le Nord industrialisé et dont l'ambition proclamée est encore de marcher vers la sécession des provinces septentrionales du pays. Si Berlusconi approche ce parti si peu raffiné, c'est à la suite d'un calcul : il risque d'avoir besoin, pour conquérir le pouvoir, d'une large coalition regroupant toutes les familles de la droite.

— J'essayais désespérément de recoller autour de moi les morceaux des partis politiques. Il y avait ce nouveau parti, la Ligue du Nord, qui proposait de faire sécession. Il y avait aussi un parti qui s'était trouvé marginalisé du fait qu'il était issu du Parti fasciste, et c'était le MSI – le « Mouvement social italien ». C'était très dur au début, mais au bout du compte j'amenais les gens à comprendre que la seule façon de barrer la route aux communistes, c'était de créer un nouveau mouvement conservateur composé de gens de droite modérés, de libéraux qui représentaient la majorité des électeurs. J'ai baptisé mon parti Forza Italia, et je me suis débrouillé pour forger une alliance avec la Ligue du Nord qui entre-temps avait laissé tomber son projet de sécession, et avec ce MSI néofasciste qui devait finalement mettre de l'eau dans son vin et se plier au jeu démocratique.

Berlusconi s'étire. Son regard se déplace vers la chambre à l'étage. Le souvenir lui revient d'un moment de vérité, le jour où il a réuni ici même, à Arcore, sa famille, ses amis, les dirigeants Gianni Letta, Fedele Confalonieri, Marcello Dell'Utri, et sa propre mère alors âgée de quatre-vingt-trois ans. C'était au soir du 18 janvier 1994, et il voulait préparer ses proches à la naissance de Forza Italia. Écoutons Berlusconi revenir sur cette soirée cruciale :

— J'ai invité tout le monde à dîner et je leur ai expliqué comment je voyais la situation. Je leur ai dit que j'avais cherché une autre solution : en vain. Mon sentiment, ai-je ajouté, c'est que je devais vraiment le faire. Ils ont réagi avec véhémence. Tous me disaient : « Ne fais pas ça ! » Mes amis intimes, mes conseillers, ma famille… tous s'efforçaient de me mettre en garde. Ils ne voulaient pas me voir dans le jeu politique. Ils étaient contre l'idée. Ma mère était archi-contre.

Il marque une pause, puis il raconte la façon dont la soirée s'est terminée :

— Leur réaction était totalement négative. Je leur ai dit que j'allais dormir là-dessus : la nuit porte conseil. Puis nous ferions une nouvelle réunion. Ma mère est montée dans sa voiture pour rentrer à Milan. Mais quand elle est passée Via Volturno où nous avions vécu, devant l'appartement où elle avait élevé ses trois enfants, elle a demandé au chauffeur de s'arrêter. Elle est descendue de voiture. Elle est restée un long moment à regarder notre ancien domicile. Après quoi elle a demandé au chauffeur de la ramener à Arcore.

Berlusconi se tait un instant. Il a un geste vers la fenêtre du deuxième étage. Et il reprend le fil de son récit :

— Elle est montée dans ma chambre, celle qui est juste là-haut. Heureusement, je ne dormais pas encore. Je fixais le plafond. J'étais mal. Je pensais à la façon dont ils avaient tous réagi. Ma mère est venue au pied de mon lit et je ne pourrai jamais oublier ce qu'elle m'a dit alors : « J'ai réfléchi à tout ça, Silvio. Et je suis farouchement contre ce que tu veux faire. Ils trouveront mille moyens de te faire du mal. Ils s'en prendront à ta famille, à tes sociétés. Mais je devine ce que tu ressens. Tu as terriblement besoin de le faire. Alors je me dis que tu ne serais pas le fils que j'ai élevé si tu ne te sentais pas le courage de te battre pour ta liberté et pour la liberté de ton pays. » Sur ces mots, elle m'a embrassé. Elle est remontée dans sa voiture et elle a repris la route de Milan. Peu après, je démissionnais de toutes mes responsabilités au sein de mes sociétés. Nous avons fondé Forza Italia quelques jours plus tard – Forza Italia comme parti politique.

Berlusconi n'avait plus qu'à presser le bouton : son armée de spécialistes marketing devenus candidats à des charges parlementaires était prête. Mais les Italiens, eux, n'étaient pas préparés à une campagne nouveau style, à la Berlusconi : des écrans saturés de messages, des discours sans langue de bois, des contenus résolument optimistes. C'était le populisme à l'ère télévisuelle. C'était la technique Madison Avenue. C'était américain. Il fallait que les gens soient heureux. C'était la même chose que les chaînes de Berlusconi : du rêve, de l'espoir, des couleurs vives. Et ça ressemblait bigrement à l'équipe de football de Berlusconi. Sans surprise, le chant *Forza Italia !* devint un mantra. Et puis la famille Berlusconi possédait la moitié des chaînes de télé du pays, outre de nombreux journaux papier : voilà qui pèserait dans la balance.

En janvier 1994, Berlusconi donna une fête pour le lancement de sa campagne. Dès lors il lui restait soixante jours pour marcher vers la victoire. La méthode tenait de la science-fiction. Elle n'aurait pas été déplacée à Harvard, dans un cours *Business & Marketing*.

Berlusconi ne se contentait pas d'accumuler les techniques médiatiques tape-à-l'œil : il créait une langue nouvelle pour parler politique ainsi qu'une nouvelle batterie de symboles. Il entendait plaire à la majorité silencieuse, ces électeurs majoritaires, conservateurs, favorables à la libre entreprise. Ce que Berlusconi proposait aux Italiens en cette année 1994, c'était un programme décomplexé, libéral et probusiness, un mélange de dérégulation, de baisses d'impôts et de poule au pot tous les dimanches. À une nation fatiguée, malade, épuisée par des années de scandales et de récession, il semblait vouloir apporter l'espérance.

— La campagne, dit-il avec nostalgie, c'est ici qu'elle a été conçue. Dans le salon et dans la cuisine. On n'était pas nombreux. La maison était assez grande…

Il enveloppe la Villa San Martino d'un ample geste et continue :

— C'était le quartier général. Quatre ou cinq personnes, pas plus, travaillaient ici à la stratégie de campagne. On a élaboré un programme de gouvernement en une poignée de semaines. Y compris la politique économique. Ça s'est fait ici même, à Arcore. Mon calcul, c'était que la majorité des Italiens étaient déboussolés. Ils ne savaient plus pour qui voter à droite. Ils ne voulaient pas non plus voter pour la gauche. Du coup, le parti Forza Italia répondait aux attentes du peuple.

Berlusconi a mis à profit toutes les ressources de son empire pour produire des affiches polychromes. Il a créé ce bleu optimiste qui était la couleur de Forza Italia, ainsi qu'une littérature de campagne, des spots télé, et bien d'autres choses encore. Mais tous ceux qui le connaissent l'attesteront : c'était avant tout un homme-orchestre, un organisateur habité par une obsession du détail quasi maniaque. Il avait préparé le lancement de sa marque, il assurait maintenant la tournée en répandant de ville en ville la promesse de lendemains enchanteurs ; et ses meetings étaient aussi exubérants que les émissions produites par ses chaînes de télévision.

Il veillait personnellement à tous les détails. Il inspectait lui-même le travail des techniciens qui installaient la scène du meeting. Il allait jusqu'à tester la sono. Il exigeait que le décor soit peint d'un blanc lumineux et brillant. Il fallait dépenser de l'argent, et ça devait se voir. Il fallait faire dans le bonheur.

— Je faisais toujours très attention, dit-il, à la façon dont nous nous présentions devant le public. Les vieux partis politiques, par exemple, avaient l'habitude de faire monter sur scène leurs anciens. Ils étaient là, alignés en brochette, derrière le leader qui prononçait son discours. J'ai décidé de faire le contraire : un seul micro, une seule personne sur scène. Fini le défilé des caciques dans les meetings…

L'homme de spectacle, encore et toujours. Il enchaîne avec un sourire de fierté :

— Je m'impliquais dans la mise en scène de nos grandes émissions à la télé. En tant qu'entrepreneur, j'avais conçu jusque dans les détails l'architecture de nos projets immobiliers, il était donc naturel que je m'investisse dans chaque aspect de l'image que nous voulions renvoyer au pays. J'ai supervisé la conception des brochures et des affiches. C'est moi qui ai écrit la plupart de nos spots publicitaires. Et mes discours, évidemment. Je vérifiais tout. Je crois que je n'ai pas dormi plus de trois heures par nuit pendant les soixante jours de cette campagne.

Outre son obsession maniaque de l'image et du positionnement marketing, Berlusconi a développé une méthode inhabituelle pour faire connaître son parti nouvellement créé. Et il s'est adressé à la Nation par le truchement d'une astucieuse vidéo de neuf minutes. Le film avait été tourné dans son bureau. Berlusconi y siégeait, comme un président, derrière une grande table. La bibliothèque au second plan était pleine de photos de famille. Et l'orateur semblait tout à fait dans son rôle avec sa cravate bleue, sa chemise blanche amidonnée et son complet croisé à fines rayures de chez Brioni. En fait, il ressemblait plus à un homme d'affaires milanais qu'à un politicien. Il commença par diffuser cette vidéo sur ses chaînes ; la RAI lui concédait beaucoup moins de temps d'antenne dans ses nouvelles émissions en soirée.

Le film devint célèbre. Berlusconi y déclarait d'emblée : « L'Italie est le pays que j'aime. » Puis, adoptant un ton dramatique, il annonçait son intention de « descendre dans l'arène ». Le message marquait le début d'une campagne qui allait séduire des millions d'électeurs et révolutionner la vie politique italienne. Berlusconi essayait de créer du bipartisme dans un univers jusque-là fragmenté, fait de coalitions fragiles auxquelles adhéraient des partis minuscules. Il se présentait lui-même comme un entrepreneur richissime résolu à mettre son expérience au service de la Nation. Mais ses flèches les plus acérées, il les réservait aux communistes, quand bien même ces derniers avaient récemment changé le nom de leur parti, et renoncé au marteau et à la faucille.

— Les orphelins du communisme ! déclarait-il en consultant parfois ses notes tapées à la machine. Non seulement ils ne sont pas prêts à gouverner, mais ils traînent un bagage idéologique, et jettent l'anathème sur ceux qui croient au marché et à la libre entreprise.

Il parlait en fixant la caméra des yeux, avec aux lèvres un petit sourire sec, déterminé. On aurait presque dit un discours à la Maison-Blanche – mais un discours plein d'amertume. Le ton pouvait aussi se faire accusateur :

— À gauche, ils prétendent qu'ils ont changé. Ils disent qu'ils sont démocrates, maintenant. Mais c'est faux. Leurs troupes sont les mêmes. C'est la même mentalité qui prévaut. Leur culture n'a pas évolué, ni leurs convictions les plus profondes. Le marché, ils n'y croient pas. À l'entreprise privée, non plus. Ils ne croient pas au profit. Ils ne croient pas en l'individu. Ils ne croient pas en la diversité. En fait, ils ne croient en rien. Tout ce qu'ils veulent, c'est transformer ce pays en une grande place livrée au vacarme, envahie par une foule hétéroclite qui se contente de hurler, d'accuser et de condamner.

À ce point de son discours, Berlusconi baissait les yeux une seconde ; puis il reprenait avec suffisance :

— C'est *pour ça* que nous devons les combattre. Parce que *nous*, nous croyons en l'individu, parce que nous croyons en la famille, à l'entreprise, à la compétition, au progrès, à l'efficacité, au marché et à l'équité sociale venue de la justice et de la liberté. Si j'ai décidé de descendre dans l'arène, de lancer un nouveau mouvement, et si maintenant je vous demande de me rejoindre, tout de suite et avant qu'il ne soit trop tard, c'est parce que je rêve d'une société libre faite par des hommes et des femmes qui ne vivent pas dans la peur, une société où il n'y a pas de jalousie entre les classes, pas de guerre entre les classes, seulement de la générosité, une envie de travailler dur, de la solidarité, de la tolérance et du respect pour la vie. Le mouvement politique que je vous propose a pour nom Forza Italia…

Il déroulait ensuite une litanie de platitudes sur la liberté, la modernisation, la transparence politique, la création d'emplois, la prospérité, la lutte contre la délinquance, la liberté de culte, l'aide nécessaire à fournir aux déshérités et aux retraités, et même la protection de l'environnement.

Puis venait le quart d'heure Martin Luther King :

— J'ai fait un rêve, un grand rêve dont je crois que nous pouvons le réaliser tous ensemble. Je rêve d'une Italie qui serait plus juste, plus généreuse envers ceux qui sont dans le besoin, plus prospère, plus calme, plus moderne, plus efficace, une Italie qui occupe la place qui lui revient en tant que protagoniste à part entière en Europe et dans le monde.

La vidéo se concluait par une envolée lyrique digne du « *Yes we can !* » prononcé dix ans plus tard par le futur Président Barack Obama.

— Nous pouvons le faire ! disait Berlusconi face à la caméra, en ralentissant la cadence de son discours et en prononçant chaque mot avec soin. Nous pouvons, nous devons créer pour nous-mêmes, et pour nos enfants, un nouveau miracle italien !

Fondu au noir.

C'était émouvant pour l'époque. Et ça marchait. Soixante jours plus tard, Berlusconi remportait la victoire en surfant sur une vague d'écœurement national vis-à-vis du passé, et sur une vague d'espoir en l'avenir porté par le parti Forza Italia. Il prêta serment en tant que président du Conseil le 11 mai 1994. Une semaine plus tard, on apprenait que Bettino Craxi, aux prises avec de multiples procès pour corruption, avait fui l'Italie pour trouver refuge en Tunisie dans sa résidence secondaire.

Berlusconi avait réussi. Il avait planifié la création d'un nouveau parti, il avait lancé ce parti, et il avait gagné les élections avec plus de huit millions de voix. Il avait forgé une coalition de centre droite qui lui donnait une majorité de contrôle à la Chambre des députés. Il était le premier milliardaire à accéder à la tête d'un État européen. Mais son passé d'homme d'affaires ne l'avait pas préparé efficacement aux rudes chausse-trappes de la vie politique italienne. Après tout, Berlusconi était un entrepreneur doublé d'un *self-made man.* Il avait l'habitude de jouer un jeu personnel. Il avait toujours été le patron ! Le problème, c'est qu'à Rome on ne l'entendait pas tout à fait de cette oreille...

— Un vrai désastre, dit-il aujourd'hui en se remémorant cette période. Je me suis aperçu qu'un président du Conseil avait moins de pouvoir qu'on se l'imagine. À cause de l'héritage fasciste, notre constitution accorde les pleins pouvoirs au corps législatif, non au président du Conseil. Mais notre Chambre des députés n'était rien d'autre qu'une grande cour de récréation pleine de ragots et de secrets. Très rares étaient les parlementaires qui bossaient dur. Ils étaient peut-être une centaine, pas plus. Pour un homme d'affaires tel que moi, qui a toujours travaillé du petit matin jusqu'à la nuit tombée, c'était juste une catastrophe. Oui, les débuts ont été atroces.

Confalonieri ajoute :

— Berlusconi bouillait d'impatience. Il était très frustré par la lenteur avec laquelle travaillait le gouvernement. Il s'était imaginé qu'il allait débarquer comme ça et tout changer. Résultat, il s'est embourbé dans le marigot de la vie politique romaine. Rome l'a englouti. Rien d'étonnant : c'est la même chose depuis deux mille ans. Les Romains ont tout vu et tout digéré. Ils ont dévoré tous ceux qui ont voulu les gouverner. Et ils digéraient Berlusconi à petit feu. En fait, ils l'ont viré au bout de six mois.

Berlusconi le milliardaire était devenu président du Conseil ; mais il ne devait pas occuper cette place bien longtemps.

Confalonieri a observé l'affaire de très près. Il raconte en prenant des airs de conspirateur :

— N'oublions jamais que nous sommes au pays de Machiavel. À Rome, tout le monde a lu *Le Prince*. Et même ceux qui ne l'ont pas lu le pratiquent. C'est la méthode Machiavel qui a cours. C'est dans les gènes des politiciens italiens.

Qu'il s'agisse d'un complot machiavélique fomenté par les magistrats et les politiciens de gauche, comme Berlusconi l'a toujours prétendu, ou d'une simple coïncidence en termes de lieu et d'heure, la façon dont le président du Conseil a été démis, à la fin de l'année 1994, est plutôt inhabituelle... c'est le moins qu'on puisse dire.

Nous sommes le mardi 22 novembre, six mois après la nomination de Berlusconi à la tête du gouvernement. Ce matin-là, il accueille à Naples un sommet des Nations unies avec, à l'ordre du jour, les efforts déployés au niveau international pour lutter contre le crime organisé. La rencontre s'annonçait comme un événement prestigieux, même si les détracteurs de Berlusconi ne manquaient pas d'en parler sur le mode ironique, étant donné l'ordre du jour prévu. Berlusconi se trouvait placé dans une situation qui lui faisait honneur puisqu'il siégeait en compagnie des grands de ce monde, et ce pour la deuxième fois en l'espace de quelques mois seulement. En effet, au mois de juillet, il avait déjà accueilli à Naples le dernier sommet du G7, une manifestation qui avait réuni, entre autres, François Mitterrand, Helmut Kohl, Tony Blair, Boris Eltsine et Bill Clinton. L'événement avait été considéré comme majeur dans la mesure où les Russes y étaient invités pour la première fois. Or ce 22 novembre, Berlusconi se préparait à rencontrer le Secrétaire général des Nations unies et les délégations de cent quarante pays.

À cinq heures quarante, Berlusconi est réveillé par un appel de Gianni Letta, lequel avait quitté Fininvest pour devenir son chef de cabinet. Letta n'apportait pas de bonnes nouvelles. Il avait sous les yeux la une du *Corriere della Sera* dont le titre faisait dans le spectaculaire : « Berlusconi mis en examen à Milan. » Le chapeau de l'article précisait que le président du Conseil était sous le coup d'une enquête judiciaire pour des faits de corruption envers des inspecteurs des finances, et de dessous de table versés par ses sociétés avec son accord.

L'article lui-même mettait à mal le gouvernement. Il apparut bientôt que Berlusconi ne faisait pas seulement l'objet d'une enquête ; il allait recevoir sous peu une assignation à comparaître, afin de répondre aux questions des juges investis dans l'opération Mains propres. On le soupçonnait maintenant de corruption et de subornation dans une affaire concernant Fininvest. La société se défendait en disant qu'elle n'était pas à l'origine du dessous de table, et que c'était en fait l'administration fiscale elle-même qui l'avait exigé au début des années 1990.

Le service de presse de Berlusconi confirma l'existence de cette convocation. En effet, le président du Conseil allait bien devoir se présenter devant les juges de Milan. Berlusconi, quant à lui, s'affirmait « serein ». En effet, comme il ne cessait de le répéter, il n'avait « commis aucun crime ». Le problème, c'est que son sommet à Naples était ruiné. Et qu'il allait perdre son fauteuil de président du Conseil. On l'avait humilié publiquement, à la face du monde. Son gouvernement allait tomber un mois plus tard.

Il apparut que l'assignation à comparaître portait la signature d'un procureur milanais du nom de Francesco Borrelli. Nombre d'Italiens regardaient ce magistrat comme un héros de la saga *Tangentepoli*, un juge qui avait le courage de lever une croisade contre l'*establishment*. Il était également perçu comme favorable à la gauche. En fait, Borrelli mettait en cause Berlusconi depuis presque un an. Il avait ouvert le feu et lancé des sommations bien avant le sommet de Naples. Sa première alerte datait de décembre 1993, alors que Berlusconi se préparait encore à « entrer dans l'arène » et à lancer le parti Forza Italia.

Borrelli avait accordé au *Corriere della Sera* une interview dans laquelle il faisait allusion à « certaines coïncidences susceptibles de faire du bruit ». Le juge poursuivait en ces termes : « Ceux qui ont l'intention de se porter candidats à des responsabilités politiques auraient intérêt à se pencher sur eux-mêmes. S'ils n'ont rien à se reprocher, alors ils peuvent se lancer dans la bataille l'esprit serein. Mais s'ils ont des cadavres dans leurs placards, ou s'ils traînent de vieilles casseroles, ils feraient bien de tout déballer maintenant, et de ne pas entrer dans le jeu politique avant que nous ayons regardé tout ça de près. »

Ces propos pouvaient viser nombre de personnalités, mais il était clair aux yeux des Italiens que l'avertissement s'adressait à Silvio Berlusconi.

Aujourd'hui, il réagit avec véhémence à l'évocation de cette affaire :

— À partir du moment où je suis devenu président du Conseil, les juges militants de gauche ont lancé toute une série de procédures à mon encontre. Ils ont déclenché un tollé incessant. Ils m'ont envoyé cette assignation en plein milieu d'un important sommet des Nations unies qui se tenait à Naples. Ça revenait à me mettre en cause d'une façon qui aurait ruiné la capacité de n'importe qui à se maintenir en politique.

Cette interprétation de l'incident napolitain est en contradiction complète avec celle des politiciens de gauche. Ces derniers feraient observer par la suite que Berlusconi avait bel et bien été reconnu coupable, en première instance, de corruption active envers des fonctionnaires des impôts, même s'il devait être acquitté en appel par la suite. Dans le *Corriere della Sera,* le rédacteur en chef légendaire, Paolo Mieli, décrivit prudemment l'assignation à comparaître comme le point culminant d'une longue bataille opposant les magistrats milanais à Silvio Berlusconi.

Le journal poursuivait en expliquant que l'enquête s'inscrivait dans le prolongement d'une affaire de fraude fiscale plus vaste qui ébranlait l'empire Berlusconi depuis plus d'un an. Et l'article commentait la chute du premier gouvernement Berlusconi en ces termes : « Après des mois d'escarmouches et de controverses, les magistrats ont donné l'estocade. Les procureurs attendent que les élections soient passées, et ils lancent leur attaque. »

Mais les propos les plus menaçants, et les plus prémonitoires, devaient être les suivants : « Hier, la situation du président du Conseil a changé, une nouvelle phase s'est ouverte et il est difficile de prévoir les futurs développements politiques et judiciaires. »

En d'autres termes, l'avenir politique de Berlusconi était désormais incertain, dans le meilleur des cas.

Aujourd'hui encore, il n'en décolère pas :

— Il s'agissait d'une opération soigneusement pilotée par les magistrats pour briser le secret de l'instruction. Ils auraient pu se contenter de m'envoyer leur assignation à comparaître par les voies normales, sans faire de publicité. Mais non. Il y avait des fuites, et tout ressortait dans les journaux. Après cette affaire, le président de la République, qui était issu de la gauche, a convoqué mon principal partenaire au sein de la coalition, et il lui a dit : « Berlusconi est fini. Si vous ne voulez pas être bientôt fini, vous aussi, vous avez intérêt à quitter le gouvernement et à le faire tomber. » Et c'est exactement ce qui s'est passé. Ce fut un authentique coup d'État.

Berlusconi n'avait pas fini de se plaindre et d'accuser ses opposants de gauche de conspiration en vue de provoquer sa chute. Cette rhétorique du complot allait devenir pour longtemps un des piliers du discours politique italien. Et en une occasion au moins, les protestations de Berlusconi se révéleraient fondées. Ce serait des années plus tard. Et il ne s'agirait alors ni de politique intérieure ni d'enquête judiciaire. L'affaire concernerait une véritable intrigue internationale survenue au plus fort de la crise de l'euro. Et Berlusconi ne serait pas le seul concerné puisque seraient aussi touchés des dirigeants internationaux du calibre d'un Nicolas Sarkozy ou d'une Angela Merkel. Berlusconi y trouverait un allié inattendu en la personne de Barack Obama.

Après avoir dû répondre d'accusations de corruption, le gouvernement Berlusconi n'a pas tenu bien longtemps. Il démissionne en 1994 et entreprend une traversée du désert qui durera plusieurs années. C'est d'ailleurs l'expression qu'il emploie : « Ma traversée du désert. » En 1995, on le regardait comme politiquement mort. Il s'est représenté aux élections en 1996, sans succès. Mais il fait un retour spectaculaire en 2001, au point de redevenir président du Conseil pour une durée encore jamais atteinte dans son pays. Pendant ces années passées à la tête de l'Italie en ce début du XXIe siècle, il participe activement, ou comme témoin, aux principaux événements qui font l'histoire de son temps : les conséquences du 11-Septembre, la guerre d'Afghanistan, les efforts en direction de Vladimir Poutine pour l'amener à une forme de détente et à une coopération avec l'Ouest, la crise de l'euro et les tentatives pour amadouer Kadhafi. Berlusconi aimait être dans l'arène internationale, même s'il y était comme un éléphant dans un magasin de porcelaine, même s'il manquait de finesse diplomatique et passait pour y multiplier les gaffes. Cependant, son dernier grand échec connu en matière de politique étrangère sera une tentative secrète menée en direction de George W. Bush et de Tony Blair pour les dissuader de partir en guerre contre Saddam Hussein.

– 6 –

George Bush et la guerre contre Saddam

— Je n'oublierai jamais ma première rencontre avec George W. Bush. On s'est plu tout de suite. Quelque chose passait entre nous. La chimie opérait. Il m'attirait, je suppose. Sa façon de voir les choses m'attirait.

Pendant un très court instant, Silvio Berlusconi verse une petite larme en fixant au loin un point imaginaire. Il se rappelle les débuts de son amitié avec le quarante-troisième Président des États-Unis. À l'entendre, ce fut un vrai coup de foudre.

Dans le jardin de la Villa San Martino, Berlusconi a pris place à la table en teck, sa préférée. Il porte une élégante chemise bleu marine et un blazer ; il est chaussé de baskets bleu marine plus ou moins élimées. Il est incapable d'évoquer ses sentiments envers George Bush sans porter la main à son cœur. Est-ce une réaction spontanée ? Cherche-t-il un effet dramatique ? On ne sait trop. Chaque fois qu'il en parle, qu'il relate telle ou telle anecdote, on croirait un numéro shakespearien. Berlusconi, il est vrai, est un homme de scène, un acteur. Mais c'est aussi un témoin de l'Histoire.

Il revient sur leur première fois, quand s'est nouée leur amitié. C'était en juin 2001, au moment où deux sommets se sont succédé en Europe. Le premier était le sommet de l'OTAN à Bruxelles. Il serait suivi d'un sommet Union européenne-États-Unis à Göteborg, en Suède. Les deux hommes font donc connaissance à Bruxelles, dans un contexte mouvementé. Aucun des deux n'a vraiment l'expérience de la scène internationale. Le Président Bush occupe la Maison-Blanche depuis cinq mois seulement. Quant à Berlusconi, il a de nouveau prêté serment comme président du Conseil vingt-quatre heures plus tôt ! Il a gagné les élections en mai, et c'est sa première grande apparition internationale depuis son retour aux affaires. Si l'ex-gouverneur du Texas sait parfaitement qu'il n'inspire guère d'enthousiasme aux Européens, il comprend tout de suite que Berlusconi a très envie de devenir son nouveau *Best Friend Forever*.

L'administration Bush a déjà dû affronter des débuts difficiles avec ses alliés européens. Beaucoup, en France et en Allemagne, n'ont guère apprécié de voir les Américains refuser de renouveler le protocole de Kyoto sur le réchauffement climatique. Par ailleurs, Bush se montre résolu à accélérer un plan de défense antimissiles coûteux, qui insupporte Paris et Berlin et que certains observateurs ont pu baptiser « nouvelle Guerre des Étoiles ».

Après le sommet de l'OTAN à Bruxelles, Bush devait aller en Suède rencontrer les leaders de l'Union européenne. Il pensait pouvoir les convaincre de déployer un nouveau – et fort coûteux – bouclier de défense antimissiles. Mais son approche manquait de finesse. Tony Blair, qui le soutenait déjà, passerait bientôt pour quelqu'un à qui Bush peut tout demander. Blair avait la réputation de craindre le Président américain. Les Allemands et les Français, en revanche, s'opposaient à Washington ; du reste, ni Schröder ni Chirac n'appréciaient George W. Bush.

Quant à la politique étrangère italienne, elle était en passe de prendre une orientation toute nouvelle. Berlusconi était le premier président du Conseil italien à se déclarer ouvertement proaméricain. Son soutien à Bush était acquis. Avant même d'entrer en fonction, il avait annoncé la couleur : il était favorable au bouclier antimissiles. Et il devait tenir parole.

À Bruxelles, le langage du corps des deux hommes fut on ne peut plus explicite. On les voit plaisanter et bavarder pendant la traditionnelle « photo de famille » des chefs de l'OTAN. On a vraiment l'impression que ces deux-là se sont trouvés, comme des âmes sœurs. L'un et l'autre, il est vrai, sont des ardents défenseurs de la libre entreprise. L'un comme l'autre ont fait de la réduction des impôts le point fort de leur campagne électorale. Et ils sont pareillement la cible des médias, même si c'est pour des raisons différentes.

Bush le Texan était perçu comme une caricature du cowboy arrogant. Et le magazine *The Economist* avait récemment fait sa couverture avec un portrait de Berlusconi et un titre qui semblaient résumer le sentiment de nombreux journalistes en Europe : « Pourquoi Silvio Berlusconi est incapable de diriger l'Italie. »

Lui et George W. Bush étaient deux fortes personnalités, propres à concentrer l'attention sur elles. Ils avaient chacun des millions de supporters qui les adoraient. Et ils ne se contentaient pas de s'attirer de vives critiques : ils inspiraient à leurs adversaires une haine authentique.

Ce soir-là, après sa rencontre avec Bush au sommet de l'OTAN de Bruxelles, le président du Conseil italien remonte à bord de son Airbus 300 et s'envole pour la Suède et Göteborg où se tient le Conseil européen. Dès le lendemain, il reverra donc le Président américain dans un autre contexte. Un Président dont la rhétorique se fait de plus en plus musclée. Bush, en effet, soutient son bouclier anti-missile et plaide en faveur d'une expansion de l'OTAN. Il souhaite repousser le plus loin possible vers l'est les frontières de l'Europe, ce qui ne plaît pas à tout le monde. Ses exigences au sujet des missiles ont déclenché des protestations dans toutes les capitales européennes, et c'est encore ce qui se passe à Göteborg, précisément.

Le mouvement anti-mondialisation donne puissamment de la voix. Ses militants occupent les rues pour réserver au Président américain l'accueil qu'il mérite, selon eux. Dès le départ, les forces de polices suédoises sont débordées par le nombre de manifestants. L'affrontement dégénèrera bientôt en violences.

Pendant que Bush et Berlusconi, bien au chaud, discutent avec les dirigeants européens, dont Jacques Chirac, Gerhard Schröder et Tony Blair, la police essuie les volées de projectiles que leur lancent les manifestants en colère. Elle a recours aux chevaux, aux chiens, aux canons à eau et même aux armes à feu. Le Président n'est à la Maison-Blanche que depuis quelques mois, mais le sentiment anti-Bush est déjà si fort qu'il a rameuté en masse des militants anarchistes et altermondialistes venus de la moitié de l'Europe. La police suédoise, dépassée par les protestataires, finit par ouvrir le feu ; on comptera trois blessés dans les rangs des manifestants.

Mais pour Berlusconi, ce qui compte à cette minute, c'est que la chimie opère au sein du Conseil de l'Europe.

Pendant que la police, dehors, fait face aux émeutes, les chefs d'État européens prennent l'apéritif ; le moment est considéré comme important pour les relations entre chefs d'État.

Le coup de foudre, à en croire Berlusconi, se serait produit en cette occasion : lors de l'apéritif, puis après le dîner dans le Centre de Convention de Göteborg. Écoutons le récit de Valentino Valentini, le plus proche collaborateur de Berlusconi lors de ce Conseil européen :

— Bush entre dans la salle avec cette démarche caractéristique du cow-boy. Les autres chefs d'État sont là, dont la plupart ne l'aiment pas. C'est alors que Bush voit Berlusconi. Lequel lui sourit. Berlusconi est l'un des rares dans cette pièce à avoir l'air vraiment content de le voir. Bush lui lance : « Hello, Silvio ! Hello, Silvio Berlusconi ! » Et il se dirige vers lui. Il était déjà évident que ces deux-là s'appréciaient. Ils discutaient, ils plaisantaient entre deux verres. Arrive le dîner. C'est là que Bush comprend : le président du Conseil italien est le seul à avoir envie d'appuyer le point de vue américain, le seul chef d'État européen à vouloir proclamer haut et fort son soutien à Washington. Bush semble ravi d'avoir rencontré Berlusconi. Après tout, Berlusconi est un magnat. Il est proaméricain. Il est probusiness. C'est un allié naturel. Il est évident qu'ils se plaisent.

Berlusconi, lui, dit avoir été frappé par le franc-parler du nouveau Président américain. Il s'exclame, avec une pointe de nostalgie :

— Ils ne sont pas nombreux, les hommes comme lui ! Ce que j'aimais, surtout, c'était son « oui ». Quand il disait oui, il disait oui. Et quand il disait non, c'était non. Je suis pareil. On avait plein de choses en commun.

Il n'est pas étonnant que Berlusconi ait fait des relations personnelles la caractéristique de sa politique étrangère avec Bush d'abord puis avec Poutine. Écoutons Valentini :

— Après tout, c'est un homme d'affaires, un entrepreneur, un magnat. Tout son univers s'est édifié sur un réseau de relations, le sien. Et c'est son style, de vouloir séduire tout le monde. Sa rencontre avec Bush a permis de valoriser l'image de l'Italie dans le monde. Il est devenu un interlocuteur privilégié du Président américain, comme Blair. C'était très important pour Berlusconi lui-même, mais c'était important aussi pour l'Italie.

Au Conseil européen de Göteborg, les atomes crochus avec Bush ont fonctionné à merveille. Mais pour Silvio Berlusconi, ce n'était pas seulement une affaire de relation personnelle entre deux hommes. De retour au pouvoir après six longues années de traversée du désert, il vivait comme une véritable rédemption le fait de se retrouver au premier plan de la scène internationale et aux côtés du leader du monde libre.

Ce Conseil européen de juin 2001 inaugure pour Berlusconi une durée record de longévité au Palais Chigi, puisqu'il y restera cinq ans, fait inhabituel en Italie où les présidents du Conseil tiennent en moyenne dix ou onze mois.

Et plus de six années ont passé désormais depuis l'humiliation de novembre 1994, quand la presse a divulgué la nouvelle d'une enquête lancée contre lui pour des faits de corruption active, et ce au beau milieu d'un sommet des Nations unies réuni pour lutter contre le crime organisé.

En 2001, Berlusconi vient tout juste de remporter une écrasante victoire électorale ; pour ainsi dire, il ressuscite après avoir été déclaré politiquement mort.

En effet, l'incident de Naples semblait avoir scellé son destin. Quelques jours après la fin du sommet, il était convoqué par les juges milanais pour interrogatoire. C'était la première fois qu'un président du Conseil en exercice était entendu par des magistrats, avec à la clé une probable mise en examen pour corruption active.

Le secret de l'instruction n'était guère respecté en Italie, où la presse était régulièrement informée de ce qui se déroulait dans les bureaux des magistrats. De sorte qu'il était de bonne guerre que les soupçons, les accusations et les mises – ou non – en examen arrivent sur la place publique. Tout fuitait à tout moment ! Et il n'était pas rare que les journaux publient des détails relevant des enquêtes bien avant que le tribunal ne soit appelé à siéger.

Ce traitement au goutte-à-goutte fut pour Silvio Berlusconi une véritable torture. Le président du Conseil en exercice était durement humilié, et fou de rage. Sa coalition s'effritait. Une équipe de magistrats lui demandait des comptes comme s'il était un criminel.

Il s'adressa une dernière fois à la Nation lors d'une intervention télévisée. Contrairement à ses habitudes, l'émission ne fut pas diffusée en direct mais enregistrée dans sa villa, avant d'être envoyée aux médias. Il jura sur la tête de ses enfants qu'il était innocent de toute malversation, et il promit de ne pas démissionner. Après quoi, il essaya de résister une bonne semaine encore. Puis tout s'effondra…

Sa démission tomba trois jours tout juste après Noël 1994. Ses alliés s'étaient retournés contre lui. Umberto Rossi, le secrétaire général de la Ligue du Nord, son partenaire dans la coalition, l'accabla d'injures en pleine Chambre des députés et dans ses réunions publiques ; il le comparait à Mussolini, lui reprochait de contrôler la moitié du marché télévisuel du pays, et prétendait que le groupe Fininvest et ses filiales étaient liés à la mafia. Bossi attaqua également l'aile droite de Berlusconi en s'en prenant à l'ex-fasciste Gianfranco Fini – en le traitant précisément de fasciste.

Après la chute de son gouvernement, Berlusconi réclama des élections anticipées, mais le choix du président Scalfaro était d'ores et déjà arrêté : il nomma le ministre des Finances à la présidence du Conseil. Berlusconi était mis dehors. En principe, le président de la République, qui occupe la fonction suprême, agit en se situant au-dessus des partis et de la mêlée ; mais dans la mesure où il est issu d'un bord ou d'un autre de l'échiquier politique, il lui est difficile de se montrer vraiment impartial. La démission de Berlusconi donna lieu à un copieux échange d'insultes entre Scalfaro et lui, au cours d'un épisode qui ne fut à l'honneur d'aucun des deux.

Si, pour Berlusconi, 1994 est l'année de son ascension et de sa chute en tant que premier milliardaire devenu chef du gouvernement italien, 1995 sera celle au cours de laquelle les juges accumuleront des charges contre lui.

En moins d'un an, Berlusconi et son entourage firent l'objet de vingt-sept arrestations et mises en examen. Son frère Paolo allait être reconnu coupable de corruption. Et Silvio allait comparaître devant le tribunal sous le même chef d'accusation.

Berlusconi était à présent en disgrâce. Et révolté contre les juges. Il savait ce qui l'attendait désormais, et jusqu'à la fin de ses jours : il devrait se partager entre ses ennuis judiciaires et ses responsabilités à la tête du parti Forza Italia.

Politiquement, il sortait de l'épreuve épuisé, incapable de recoller les morceaux et de se battre pour rallier ses troupes. Il ne se passait pratiquement pas de semaine sans que les journaux s'emplissent de nouvelles enquêtes, accusations, convocations de témoins, rumeurs et actions en justice à son encontre. La guerre faisait rage avec l'institution judiciaire.

Au printemps 1995, les investigations dont il faisait l'objet étaient si nombreuses que Berlusconi redoutait d'être arrêté. Son frère Paolo affrontait les mises en examen, de même que son cousin, son avocat et plusieurs de ses amis parmi les plus proches.

Dans l'arène politique, une alternative à Berlusconi se dessinait du côté du centre gauche. Romano Prodi, un économiste jovial originaire de Bologne, venait d'annoncer son intention de fonder un mouvement social-démocrate : l'Olivier. Il s'agissait d'une coalition disparate associant des catholiques, d'ex-chrétiens démocrates, et des marxistes purs et durs : une alliance complexe dont le seul terrain d'entente était leur opposition à Berlusconi. Et de fait, le magnat de l'audiovisuel devenu politicien voyait dans cette alliance nouvelle une opération de mauvais augure, une menace dirigée contre son propre mouvement de centre droite livré aux fractions.

Bien sûr, Berlusconi protestait en disant que les juges n'œuvraient que dans un but : lui nuire. Leur façon de laisser fuiter des détails de leurs enquêtes, affirmait-il, trahissait une stratégie politique parfaitement orchestrée et dont le seul objectif était de le discréditer.

Il ne fait aucun doute que plusieurs chefs d'accusation ont bel et bien été communiqués à la presse à la veille d'un scrutin qui ne devait pas lui être favorable. Il s'agit des élections régionales de 1995, au cours desquelles le parti Forza Italia dut s'incliner devant la coalition de gauche. Une enquête venait d'être lancée contre Berlusconi sur des soupçons de faux et usage de faux ainsi que de falsification des comptes lors de l'achat d'un joueur par le Milan AC.

En octobre 1995, les magistrats milanais frappent un grand coup : Berlusconi est officiellement mis en examen. Lui, son frère Paolo, quatre cadres de Fininvest et cinq inspecteurs des contributions sont accusés de corruption active. C'est alors que Berlusconi déclare pour la première fois :

— Nous vivons aujourd'hui dans un État policier.

Il ne cesserait plus de répéter cette formule.

Les choses devaient s'aggraver encore quelques jours plus tard, quand la presse rapporta que les enquêteurs de l'opération Mains propres avaient découvert plusieurs comptes en Suisse dont Fininvest se serait servi comme d'une caisse noire pour payer Bettino Craxi, l'ancien président du Conseil et vieil ami du *Cavaliere*. La mise en examen officielle avait beau ne pas être attendue avant l'été, les journaux faisaient déjà leurs gros titres sur l'affaire. Berlusconi était désormais soupçonné d'avoir acheté Bettino Craxi.

En janvier 1996, s'ouvrit au tribunal de Milan le procès de Berlusconi. On lui reprochait des faits de corruption envers un inspecteur du fisc. Mais une attaque encore plus soutenue devait venir de Palerme où une rumeur se répandait, selon laquelle Berlusconi et Marcello Dell'Utri, son plus proche collaborateur à Mediaset, faisaient l'objet de poursuites en raison de liens supposés avec la mafia. Cette enquête serait classée dès la fin de l'année en ce qui concernait les accusations dirigées contre le *Cavaliere* ; mais son ami Dell'Utri, lui, continuerait d'être mis sur la sellette dans de multiples dossiers en rapport avec le crime organisé, et il serait finalement reconnu coupable d'avoir joué les intermédiaires entre Berlusconi et la mafia. Et pour ce qui concerne le procureur qui avait initié ces enquêtes à Palerme, il se lancerait par la suite dans la politique en faisant valoir des convictions d'extrême gauche.

Aux législatives d'avril 1996, le *Cavaliere* fut battu par Romano Prodi, le candidat du centre gauche. Il avait fait campagne, et perdu la bataille électorale, alors que les magistrats lançaient contre lui une nouvelle attaque – à un moment vraiment bien choisi, pour dire les choses honnêtement. Mais si Berlusconi a essuyé une défaite lors de cette élection, c'est pour une autre raison : il n'avait pas réussi à rassembler les autres composantes du centre droite autour d'une nouvelle alliance.

— Lors de ce scrutin, dit-il aujourd'hui, j'ai quand même réussi à totaliser presque huit millions de voix sur 15,8 millions de votes destinés au centre droit. Mais mes partenaires de la coalition n'ont pas voulu joindre leurs forces à Forza Italia. Alors on ne pouvait pas gagner.

Dès lors, Berlusconi était battu et assiégé. Les affaires s'accumulaient. Plusieurs de ses proches collaborateurs le pressaient de laisser tomber la politique sans attendre. Son ancien porte-parole fit paraître dans un journal appartenant à la famille Berlusconi un article dans lequel il conseillait au *Cavaliere* de « s'en aller dignement ».

Cependant, la défaite électorale était une chose, l'argent en était une autre.

Durant l'été 1996, Berlusconi se reprit d'intérêt pour son empire médiatique. Il avait eu le temps de s'entretenir avec son ami Rupert Murdoch, le grand patron de presse australien. L'idée était de lui vendre Mediaset. Mais ils ne purent se mettre d'accord. Et le milliardaire devenu ex-président du Conseil changea d'avis. Il allait plutôt s'efforcer de réduire sa dette et d'augmenter sa fortune en faisant entrer Mediaset à la bourse de Milan. Il prit aussi des participations clés dans plusieurs affaires appartenant au prince saoudien Al-Walid, au magnat de la télévision allemande Leo Kirch et au milliardaire sud-africain Johann Rupert.

Mediaset valait désormais plus de cinq milliards d'euros. Le groupe dépasserait les trente milliards à la fin de la décennie. Le gouvernement de centre gauche regardait maintenant le *Cavaliere* comme un conflit d'intérêts ambulant : il était à la fois un leader politique, le milliardaire le plus riche du pays, et le propriétaire d'un immense réseau médiatique.

Heureusement pour Berlusconi, le centre gauche désormais au pouvoir s'occupait moins de consolider sa position que de s'abandonner à ses guerres intestines et aux luttes de factions. Apparemment, l'ex-chef communiste Massimo D'Alema avait l'intention de pousser Romano Prodi vers la sortie et de lui prendre son fauteuil de président du Conseil. D'Alema était rusé, et il dirigeait le plus grand parti de la gauche italienne. Il parviendrait en effet à ses fins, quoique dans des circonstances regardées aujourd'hui comme plutôt obscures. Mais auparavant il se lança en 1997 dans une opération incompréhensible : il invita Berlusconi, son rival du centre droite et chef de l'opposition, à se joindre à lui pour récrire plusieurs passages de la Constitution ! C'était réhabiliter le *Cavaliere.* Lui paver la route pour un futur retour.

D'Alema était-il guidé par l'ambition personnelle, ou par le désir d'être propulsé sur le devant de la scène ? Pensait-il sincèrement que cette initiative répondait à un réel besoin de son pays ? Dans un cas comme dans l'autre, l'effet était le même. Silvio Berlusconi fut immédiatement élevé au rang de père co-fondateur de la Constitution révisée – après avoir été considéré comme un politicien fini, visé par les affaires judiciaires. Sa traversée du désert s'achevait. Il faisait son retour en politique. Et tout cela grâce à une erreur de calcul venue de son rival le plus féroce ; grâce aussi, peut-être, à son pouvoir de séduction, à un charme qui opérait, y compris sur ses adversaires les plus résolus.

Alema, homme de gauche, n'avait sans doute pas prévu que la présence de Berlusconi aux conférences constitutionnelles devienne un atout : et pourtant, le *Cavaliere* y améliora son image politique et redevint le leader incontesté du centre droit. Le parti Forza Italia remporta une importante victoire aux Européennes de 1999. Un an plus tard, Berlusconi parvint à entraîner ses sourcilleux partenaires dans une nouvelle coalition. D'Alema et les partis de la majorité furent battus à plate couture aux municipales. Pendant la campagne électorale, Berlusconi avait trouvé une idée nouvelle : une spectaculaire tournée éclair qui prit la forme, cette fois, d'une croisière le long des côtes méditerranéennes du pays. Le Navire de la Liberté : ainsi fut baptisée l'opération. Laquelle fut une réussite complète. Et cette victoire aux municipales eut pour effet de pousser Massimo D'Alema à la démission.

Aux législatives de mai 2001, Berlusconi réalisa un extraordinaire retour sur la scène politique au terme d'une campagne astucieuse fondée sur des spots télévisés, sur l'appui des stars de Mediaset et sur le tapage habituel. En outre, dix millions de familles reçurent dans leur boîte aux lettres une brochure de cent vingt-cinq pages en quadrichromie dont le *Cavaliere* était la vedette. Il promettait aux Italiens de réduire leurs impôts et de créer un million d'emplois. Fidèle à son tempérament d'acteur, il boucla sa campagne cinq jours avant le scrutin en apparaissant à la télévision d'État. Prospère, généreux, servi comme un prince par un présentateur populaire et notoirement berlusconien, le *Cavaliere* promit ce jour-là à la Nation de diminuer les impôts et de créer des emplois ; et il prononça ce serment en présentant aux électeurs un document baptisé « Mon contrat avec les Italiens », une version italienne du contrat que Newt Gingrich avait passé avec les États-Unis.

Redevenu président du Conseil, son premier acte consistera évidemment à s'envoler pour le sommet de l'OTAN à Bruxelles ; et c'est alors qu'il fera la connaissance de son nouveau meilleur ami, George W. Bush.

Pour Berlusconi, tout avait véritablement commencé à Göteborg lors de ce Conseil européen marqué par les émeutes qui avaient éclaté en ville. Leurs liens devaient se renforcer un mois plus tard, le 20 juillet 2001, au cours d'une nouvelle réunion gâchée par des manifestations et des violences : le G8 de Gênes en juillet 2001.

À Gênes, Berlusconi était heureux d'avoir effectué son retour sur la scène internationale, et de pouvoir accueillir dans son pays les personnalités les plus puissantes de la planète, les leaders du G7. Pour la première fois dans l'histoire de ces sommets, Vladimir Poutine figurait au nombre des invités – le G7 devenait G8. Hélas ! la rencontre devait être assombrie par des troubles et par la mort tragique d'un activiste anti-mondialisation.

Le matin de ce vendredi 20 juillet, les grands chefs d'État font le voyage vers Gênes. Le premier arrivé est le Canadien Jean Chrétien. Il a atterri de bonne heure, dans l'intention de participer à une rencontre bilatérale avec le Japonais Jun'ichirō Koizumi, venu de Tokyo et débarqué la veille en Italie. Le chancelier allemand Gerhard Schröder est déjà là, lui aussi. Il a coutume de passer ses vacances au bord de l'Adriatique, et Berlusconi a affrété un avion de l'armée pour aller le chercher à Pesaro. Vers onze heures, c'est au tour du président Jacques Chirac de se poser sur le petit aéroport de Gênes. Tony Blair et George W. Bush ont décollé de Chequers, la résidence d'été du Premier Ministre britannique, où ils ont dormi. À l'approche de midi, le jet Air Force One se pose sur le tarmac. Comme les autres dirigeants, le Président Bush est conduit en cortège jusqu'au Palazzo Ducale, un édifice du XIIIe siècle où Berlusconi a prévu de recevoir ses invités. Suivront un apéritif et le déjeuner d'ouverture du sommet. Vladimir Poutine n'est pas attendu avant la fin de l'après-midi, de sorte que pour le moment le G7 est toujours un G7.

Blair et Chirac, un verre à la main, admirent les fresques splendides de ce Palazzo Ducale où ont résidé jadis les doges de Gênes. Berlusconi attire l'attention des convives sur les plafonds extraordinaires. Puis les grands de ce monde prennent place autour de la table. Et c'est presque à cet instant que débute la mise à sac de la ville. Les responsables de ces exactions sont des casseurs qui ont réussi à s'infiltrer parmi les dizaines de milliers de manifestants. Peu à peu, la ville de Gênes se transforme en champ de bataille. Les dirigeants de la planète ont à peine fini de déguster leur entrée que la police commence à réagir à coups de grenades lacrymogènes.

En face, des casseurs masqués de noir bombardent les forces de l'ordre avec des pierres et des cocktails Molotov. Quand le déjeuner des chefs d'État approchera de sa fin, les protestataires auront franchi les barrières de béton et d'acier dressées par la police, et envahi la zone de sécurité dite « zone rouge ».

À la fin de l'après-midi, au moment où l'avion de Vladimir Poutine se pose à l'aéroport, Berlusconi apparaît et annonce que le sommet a pris l'engagement d'aider à nouveau les pays d'Afrique frappés de pauvreté. Il promet aussi le déblocage d'un milliard deux millions de dollars pour la lutte contre le sida et autres épidémies. Mais les rues de Gênes, désormais, sont irrespirables ; vingt mille policiers y affrontent la guérilla menée par les militants altermondialistes.

Face au Président Bush et aux chefs d'État français, allemand, britannique, japonais et canadien, Berlusconi avait ouvert les travaux en faisant allusion aux manifestations qui se déroulaient au moment même ainsi qu'aux violences qui avaient émaillé le sommet de Seattle en 1999. Le moment n'était-il pas venu de repenser la tenue de ces rencontres, et de se poser la question de savoir si les grandes villes étaient bien le meilleur endroit où les organiser ?

Berlusconi essaya de se protéger contre les accusations de brutalités policières en plaidant que son gouvernement n'avait encore qu'un mois d'existence et que, pour sa part, il s'efforçait depuis longtemps de désamorcer les heurts en nouant le dialogue avec les représentants des altermondialistes. Mais c'était compter sans une bande de fauteurs de troubles enclins à la violence et particulièrement déterminés. Et ils avaient triomphé. Berlusconi était furieux. Il déclara :

— Ceux qui combattent le G8 ne combattent pas les leaders démocratiquement élus dans leurs pays respectifs. Ils combattent le monde occidental, la philosophie du monde libre.

Bush s'empressa de soutenir son nouveau collègue. Devant les *Press Corps* de la Maison Blanche, attroupées dans un pavillon improvisé près de la marina Génoise, il déplora ces attaques dont, disait-il, les communautés les plus pauvres du monde pâtiraient sans doute.

C'est alors que l'horreur se produisit.

Peu avant dix-huit heures, Berlusconi se trouvait dans la bibliothèque du palais, entouré des principaux membres de son cabinet. Un assistant les rejoignit, disant qu'un carabinier avait tué un manifestant de vingt ans au plus fort de l'émeute. Le policier avait ouvert le feu alors que le manifestant menaçait de lancer un extincteur sur une jeep des forces de l'ordre. La victime avait reçu l'une des deux balles tirées par l'agent. Et les images de Gênes que les médias du monde entier diffusaient à présent montraient le corps du jeune homme gisant dans une mare de sang, couvert d'un drap blanc. Dans le palais, Berlusconi donna un coup de poing contre le mur et laissa échapper un cri de rage guttural.

Le manifestant tué et les deux cents blessés ruinaient tous les espoirs qu'il avait placés dans ce sommet. Il se souvient aujourd'hui :

— Tout avait si bien commencé, si pacifiquement. Je me rappelle avoir songé combien c'était merveilleux d'être là, d'accueillir à dîner les chefs les plus puissants de la planète, de voir à ma droite George W. Bush poursuivre une agréable discussion avec Vladimir Poutine. Mais la mort d'un jeune homme est bien sûr une tragédie humaine, même s'il a été démontré par la suite que le carabinier avait agi en légitime défense. Naturellement, tous sont venus me parler, me présenter leurs condoléances. Surtout le Président Bush.

À la fin du sommet, George et Laura Bush se sont envolés pour Rome. Leur programme prévoyait une visite éclair de l'Italie et une entrevue avec le pape. Berlusconi a régalé alors les Bush dans un palais baroque du XVIIe siècle où les attendait un somptueux déjeuner italien : une *pasta* aux couleurs vert, blanc, rouge du drapeau national, agrémentée de vins du pays. Les deux hommes semblaient s'entendre sur tout. Ils firent une longue promenade dans les somptueux jardins de la Villa Doria Pamphilj et faillirent même se perdre dans son labyrinthe. Pour le Président américain comme pour le président du Conseil italien, ce fut un moment de liberté inhabituel, hors programme. L'un comme l'autre étaient manifestement ravis d'être ensemble. La France et l'Allemagne avaient battu froid George W. Bush, mais il avait trouvé un allié fidèle en la personne de Berlusconi.

Le milliardaire devenu président du Conseil, qui avait toujours été un fervent anticommuniste, se trouvait désormais à la tête d'un gouvernement proaméricain. Il y avait là de quoi s'attirer les foudres de presque tous les partis de gauche. Une moitié des Italiens détestait Berlusconi, et l'autre moitié l'appréciait. Mais cette façon d'afficher ostensiblement son amitié avec Bush le mal-aimé était de nature à renforcer la haine que lui vouait la gauche. Ce dont il se moquait complètement.

— J'ai expliqué à George les raisons qui faisaient que j'aimais l'Amérique, et pourquoi je considérais cette nation comme la plus grande démocratie de la planète, raconte Berlusconi, des accents de fierté dans la voix. En fait, j'ai dit à George que les Italiens devaient montrer de la gratitude envers les Américains. Est-ce que les soldats américains ne nous avaient pas libérés pendant la Seconde Guerre mondiale ? Je lui ai dit aussi que pour les Italiens de ma génération, les Américains portaient le flambeau de la liberté. C'est grâce à la générosité du plan Marshall que mon pays avait pu s'arracher à la pauvreté après les années de guerre, afin de développer sa croissance et sa prospérité. Dès notre première entrevue, je lui ai parlé de mon père, et d'un fait à propos duquel je devais m'exprimer de nouveau, plus tard, devant le Congrès américain. Il s'agit d'un épisode de ma vie qui a profondément influencé ma vision du monde.

Il se tait un instant pour accentuer l'effet de ses paroles, se mouille les lèvres et reprend :

— À la fin de mes études secondaires, mon père m'a emmené voir le cimetière militaire d'Anzio. Il m'a montré les dates gravées sur les tombes de plusieurs soldats américains enterrés là.

Il pointe le doigt dans l'espace comme pour imiter son père au cimetière d'Anzio. Il revit toute la scène, avec force gestes.

— En lisant les dates sur les tombes, on voyait que la plupart des soldats qui étaient tombés en Italie avaient vingt-deux, vingt-trois, vingt-quatre ans… Mon père m'a dit en me montrant ces pierres : « Ces gosses ont traversé l'Océan pour débarquer ici. Ils venaient d'une démocratie lointaine, très lointaine, et ils ont sacrifié leur vie pour ta liberté. Je veux que tu jures de leur être à jamais reconnaissant, à eux et à leur démocratie, à leur pays. » Il m'a fait jurer sur les tombes de ces soldats américains que je n'oublierais jamais leur sacrifice. Et je ne l'oublierai jamais.

Une fois encore, il verse sa petite larme. Un esprit cynique penserait avoir affaire au plus grand acteur du monde, à un homme qui a suivi une méthode éprouvée consistant à répéter et à mémoriser indéfiniment son numéro. Mais ce n'est pas le cas. À cette minute, ce qu'il dit lui vient du fond du cœur, il parle avec une absolue sincérité.

Il interrompt le fil de ses souvenirs. Il promène un regard sur sa pelouse bien taillée, reprend contenance et montre l'ancienne villa.

— J'étais ici, vous savez, le jour du 11-Septembre. J'étais là, à Arcore, au moment des attentats…

Il se tourne vers la maison.

— On était en réunion avec mon équipe. Tout à coup, ils m'ont crié d'allumer la télévision.

Les attentats ont encore renforcé les liens entre Berlusconi et Bush. Après leur baptême du feu au cours de l'été, après cette explosion de violence pendant le G8, c'était maintenant les tours du World Trade Center qui tombaient.

— J'ai allumé la télévision, dit Berlusconi, et je n'en croyais pas mes yeux. J'avais l'impression de regarder un film catastrophe. C'était tellement irréel ! C'était incroyable, inimaginable. J'ai attendu plusieurs heures avant de téléphoner au Président Bush. Je me rappelle avoir pensé que tout venait de changer. Jusqu'alors, le monde semblait plutôt en paix. Et soudain le charme était rompu. L'innocence collective volait en éclats. Avant, tout paraissait aller dans la bonne direction. Le monde progressait. Il y avait de la croissance économique. Sauf que nous n'étions absolument pas préparés à voir surgir cette nouvelle puissance : le terrorisme mondialisé. De nouveau, les démocraties occidentales étaient menacées. Bien sûr, après, tout est allé très vite : la guerre en Afghanistan, la guerre en Irak, le terrorisme d'Al-Qaïda, l'arrivée de l'organisation État islamique. Tout est venu du 11-Septembre. Cette date a changé à jamais l'histoire du monde.

Berlusconi marque une nouvelle pause. Il considère ses mains pendant un moment. Puis il reprend le fil de son propos en évoquant les rafales de discussions qu'il a eues avec George W. Bush et Tony Blair durant les mois qui ont suivi les événements :

— On était en constante collaboration. C'était du non-stop. Les mauvaises nouvelles continuaient de tomber, et on restait en contact les uns avec les autres. Je parlais avec le Président Bush, ou avec Tony Blair, ou l'un des deux m'informait de ce que l'autre était en train de faire. La coordination et la communication étaient parfaites. Après tout, c'était le plus gros problème que nous avions à affronter. C'était le défi des défis. Dans nos pays respectifs, le reste était mis en veilleuse pour un temps. Le défi concernait l'humanité entière, pas seulement les Occidentaux. Nous avions de longs échanges sur la façon de mener la guerre contre le terrorisme. Il y a eu surtout une discussion très importante, au cours de laquelle sont apparues de grandes divergences d'opinions. Je veux parler de la décision des États-Unis de partir en guerre en Irak.

En janvier 2003, seize mois après l'attentat du World Trade Center, les tambours de la guerre se sont mis à résonner plus fort. Et début février, lorsque le malheureux Colin Powell s'est présenté devant le Conseil de sécurité de l'ONU en agitant un flacon de verre contenant, disait-il, une cuillerée à café d'anthrax, tout le monde a compris que Bush avait l'intention de déclarer la guerre à Saddam Hussein.

— Franchement, j'étais très inquiet, se souvient Berlusconi. J'étais inquiet, et j'ai voulu tenter de le faire changer d'avis. Je cherchais une alternative à l'invasion de l'Irak. Je réfléchissais à comment envoyer Saddam en exil. Je voyais dans cette solution un moyen d'éviter le conflit armé. J'ai commencé à prendre des contacts avec Kadhafi et nous avons discuté tous les deux. Pourrait-il accueillir Saddam en Libye ? On a bien dû en parler cinq ou six fois entre fin 2002 et début 2003. Et j'ai réussi à l'amener jusqu'à un point où il envisageait la possibilité d'avoir chez lui un Saddam Hussein en exil.

Une rencontre entre Berlusconi et Bush était programmée à la Maison-Blanche le 30 janvier. Durant les semaines qui ont précédé sa visite à Washington, le président du Conseil s'est lancé avec frénésie dans une campagne diplomatique au téléphone. Un de ses assistants témoigne :

— C'était complètement fou, comme période. Berlusconi a eu de nombreux entretiens avec Kadhafi. Bush était prêt à accepter la solution de l'exil, à condition d'avoir la garantie d'un changement de régime en Irak. Mais en même temps, il ne croyait pas que le régime allait tomber comme ça. Et Kadhafi était une brute, un homme imprévisible. Il téléphonait à Berlusconi en pleine nuit. Il fallait se précipiter pour trouver un interprète. Entre-temps, on disait à Kadhafi : « On vous rappelle ! » C'était vraiment dingue.

Pendant que Berlusconi préparait sa visite à Washington en essayant de forcer Kadhafi à accepter de recevoir Saddam en exil, Tony Blair multipliait les allers et retours au-dessus de l'Atlantique, au point que pour beaucoup d'Anglais, ce Premier Ministre commençait à avoir des airs de glorieux messager chargé de faire la navette entre la Maison-Blanche et le continent européen. En Europe, rares étaient ceux qui avaient envie de tendre l'oreille aux messages de Blair. Les chefs d'État français et allemand étaient vigoureusement contre l'idée d'une guerre contre Saddam Hussein. Excepté Blair, les quelques Européens qui appuyaient Bush étaient José María Aznar, le Premier ministre espagnol, un homme du centre droite, et une poignée de leaders d'Europe de l'Est affranchis depuis peu, pressés d'intégrer l'OTAN et d'entrer dans l'Union européenne. Et puis il y avait Silvio Berlusconi qui, chez lui, se retrouvait sur la corde raide du fait de son soutien appuyé à Bush. Quelque 75 % des électeurs italiens s'opposaient à l'idée de rejoindre la coalition militaire derrière le Président américain.

Ce que les Italiens ignoraient à ce moment-là, c'est que Berlusconi essayait toujours de dissuader son ami George W. Bush de se lancer dans cette folie.

— La vérité, dit-il, c'est que j'ai essayé d'empêcher la guerre.

Il fixe son interlocuteur droit dans les yeux pour mesurer l'impact de son propos, et reprend :

— Je suis allé voir Bush parce que je voulais qu'il entende mon avis sur l'Irak. Pour moi, c'était très simple. L'Irak est un pays dont les frontières ont été tracées sur une nappe. Il est peuplé de trois groupes ethniques, rivaux de longue date. À peu près 65 % de la population est illettrée. C'est le genre de pays qui ne peut pas être gouverné par une démocratie, par un gouvernement démocratiquement élu. Il faut un régime avec un chef qui ne soit pas un dictateur, du moins pas un dictateur sanguinaire. Quoi qu'il en soit, l'Irak ne peut pas fonctionner comme une démocratie. Raison pour laquelle je veux éviter la guerre. D'où mon idée de continuer à essayer de persuader Kadhafi de prendre Saddam chez lui. En fait, Bush se montrait réceptif à mon opinion. Il aurait fini par s'y ranger, si on lui en avait laissé le temps.

Berlusconi décolla de Rome pour se rendre à Washington, mais en faisant étape à Londres. Son assistant Valentini raconte :

— Berlusconi et Tony Blair ont passé deux heures ensemble à Downing Street. Mais Blair n'était pas concentré. Il rencontrait des problèmes à la Chambre des communes sur la question de l'Irak, justement. Et ça ne se passait pas bien du tout pour lui. Avec Berlusconi, ils partageaient la même préoccupation : toute intervention militaire américaine devait reposer sur un cadre légal correct, tant au niveau national qu'international.

Et c'est précisément ce jour-là, ce 29 janvier 2003, au moment même où Berlusconi regagnait son avion pour s'envoler vers Washington, que Tony Blair fit une de ses déclarations parmi les plus controversées au sujet de Saddam Hussein. Il affirma devant son Parlement que des rapports des services secrets faisaient état de « liens entre Al-Qaïda et l'Irak ».

Le 30 janvier au matin, Berlusconi arrive à la Maison-Blanche. Comme d'habitude, il échange de larges sourires avec George W. Bush. Ils ont l'air sincèrement heureux de se revoir. Berlusconi prononce quelques mots en anglais face aux caméras. Puis ils se rendent dans le Bureau ovale où il ne sera question que de Saddam Hussein, des armes de destruction massive et des inspections menées par Hans Blix au nom des Nations unies. Berlusconi plaide alors pour que Saddam soit envoyé en exil en Libye :

— J'ai parlé au Président Bush de mes discussions avec Kadhafi. Il était très concentré, et très intéressé.

Mel Sembler, alors ambassadeur des États-Unis à Rome, était présent dans le Bureau ovale, lui aussi.

— Berlusconi s'efforçait de jouer un rôle utile, dit-il. C'était un bon allié. Il cherchait une alternative à la guerre. Et le Président l'écoutait. Il était ouvert à l'idée d'exiler Saddam. Il voulait que Saddam quitte l'Irak, c'est tout.

Après trois quarts d'heure de réunion dans le Bureau ovale, Bush a emmené Berlusconi à l'étage pour un déjeuner en petit comité : les deux chefs d'État et leurs assistants les plus proches. Se sont trouvés réunis autour de la table : Condoleezza Rice, alors conseillère à la Sécurité nationale, Colin Powell, secrétaire d'État, l'ambassadeur Mel Sembler et Andy Card, le chef de cabinet du Président Bush. Berlusconi, lui, avait à ses côtés son porte-parole, son conseiller diplomatique et l'ambassadeur d'Italie à Washington. On partage un repas frugal – un riz sauvage aux champignons accompagné d'un chardonnay américain. Berlusconi et Bush poursuivent leur discussion sur l'Irak et Saddam.

Vers la fin du déjeuner, juste avant que la très yankee tarte aux pommes n'arrive sur la table en guise de dessert,

Berlusconi se tourne vers Bush et enchaîne. Si nécessité d'une opération militaire il y a, dit-il, elle devra s'appuyer sur une justification conforme aux règles internationales. Elle devra être menée d'une manière qui soit correcte au plan légal. Et le débat s'oriente alors vers la question de savoir si une nouvelle résolution des Nations unies est ou non souhaitable, pour intervenir en Irak. C'est alors que Berlusconi se lance dans une longue histoire née de son imagination, une véritable allégorie de la vie dans la jungle. C'est sa façon d'expliquer à Bush pourquoi il est si inquiet de voir une guerre se déclencher en dehors d'un cadre légal approprié, alors même que les fameuses armes de destruction massive n'ont pas été trouvées. Après tout, les inspecteurs des Nations unies sont rentrés les mains vides ! La France et la moitié de l'Europe sont farouchement contre une invasion… Berlusconi sent maintenant qu'il grille ses dernières cartouches. Il bombe le torse, fixe ses interlocuteurs et ne rencontre que des visages durs, fermés.

— Je cherchais un moyen de faire passer le message de façon amicale, dit-il aujourd'hui. J'étais tout de même en train d'expliquer au Président des États-Unis que moi non plus je n'étais pas favorable à une opération militaire ! Dans l'avion qui nous avait transportés de Londres à Washington, j'avais discuté pendant des heures avec Valentino Valentini pour essayer de trouver une bonne histoire à raconter à George W. Bush. Une fable, quoi. Une sorte de grande métaphore.

L'histoire que Berlusconi a racontée à Bush ce jour-là a duré plus de dix minutes. C'était long. Compliqué. Et cucul la praline, en plus. Toutes les personnes présentes au déjeuner ont cru voir Berlusconi leur servir son grand numéro. Il jouait tour à tour le rôle les animaux de sa forêt imaginaire, en mimant leurs caractères respectifs. Tout cela se passait au premier étage de la Maison-Blanche. La scène avait quelque chose d'irréaliste. Berlusconi l'évoque ainsi :

— Je leur ai raconté l'histoire du loup et du lion. Le lion, c'était Bush. C'était lui le roi de la forêt. Le lion n'aime pas le loup – autrement dit, Saddam Hussein. Mais le loup est obligé de passer tous les jours devant la tanière du lion pour rentrer chez lui, et le lion, à chaque fois, rugit et lui donne des coups de griffe. Alors le lion et le loup vont se plaindre au renard. Le renard préside l'Assemblée générale des animaux de la forêt – c'est Kofi Annan. Le renard demande au lion d'arrêter d'embêter le loup. Le lion répond que le loup est un sale type. « Qu'est-ce qu'il a fait ? » demande le renard. Réponse du lion : « Il a mangé les trois petits cochons. » Mais le renard a besoin de preuves avant de condamner ce crime ! Le renard – Kofi Annan, donc – envoie un aigle suédois chez le loup – l'aigle, évidemment, c'est Hans Blix, l'inspecteur de l'ONU. L'aigle revient sans les preuves. Le renard explique alors au lion que s'il a vraiment l'intention de continuer à embêter le loup, il va falloir qu'il donne une bonne raison pour ça. Le lion dit au loup de courir lui acheter un paquet de Marlboro. Le loup s'en va puis revient avec les cigarettes. Le lion lui dit qu'il s'est trompé de marque et il recommence à lui donner des coups de griffe…

Berlusconi en revient à ce déjeuner au premier étage de la Maison-Blanche :

— Bref, en un mot comme en cent, j'essayais de trouver un moyen de lui faire comprendre qu'il avait besoin d'une bonne raison, d'une raison plausible, s'il voulait vraiment entreprendre de faire tomber Saddam Hussein.

Cette longue et déroutante narration en forme de corne d'abondance pleine de métaphores animales et forestières déclencha des rires polis autour de la table du déjeuner. Puis tous les participants se tournèrent vers le Président, et le calme revint.

— Tout le monde rigolait, se rappelle Berlusconi. Tout le monde, sauf George…

Le Président Bush était un homme laconique.

— Mouais, reprit-il en s'adressant à Silvio Berlusconi. Bon, eh bien je vais quand même aller lui botter le cul.

Dans le souvenir de Berlusconi, cette déclaration d'intention fut suivie d'une autre longue histoire, sortie celle-là de la bouche du Président des États-Unis. Et ce n'était pas une allégorie animalière et forestière, cette fois, mais bel et bien le récit du complot fomenté par Saddam Hussein pour assassiner George Bush, le père de George W. Berlusconi raconte sans le moindre accent d'ironie :

— Le Président Bush était animé par une conviction spéciale, disons même qu'il était véhément. Il était vraiment persuadé que Saddam Hussein représentait une menace pour l'ensemble de l'humanité. Il pensait vraiment qu'il fallait le liquider.

Au sortir de la Maison-Blanche, Berlusconi se tourna vers ses assistants d'un air découragé. Manifestement, Bush ne changerait pas d'avis.

Dans ses déclarations publiques, Berlusconi rassembla son courage et continua d'apporter loyalement son soutien à Bush ; et Tony Blair ferait de même le lendemain, au terme de sa propre visite à la Maison-Blanche.

Mais au soir de la rencontre, Berlusconi et son équipe s'embarquèrent dans leur Airbus et rentrèrent à Rome, épuisés. Et pendant le voyage, alors que tous autour de lui se reposaient, il prit des notes dans son journal de bord. Il avait échoué dans sa mission. Les choses ne s'étaient pas déroulées comme il l'avait espéré.

Quelques jours plus tard, Colin Powell se livrait à cette intervention controversée au Conseil de sécurité de l'ONU. Au terme de son discours, il apparut clairement que Bush avait bien la ferme intention de provoquer la chute de Saddam. En mars, l'opération Liberté immuable – *Enduring Freedom* – était lancée contre l'Irak. L'Italie apporterait son concours à l'effort de guerre en fournissant un support logistique et une assistance non militaire, ce qui n'empêcha pas Berlusconi de camper sur sa position, à savoir que cette invasion était une énorme erreur.

Il continua de soutenir Bush avec enthousiasme tout au long du conflit, et jusqu'à l'élection de Barack Obama en 2008. Son amitié avec Tony Blair aussi devait s'épanouir. Il invita le Premier Ministre britannique et sa femme Cherie en Sardaigne, dans sa somptueuse villa située sur la côte d'Émeraude. Blair et son épouse purent y profiter des yachts et du terrain de golf. Mais l'amitié entre Berlusconi et Blair ne serait jamais aussi chaleureuse que celle avec Bush. En effet, Berlusconi voyait en Blair l'héritier légitime de Margaret Thatcher. Elle ne serait pas non plus aussi profonde qu'avec le nouveau meilleur ami du *Cavaliere*, un autre chef d'État d'envergure internationale aux inclinations légèrement machistes. Le milliardaire président du Conseil avait été séduit par Bush au premier regard. Mais longtemps après que Bush eut quitté la Maison-Blanche pour rentrer au Texas, Berlusconi noua des liens très forts avec un autre personnage important, un homme qui lui inspirera une amitié des plus sincères. Mais qui ?

Qui est cet ami aux puissants pectoraux figurant dans son panthéon mondialisé ?

— Je vous parle de mon ami Vladimir, dit-il avec un sourire.

Vladimir… Vladimir Poutine, bien sûr.

– 7 –

Un ami au Kremlin

— Je l'ai dit et répété, non seulement à propos de Silvio mais à propos de mes autres collègues, les gens qui s'engagent en politique sont d'abord et avant tout des êtres humains qui doivent le rester sous peine de ne pas être de bons politiciens. C'est mon point de vue. Une mauvaise personne ne peut pas être un bon politicien.

Vladimir Poutine marque une pause. Il est assis devant une cheminée de marbre, près d'une pendule en or de style néoclassique couverte d'angelots ; la scène se déroule au deuxième étage du Kremlin dans un vaste salon baroque, la salle de la Cheminée.

Poutine s'interroge :

— Et que signifie pour moi être une bonne personne, une personne honnête ? Ça veut dire entretenir de bonnes relations personnelles avec ses amis, avec ses collègues. Vous savez, on ne peut pas simplement appuyer sur un bouton comme ça…

Il fait claquer ses doigts.

— … comme on éteint la lumière en quittant une pièce. Vous ne pouvez pas jeter aux oubliettes les gens avec qui vous avez traité quand ils comptaient. Ça veut dire que vous ne devez tout simplement pas arrêter de parler à quelqu'un sous prétexte que ce quelqu'un ne fait plus partie de ceux qui ont un pouvoir de décision, vous comprenez ? Des gens comme ça, il y en a partout, y compris dans le milieu de la politique, mais je ne les envie pas car ils ont des vies ennuyeuses.

Vladimir Poutine, à l'évidence, croit en l'importance de la chimie entre les personnes, et des relations à long terme ; et c'est valable y compris quand ses partenaires ne sont plus aux affaires. Dans le cas de Berlusconi, il met sa théorie en pratique : d'où l'amitié profonde et durable qui les unit.

Nous sommes dans le sanctuaire du Kremlin, en son cœur même, entourés d'ornements et de dorures splendides, et Vladimir Poutine est manifestement heureux de prendre du temps sur un programme chargé pour parler de son ami Silvio, pour évoquer l'homme, le courant qui passe si bien entre eux, leur amitié.

En Italie, dans sa maison d'Arcore, Berlusconi lui renvoie le compliment.

— Vladimir est exactement le contraire de son image, du portrait que les médias occidentaux ont brossé de lui. C'est véritablement une personne sensible, un homme animé de sentiments profonds, toujours respectueux d'autrui. C'est un homme bien, un homme fin.

Jamais relation n'aura inspiré autant de curiosité, de consternation et de critiques que le lien chaleureux et fidèle unissant Silvio Berlusconi et Vladimir Poutine. Ils se connaissent depuis longtemps, depuis le début du XXIe siècle. Berlusconi jouait alors un rôle actif en tant que médiateur autoproclamé entre les présidents Poutine et Bush. Il était à la fois leur messager et leur conseiller en matière de relations.

Quatre jours après avoir rencontré son ami George à la Maison-Blanche, Berlusconi partit pour la Russie rendre visite à son ami Vladimir. Lors du déjeuner du 30 janvier 2003, il avait échoué dans sa tentative pour amener Bush à changer d'avis sur la question de la guerre avec Saddam. Mais il était maintenant l'invité de Poutine dans le cadre d'un sommet bilatéral Russie-Italie, et embarqué avec l'accord de Bush dans un round diplomatique à trois sur le sujet d'une opération militaire en Irak.

Le président russe possède une résidence officielle en dehors du Kremlin, une vaste datcha située au milieu des bois, près de Zavidovo, à cent kilomètres au nord-est de Moscou. Il s'agit d'un domaine de chasse, une alternance de forêts et de toundra où il n'est pas rare que l'hiver soit terriblement froid. Et il faisait – 23 °C, justement, en cette soirée du 3 février, quand un hélicoptère de l'armée russe se posa à Zavidovo avec à son bord Silvio Berlusconi et deux de ses assistants. Poutine attendait son hôte à la datcha, prêt à l'accueillir.

Les traits de Vladimir Poutine s'illuminent au souvenir de cette équipée dans le froid. Il rit.

— Nous sommes allés dans une réserve sauvage du temps de l'époque soviétique, dit-il. C'est vraiment grand. 124 000 hectares. J'ai proposé que nous allions dîner en forêt et il a dit d'accord. On a fait une promenade, on a dîné et on s'est assis un moment près du feu. Je voulais qu'il se sente bien et je crois qu'il a apprécié.

Le président russe avait très envie de montrer à Berlusconi quelques-unes des merveilles de la Mère Russie en hiver. Il avait fait dresser un camp pour un dîner à la belle étoile. Et il avait dit à son visiteur, pour le rassurer, qu'il y aurait un grand feu pour se réchauffer. Poutine offrit à Berlusconi une toque de trappeur en fourrure, une coiffe de cosaque à oreilles. Un petit convoi de 4x4 s'arrêta devant la datcha ; les deux chefs d'État montèrent à bord et s'enfoncèrent dans les bois en voiture. Giovanni Castellaneta, le conseiller diplomatique de Berlusconi, se rappelle que la température était glaciale ; il entend encore Poutine dire qu'il voulait leur montrer comment vivaient les Russes de ces contrées sauvages. Castellaneta raconte :

— Il était extrêmement hospitalier. Il nous a emmenés dans cet endroit où ils avaient allumé un feu d'enfer. Mais on gelait quand même. Poutine tenait à nous faire connaître les beautés de la nature russe, les paysages, les steppes infinies, la façon qu'avaient les chasseurs de s'asseoir autour du feu de camp pour boire et manger au cœur de la nuit. À table, on est restés emmitouflés dans nos parkas et coiffés de nos chapkas. Le dîner a commencé par une excellente soupe de poissons. Ensuite, esturgeon grillé. La vodka coulait à flots, même si Poutine, lui, ne boit pas beaucoup. Le problème, c'était la température : – 21 °C ! Le temps que les serveurs nous apportent nos assiettes d'esturgeon, le plat avait déjà refroidi.

Mais Berlusconi se sentait dans son élément. Il est clair qu'il avait du respect pour un chef d'État capable de faire un tel show. Heureusement, le président russe ne leur imposa pas ce régime trop longtemps. Il ramena bientôt son petit monde frigorifié à la datcha où les attendait un second repas, un peu plus formel celui-là.

— Au moins, dans la datcha, il faisait chaud, raconte Castellaneta.

Il se souvient aussi des discussions intenses qui ont suivi alors sur les menaces de guerre en Irak. Berlusconi présentait à Poutine la vision des choses développée par Bush. Il avait vu récemment le Président américain à Washington. Berlusconi et Poutine étaient contre cette intervention militaire. Mais Berlusconi s'efforçait de demeurer un allié loyal des Américains. En même temps, il essayait de laisser des portes ouvertes et d'entendre le point de vue de Poutine. Des diplomates de l'époque affirment qu'il a joué un rôle utile en aidant Bush et Poutine à communiquer, surtout après le 11-Septembre, au cours des années 2002 et 2003.

Avec George W. Bush, Berlusconi avait été séduit au premier regard. Comme il adorait tout ce qui était américain, la relation en était rendue plus facile, mais le courant passait entre les deux hommes et c'était là le plus important. La même chose s'est produite avec Poutine. Berlusconi essayait toujours de nourrir cette alchimie favorable en déployant avec brio ses talents de vendeur. Il demeurait un négociateur invétéré, un charmeur, le séducteur qu'il était depuis sa prime jeunesse.

Quoi qu'il en soit, les deux dirigeants se plurent et se respectèrent dès le premier instant. Ils formaient un couple étrange. Berlusconi était un anticommuniste fervent ; Poutine était un ex-communiste. En tant que président du Conseil italien, le *self-made man* devenu milliardaire des médias était, après Tony Blair, le second meilleur ami de George W. Bush en Europe ; et quant à l'ancien officier du KGB, il inclinait au machisme, il avait un côté mâle dominant et il n'hésitait pas à dire ce qu'il pensait.

On s'étonnera peut-être de voir Poutine et Berlusconi se réconforter mutuellement ; mais il n'y a là rien de surprenant, en fait. Ils ont continué de battre tous les records de visites bilatérales entre chefs d'État russes et italiens. Au cours des dix-neuf mois écoulés entre juillet 2001 – le G8 de Gênes – et février 2003 – le dîner autour du feu de camp près de Zavidovo –, les deux hommes se rencontrèrent huit fois ! Sans compter les vacances d'été que les filles adolescentes de Poutine ont passées dans la somptueuse villa de Berlusconi en Sardaigne, ni les visites de Berlusconi à Moscou à chaque anniversaire de son ami. Pendant les dix années qui ont suivi, ils devaient continuer de se voir au moins deux fois par an.

Poutine fait souvent usage du mot « stratégie » dans ses conversations et il est évident qu'il a du respect pour les leaders internationaux auxquels il prête des vertus de stratèges. Il qualifie Berlusconi de « dernier des Mohicans » quand il le compare aux autres gouvernants européens. Mais quel sens donne-t-il exactement à cette expression ? Sa réponse :

— Bon, je peux me tromper, mais selon moi, M. Berlusconi est un homme qui ne se contente pas de penser en termes d'élections. Il ne réfléchit pas seulement aux cycles des campagnes. Il regarde les choses en stratège. Il ne vit pas au rythme des scrutins : il a une vision stratégique. Les échanges que nous avons eus ensemble ne portaient pas seulement sur les affaires courantes. Nous les avons traitées, bien sûr ! Mais le plus souvent, M. Berlusconi soulève des questions stratégiques et les problèmes à plus long terme que doivent affronter l'Italie, l'Europe et les relations internationales en un sens plus large. Et à cet égard, c'est un homme qui a une stature et une vision, si je puis exprimer la chose ainsi.

À en croire Valentino Valentini, qui fut aux côtés de Berlusconi à chacune de ses rencontres avec Poutine au fil des années, la clé de leur relation est à rechercher dans la façon qu'a l'Italien de nouer des liens interpersonnels, avant d'en venir aux affaires proprement dites. Et Valentini de préciser :

— Il ne faut jamais oublier que Berlusconi est un homme d'affaires, un entrepreneur. D'accord, il n'est pas doué pour le protocole et les prudences diplomatiques, d'accord il multiplie les gaffes, mais il a aussi une approche des questions internationales. Au début, il essaiera toujours de vous connaître, d'établir le contact ; ensuite et ensuite seulement, il en vient aux affaires. On est complètement à l'opposé des usages américains. Avec eux, on commence par les affaires, et on décide dans un second temps si on aime ou non son interlocuteur. Dans ces négociations avec Poutine, la dimension humaine a joué un très grand rôle.

En fait, les talents de Berlusconi en matière de vente et de relations publiques se sont révélés fort utiles quand Poutine et lui ont développé leur rapprochement. Poutine, évoquant la vie de Berlusconi lors d'une interview au Kremlin, a insisté sur le renforcement des liens commerciaux entre la Russie et l'Italie. Il a fait observer :

— En 1994, quand il est devenu président du Conseil pour la première fois, les échanges entre nos deux pays étaient de 4,4 milliards de dollars. On en est aujourd'hui à 46 milliards. Dix fois plus. Ça veut dire des emplois, ça veut dire des rentrées pour le gouvernement, ça veut dire de la croissance économique.

Ainsi cette amitié qui se développait entre Berlusconi et Poutine était bonne également pour l'économie italienne. Alors qu'il était à Rome au centre de toutes les attentions, Berlusconi fit en sorte d'entrer en contact avec Vladimir Poutine, en y mettant peut-être encore plus d'énergie qu'avec Bush. Bizarrement, ses manières peu conventionnelles et son aura de personnage exceptionnel permirent à l'Italie, en tout cas provisoirement, de jouer un rôle qui la plaçait au-dessus de son rang dans les relations internationales et, à l'occasion, de servir d'intermédiaire entre Washington et Moscou. Et c'est en ce sens que l'Italie profitait de l'amitié nouée par Berlusconi avec Bush et Poutine.

L'importance de Berlusconi dans les relations transatlantiques se manifesta principalement au printemps 2002, quand il contribua à l'accélération des entretiens qui mèneraient à un accord entre la Russie et l'OTAN. Cet accord devait marquer symboliquement la fin de la guerre froide. Poutine se souvient que les efforts déployés alors par Berlusconi ont pesé de façon décisive ; il affirme que Berlusconi a joué un rôle significatif quand il s'est agi de diminuer les tensions et de créer de la confiance entre les anciens rivaux.

— Au début des années 2000, explique Poutine, et notamment en 2002, il a tout fait pour que la Russie et l'OTAN parviennent à s'entendre, et il a joué à cet égard un rôle important. Il a permis une amélioration de la situation en Europe, non seulement en termes de relations entre l'Italie et la Russie, mais aussi dans l'évolution de la situation politique au sens plus large.

Le 2 avril 2002, Berlusconi était l'invité de Poutine dans sa datcha de Sotchi, au bord de la mer Noire. Cette visite s'inscrivait dans une longue série de rencontres entre les deux hommes. Ils ont affiché leur entente face aux caméras. Ils ont bu du thé russe lors d'une pause dans les discussions. Avant d'aller dîner, ils se sont installés dans un petit salon, au deuxième étage de la maison, en la seule compagnie de leurs proches assistants et des interprètes.

Berlusconi était venu avec un message du Président Bush adressé à Poutine. Bush, dans ce message, faisait état de soupçons concernant la fourniture à l'Iran, par la Russie, de technologies sensibles dans le domaine nucléaire. Il pressait aussi son homologue d'accélérer les discussions visant à lancer un programme de coopération entre la Russie et l'OTAN, et à créer une instance à même de réunir les deux entités sur la base d'un partenariat nouveau et inédit. Poutine, on s'en doute, se montrait terriblement susceptible sur la question. Il est vrai que l'OTAN se préparait à inviter dans son giron sept ex-pays communistes… Poutine a expliqué à Berlusconi que des raisons politiques l'empêchaient d'assister cette année à un sommet de l'OTAN auquel siégeraient d'anciennes nations du pacte de Varsovie. Mais il tenait à sauver les apparences et sa priorité, dit-il, allait être de finaliser un sommet séparé OTAN-Russie, au cours duquel s'établirait un nouveau partenariat. Selon lui, ce serait la preuve que la relation OTAN-Russie était aussi importante que l'extension de la zone d'influence de l'OTAN. C'était bien joué. Berlusconi se déclara d'accord et se dépêcha de saisir l'occasion. Il proposa l'Italie comme pays d'accueil pour la signature du nouveau traité qui ainsi verrait le jour « dans un site historique approprié ». Poutine était aux anges.

Quelques minutes plus tard, les assistants de Berlusconi voyaient leur patron et Poutine monter au premier étage de la datcha. Poutine a appelé la Maison-Blanche. Et quand il s'est entretenu avec George W. Bush par interprètes interposés, il avait à ses côtés Silvio Berlusconi. Poutine a pressé Bush d'accélérer le mouvement en ce qui concernait les négociations sur le nouvel accord OTAN-Russie. Il lui a parlé de la proposition de Berlusconi d'accueillir chez lui la signature du traité. Le sommet pourrait se tenir dans les deux mois, fin mai 2002. Bush n'a pas dit oui tout de suite. Il a répondu qu'il avait besoin de réfléchir. Cet échange téléphonique enthousiasmait Berlusconi qui, depuis le sommet de Gênes en juillet 2001, insistait auprès des deux chefs d'État pour qu'ils acceptent de mettre de côté leurs divergences. Il sentait qu'un grand pas était en passe d'être franchi. Et il avait envie de faire de ce prochain sommet un grand spectacle. L'Italie serait le pays d'accueil d'une rencontre au cours de laquelle les deux gouvernants les plus puissants de la planète, ennemis depuis des dizaines d'années, enterreraient la hache de guerre et accepteraient de coopérer.

Dès son retour à Rome, le 4 avril, Berlusconi convoqua Mel Sembler, l'ambassadeur des États-Unis, et l'informa de ses discussions avec Poutine. Sembler, dans son rapport à Washington, dit qu'à la fin de l'entretien « Berlusconi a pris l'ambassadeur à part dans le but d'adresser au Président

Bush une “requête personnelle” au sujet de la question OTAN-Russie ».

Berlusconi voulait que l’ambassadeur dise à Bush que Poutine avait besoin d’aide vis-à-vis de son opinion publique. L’idée était d’amener les Russes à accepter l’élargissement de l’OTAN. Poutine, disait Berlusconi, avait besoin d’être perçu comme faisant partie de la famille OTAN. Berlusconi demanda à Sembler d’expliquer à Bush qu’il devait essayer d’accélérer la conclusion de l’accord OTAN-Russie. Bush devait prendre l’initiative sur un projet de traité qui, pour le moment, était encore entre les mains des fonctionnaires et des diplomates. Berlusconi insista de nouveau pour que le sommet se tienne à Rome fin mai. On y verrait Poutine et Bush dans la même pièce. Berlusconi pria Sembler de faire tout son possible pour que la Maison-Blanche bouge dans ce sens.

Sembler réclama des instructions à Washington. Il se demandait qui, de Poutine ou de Berlusconi, avait le plus à gagner d’un grand sommet réuni à Rome. Quoi qu’il en soit, la réponse tomba quelques jours plus tard, et elle était positive. Bush téléphona à Berlusconi. Il lui dit qu’il avait réfléchi. Il avait décidé de donner son accord à la proposition d’accélérer le mouvement conduisant à un accord entre l’OTAN et la Russie, de sorte qu’il puisse venir à Rome, en mai, retrouver Poutine et signer le traité avec lui.

Ce coup de téléphone intervint le 12 avril, tard le soir. Le lendemain, après d’être entretenu avec Poutine et avec George Robertson, le Secrétaire général de l’OTAN, Berlusconi rendit public le projet de sommet en Italie. Mais Berlusconi est Berlusconi. Il ne jugea pas utile de convoquer ses experts en matière de défense. En revanche, il appela ses meilleurs producteurs de télévision et de spectacles, ses décorateurs, ses techniciens. Bref, il mit sur pied une équipe de premier ordre venue de Mediaset et comprenant, entre autres, des producteurs de jeux télévisés et de variétés. Sans oublier les concepteurs de spectacles. Et comme il fallait garantir la sécurité de la rencontre, ainsi qu'un admirable coucher de soleil, il décida que le sommet se tiendrait sur une base militaire située tout près de Rome, Pratica di Mare.

— Dès l'instant que Bush lui avait téléphoné pour lui dire qu'il venait, se rappelle Valentini, Berlusconi a commencé à réfléchir à l'effet médiatique que l'événement était susceptible de produire. Ce serait l'image télévisée de la fin de la guerre froide ! Elle offrirait à Bush et Poutine un cadre visuel spectaculaire. Il est certain que Berlusconi est un homme de scène. Il est certain aussi qu'il y a eu des journalistes pour se moquer de son décorum. Ils ont trouvé ça kitsch. Mais il faut bien comprendre que le président du Conseil était aussi un expert en médias et en marketing. Il savait très bien ce qu'il faisait.

C'est ainsi que Berlusconi réussit à monter en un temps record une installation digne des plus incroyables shows télévisés. La scène se dressait au milieu d'une enceinte militaire à laquelle ne manqueraient ni les batteries antimissiles au grand complet, ni les jets de combat tournant dans le ciel. Quant aux aéroports de Rome, ils seraient fermés au trafic aérien pendant quarante-huit heures. Europe et États-Unis furent placés en alerte antiterroriste maximale. Après tout, les attentats du 11-Septembre s'étaient produits à peine quelques mois plus tôt. Et c'est un fait que le projet de Conseil OTAN-Russie (COR) trouvait son origine dans la volonté de Vladimir Poutine d'aligner Moscou sur l'alliance internationale contre le terrorisme, née immédiatement après la chute des tours jumelles.

Berlusconi déploya quinze mille membres des forces de l'ordre – policiers, militaires et autres – pour augmenter le niveau de sécurité autour de l'événement. Il ordonna à la

Marine de sécuriser une zone le long de la côte méditerranéenne. Sur le théâtre des opérations lui-même, les grandes salles où les chefs d'État devaient se réunir pour la signature du traité furent aménagées par des équipes d'ouvriers qui y construisirent des arches rappelant le Colisée. Ces structures en contreplaqué étaient peintes de façon à imiter le marbre. Pour renforcer encore l'impression d'authenticité, Berlusconi avait fait venir de Naples des statues romaines empruntées à un site archéologique. Le correspondant à Rome du *New York Times* a pu décrire le résultat comme « une espèce de Cinecittà pour les grands de ce monde ».

À l'arrivée de Poutine et de Bush, la base militaire était transformée en camp retranché. C'était une forteresse à l'intérieur de laquelle se dressait une installation scénique digne de l'émission *Qui veut gagner des millions ?*

Le plus important, pour Berlusconi, c'était d'être au cœur de tout ça en tant que témoin de l'Histoire, de figurer dans une rencontre habilement mise en scène, largement diffusée, longue de cinq heures. Enfin il avait à ses côtés ses amis Poutine et Bush ! À la signature du traité, Blair et Chirac étaient en face, de l'autre côté de la table.

— De tout ce que j'ai fait dans ma vie, dit-il aujourd'hui en s'affairant pour essayer de retrouver quelque chose sur son bureau, c'est sûrement ce dont je suis le plus fier.

Il a trouvé la photo qu'il cherchait : Bush, Poutine et lui. Il affiche un large sourire.

— C'est vraiment le jour qui a marqué la fin de la guerre froide, vous savez. C'est une date importante de l'Histoire contemporaine.

« La Déclaration du Sommet de Rome, 28 mai 2002 » : ainsi fut intitulé le document soumis à la signature de Poutine et des responsables de l'OTAN, sur cette base militaire de Pratica di Mare. Le traité marque en effet l'histoire de l'après-guerre froide. Et il se situe à mi-chemin entre les attaques du 11-Septembre et mars 2003, début de la guerre contre Saddam Hussein. On peut y lire ceci : « En ce début du XXIe siècle, nous vivons dans un monde nouveau, caractérisé par des interdépendances étroites, où des menaces et des défis nouveaux, sans précédent, exigent des réponses de plus en plus unies. C'est pourquoi nous, les États membres de l'Organisation du Traité de l'Atlantique Nord et la Fédération de Russie, ouvrons aujourd'hui un nouveau chapitre dans nos relations, afin de renforcer notre aptitude à œuvrer ensemble dans des domaines d'intérêt commun et à lutter ensemble contre les menaces et les risques communs pesant sur notre sécurité. »

Le sommet a marqué la création du Conseil OTAN-Russie. Et il ne s'agissait pas d'un vœu pieu. Cette institution a représenté un important canal diplomatique dans les premières années du siècle, quand le leadership de Vladimir Poutine semblait prometteur aux yeux de Washington, quand les Américains voyaient en Poutine un gouvernant résolu à moderniser son pays et à devenir pour eux un partenaire pragmatique. George W. Bush devait même affirmer qu'il avait regardé Poutine « dans les yeux » et « lu dans son âme ».

En fait, le Conseil issu de ce sommet devait faire la preuve de son utilité au fil des années. Il a permis à l'OTAN et à la Russie de coopérer en Afghanistan, ainsi que dans la guerre contre le terrorisme. L'OTAN en a suspendu les rencontres en 2008 : ce fut la punition infligée à Poutine pour avoir envahi la Géorgie. Mais dès le début de l'année 2009, la nouvelle Secrétaire d'État Hillary Clinton ressuscita le Conseil OTAN-Russie. Elle avait l'intention d'en faire un élément clé de son projet visant à redéfinir une politique à l'égard de Moscou – un projet voué à l'échec. Le redémarrage du Conseil était supposé accompagner la volonté de l'administration Obama de se réengager sur le terrain russe et d'y établir une relation constructive. Hillary Clinton n'était déjà plus Secrétaire d'État quand Washington se rallia à la décision de l'OTAN de suspendre à nouveau les rencontres. La raison, cette fois, en était la tentative de Poutine de mettre la main sur l'Ukraine, et sa décision d'annexer la Crimée.

Poutine considère la création du Conseil OTAN-Russie à Pratica di Mare comme « une étape positive dans la construction d'un partenariat à long terme entre la Russie et l'OTAN. »

— Elle a créé les conditions pour une coopération à long terme, dit-il. Hélas ! nous (je veux dire tout le monde, je ne souhaite jeter la pierre à personne en particulier) avons échoué à tirer le meilleur parti de l'accord auquel nous étions parvenus en Italie. L'accord OTAN-Russie en lui-même représente certainement une base sur laquelle bâtir des relations, mais des changements étaient nécessaires dans les pratiques politiques aussi, et malheureusement nous n'avons pas su le voir.

Quand il défend la politique de son ami Vladimir Poutine, Berlusconi met en avant le risque d'un retour à la guerre froide. Mais Poutine sait que la Russie ne se laissera pas entraîner dans une nouvelle guerre froide par le différend qui la sépare de l'Occident sur la question ukrainienne.

— Certains veulent enfoncer un coin entre l'Europe et la Russie, ou entre l'Ukraine et la Russie. Nous le comprenons très bien. Et il a pu arriver que ceux qui avaient cette idée en tête parviennent à leurs fins. Mais cela signifie seulement que nous n'avons pas travaillé assez efficacement. Nous ne laisserons personne nous entraîner dans une nouvelle guerre froide d'aucune sorte. Nous ne permettrons pas qu'une telle chose se produise.

Berlusconi a défendu avec constance l'action de Poutine en Crimée et en Ukraine, à tel point que ses adversaires ont pu l'accuser d'être son porte-parole. Mais pour ceux

Silvio Berlusconi, écolier à Milan.

La famille Berlusconi en 1947 : Silvio, 11 ans, sa sœur Maria Antonietta, 4 ans, et leurs parents Rosa et Luigi.

Berlusconi (troisième en partant de la gauche au dernier rang) au collège salésien à Milan, vers 1952.

Berlusconi, crooner des années 1950. Lui et Confalonieri ont monté un groupe et joué après-guerre dans les music-halls de Milan. Berlusconi chantera aussi lors de croisières et travaillera comme guide touristique.

Berlusconi sur sa vedette dans les années 1960, le long de la Riviera italienne. « J'ai toujours dit que j'étais le plus beau mec de la plage. »

Berlusconi pendant sa phase « Donald Trump » : entrepreneur immobilier, assis près de la maquette de son célèbre complexe *Milano Due*, vers 1972.

Berlusconi, le magnat des médias milliardaire, sur le plateau de sa chaîne Canale 5. Il révolutionna la TV italienne des années 1980 grâce à des séries comme *Dallas* ou *Dynasty*, et bien d'autres sitcoms américaines.

Berlusconi joue avec deux de ses filles, Barbara et Eleonora, dans le jardin de sa villa de soixante-douze pièces, à Arcore, près de Milan, en 1994.

Berlusconi et ses cinq enfants issus de ses deux mariages, en 2005. De gauche à droite : Eleonora (assise), Pier Silvio, Marina, Berlusconi, Barbara et Luigi.

Berlusconi avec Raïssa et Mikhaïl Gorbatchev à la Villa d'Arcore, en 1993.

Le Président Bill Clinton et le tout nouveau Premier ministre Silvio Berlusconi après une rencontre lors de son premier et court mandat en 1994.

Berlusconi lors d'un rassemblement à Milan en 1998. Son charisme et son talent de *showman* lui ont permis d'être élu Premier ministre trois fois en vingt-deux ans.

Vladimir Poutine lance la balle à Dudù pendant une visite à la résidence romaine de Berlusconi, le Palais Grazioli, en 2013.

Berlusconi offre à son ami Vladimir Poutine une spécialité sarde, le pain « papier à musique », lors d'une visite dans sa villa Certosa sur la côte sarde en 2003.

© LIVIO ANTICOLI

Poutine, Berlusconi et George W. Bush au sommet de l'OTAN à Pratica di Mare près de Rome en 2002. Sommet historique qui donna lieu à la création du Conseil OTAN-Russie. À l'époque, Berlusconi servait d'intermédiaire entre Bush et Poutine.

© REUTERS

Christine Lagarde, la directrice du FMI, auparavant ministre loyale et dévouée du président Nicolas Sarkozy. Lagarde fut critiquée pour avoir répété fidèlement les mots de Sarkozy contre Berlusconi pendant la crise de l'euro et le sommet du G20 à Cannes en novembre 2011.

© LIVIO ANTICOLI

Berlusconi donne une accolade amicale à sa némésis Nicolas Sarkozy. Sarkozy mena les discussions contre Berlusconi (avec le soutien de Christine Lagarde) au sommet du G20.

Berlusconi avec Hillary Clinton fin 2010. L'ancienne secrétaire d'État américaine s'est excusée du scandale des messages WikiLeaks à l'encontre de Berlusconi.

© AGENCE FRANCE PRESSE

© LIVIO ANTICOLI

Berlusconi en compagnie de son ami Mouammar Kadhafi, lors d'un de leurs nombreux « pow-wow » sous la tente du colonel. Avec l'aide de Tony Blair, Berlusconi a joué un rôle important pour conduire Kadhafi du terrorisme à la coopération dans les années 2000.

© LIVIO ANTICOLI

Berlusconi porte un toast avec sa compagne napolitaine Francesca Pascale, dont il partage la vie depuis fin 2011.

© STEFANO DE GRANDIS, LA PRESSE, MILANO

« Ruby la Voleuse de cœur », de son vrai nom Karima El Mahroug, la prostituée marocaine et star des tristement célèbres soirées *bunga-bunga* à la Villa d'Arcore. Bien qu'il ait été acquitté des accusations de rapports sexuels avec mineure, Berlusconi fait l'objet de charges pour avoir soudoyé Ruby et trente autres escortes pendant son procès.

qui ont entendu les deux hommes parler de l'Ukraine, et d'autres sujets, il est évident qu'ils partagent une vision commune.

— À propos de l'Ukraine, dit Berlusconi, je suis en total désaccord avec la politique de l'Union européenne et des États-Unis, ainsi qu'avec l'attitude de l'OTAN. Le peuple, en Crimée, parle le russe. Et il a voté oui lors d'un référendum sur le retour à la Mère Russie. Ces sanctions frappant des personnalités russes, ce n'est pas la bonne politique à suivre. Exclure la Russie du G8 n'est pas la bonne réponse. Je crains malheureusement que l'attitude des leaders européens au sujet de l'Ukraine ne nous pousse à isoler la Russie, et à revenir à une situation antérieure au traité de Pratica di Mare. Franchement, l'Occident souffre en ce moment d'un manque total de leadership.

Quoi qu'il en soit, Poutine ne voit pas seulement en Berlusconi un allié, mais peut-être l'homme qui a fait le plus pour aider la Russie à sortir de son isolement et à revenir dans le concert des nations, y compris dans les années 1990, au temps de Boris Eltsine. Il poursuit :

— Beaucoup de choses ont changé en bien dans nos relations bilatérales. En 1994, il a invité le président Eltsine au sommet du G8 qui jusqu'alors était un G7. Pendant son premier mandat qui n'a pas été très long, alors qu'il était président du Conseil pour la première fois, il a fait le voyage de Moscou et, avec le président Eltsine, ils ont signé un accord d'amitié, de bonne entente et de coopération entre nos deux pays. Au début du vingt-et-unième siècle, dans les dix premières années, c'est lui qui est à l'origine du traité entre la Russie et l'OTAN. De ce point de vue, c'est quelqu'un qui a joué un rôle significatif dans l'amélioration de la situation en Europe, non seulement en ce qui concerne les relations entre la Russie et l'Italie, mais aussi plus largement.

Tout au long de ces années, Berlusconi continua d'entretenir des relations très étroites avec Vladimir Poutine qui fit preuve d'une grande compréhension quand son ami se trouva impliqué, vingt années durant, dans de nombreux procès et scandales. Les media occidentaux se sont-ils montrés injustes avec Berlusconi ?

Poutine hausse les épaules, puis répond :

— Je ne pense pas qu'il m'appartienne de pointer du doigt les erreurs des médias occidentaux. Des erreurs, tout le monde en commet. Les hommes politiques en commettent et les médias aussi. J'aimerais juste faire observer ceci. Si ma mémoire est bonne, M. Berlusconi s'est engagé en politique en 1994. Il s'est lancé dans la politique pour la première fois en 1993, et il est devenu président du Conseil l'année suivante. Mais avant cela, il avait passé trente ans dans les affaires sans que la justice s'intéresse à son cas. Or, dès son arrivée en politique, on l'a poursuivi dans presque trente affaires criminelles en l'espace de trois ans. C'est malheureusement typique, pas seulement en Italie, mais dans le reste du monde.

Le président russe s'exprime avec une affection authentique, en prononçant dix fois le prénom de Berlusconi : Silvio, dans un entretien d'une demi-heure.

— Silvio, dit-il, est un homme franc, peut-être trop franc dans certains cas. Il peut lui arriver d'offenser quelqu'un et de provoquer des réactions de la part de ses collègues, sans parler de la presse. Mais vous savez, il ne s'agit de rien d'autre que ce qui caractérise une lutte politique ouverte. Ce genre de combat reste dans les limites de la décence, ou pas. C'est selon. Sincèrement, je n'ai pas le temps d'analyser tout ce que racontent les médias étrangers.

Les médias étrangers devaient à nouveau jouer un rôle dans le renforcement de leur amitié lors du scandale WikiLeaks, en 2010, quand furent mis en ligne plus de deux cent cinquante mille documents classés secrets et confidentiels par la diplomatie américaine. Le flot de révélations comprenait plusieurs câbles envoyés à Washington par les ambassadeurs des États-Unis à Rome. L'un d'eux était un mémo secret intitulé « Les relations Italie-Russie vues de Rome ». Il était signé de la main de l'ambassadeur Ronald Spogli. Le destinataire en était Hillary Clinton, et le document était daté de fin janvier 2009, quelques jours après qu'elle eut pris ses fonctions au Secrétariat d'État.

L'ambassadeur Spogli, un Californien spécialisé dans l'investissement bancaire, et leveur de fonds pour le compte de Bush, s'était lancé dans une analyse de la relation Berlusconi-Poutine. Et il écrivait ceci : « Berlusconi croit que Poutine est son ami, un ami proche, personnel. Il continue d'avoir plus de contacts avec lui qu'avec n'importe quel autre chef d'État. Pendant la crise géorgienne, il s'est entretenu avec lui tous les jours durant une période de presque une semaine. Il n'est pas facile de définir la base sur laquelle est fondée leur relation, mais beaucoup d'interlocuteurs nous ont dit ceci : Berlusconi croit que Poutine, un "nabab" comme lui, lui fait confiance plus qu'il ne fait confiance à aucun des autres leaders européens. Berlusconi admire le macho en Poutine ; il apprécie sa façon de gouverner résolue et autoritaire ; il pense que cette méthode correspond à sa propre méthode en tant que président du Conseil italien. Du côté russe, il apparaît que Poutine a dépensé beaucoup d'énergie pour se gagner la confiance de Berlusconi. »

Ce mémo a fait la une des médias après les révélations de WikiLeaks, et son passage le plus explosif a trait à des affaires qu'auraient réalisées ensemble Berlusconi et Poutine. On savait déjà qu'ils avaient approfondi leur collaboration en matière d'énergie, et grandement favorisé les échanges entre Gazprom et l'Eni, le grand trust pétrolier nationalisé en Italie. Cependant, Spogli faisait aussi allusion à des rumeurs concernant des gains personnels dont aurait bénéficié Berlusconi. Dans sa note à la Secrétaire d'État, il relevait l'existence, entre les deux hommes, d'une « coopération douteuse ».

Il signalait qu'à en croire son contact, « Berlusconi et ses potes s'en étaient mis plein les poches à de nombreuses reprises, à l'occasion de contrats énergétiques entre l'Italie et la Russie ». Il révélait aussi des soupçons au sujet de Valentino Valentini qu'il décrivait comme « membre du Parlement » et comme « un homme de l'ombre agissant en Russie pour le compte de Berlusconi, bien qu'il n'ait lui-même pas le moindre cabinet d'assistants ni même une secrétaire ». Et l'ambassadeur Spogli de poursuivre en présentant Valentini comme un homme « parlant le russe, qui se rend en Russie plusieurs fois par mois, et qui apparaît souvent aux côtés de Berlusconi lors des rencontres entre chefs d'États. Ce qu'il fait à Moscou lors de ses visites n'est pas clair. Une rumeur largement répandue veut qu'il s'occupe des intérêts de Berlusconi en Russie ».

L'ex-assistant de Berlusconi nie toute malversation. Il accuse l'ambassadeur américain d'être allé pêcher ces informations à Rome « dans les journaux et les racontars ». Et il proteste :

— Ce câble, c'est n'importe quoi ! Les intérêts de Berlusconi en Russie, ça n'existe pas ! J'ai plein d'amis là-bas, et j'ai encouragé les exportations italiennes en direction de la Russie. Ce que raconte l'ambassadeur Spogli, c'est de la pure fiction. C'est le fruit de son imagination.

Les allégations du diplomate ont mis Berlusconi en rage, d'autant que ses opposants, à gauche, s'en sont emparés immédiatement, ce qui n'a pas manqué de semer la confusion dans le paysage politique italien. Berlusconi n'a pas non plus apprécié de se voir décrit par les diplomates américains comme un homme « irresponsable, incapable et inefficace ».

Poutine, en ce qui le concerne, est fier des importants bénéfices économiques que la Russie et l'Italie ont tirés, selon lui, de sa relation durable avec Berlusconi, notamment dans les domaines du commerce bilatéral et de la création d'emplois.

Ce sujet des relations entre Berlusconi et Poutine a été remis sur le tapis par la diffusion d'un autre câble, rédigé celui-là en 2009 et signé de la main de l'ambassadeur David Thorne, un diplomate nommé cette fois par Obama. Thorne citait des sources affirmant que Berlusconi « donnait fréquemment des soirées, avait tendance à faire la fête et, par conséquent, ne se reposait pas assez ». L'ambassadeur écrivait aussi : « Il apparaît que les scandales sexuels, les enquêtes criminelles, les problèmes familiaux et les soucis financiers pèsent lourdement sur la santé personnelle et politique de Berlusconi, ainsi que sur sa capacité à prendre des décisions. »

Les documents furent mis en ligne par WikiLeaks le 28 novembre 2010. Ironie des choses, c'est au pauvre ambassadeur Thorne que le Département d'État avait demandé d'avertir le cabinet de Berlusconi que les fameux câbles étaient sur le point d'être divulgués au monde entier. On imagine l'embarras d'Hillary Clinton le 1er décembre, moins de soixante-douze heures plus tard, quand elle se retrouva aux côtés de Berlusconi dans une réunion internationale sur la sécurité dans le lointain Kazakhstan. En public, Berlusconi avait fait mine de prendre l'opération WikiLeaks à la rigolade, mais la presse italienne le mettait sur le gril et la Chambre des députés grondait de colère ; quant à l'opposition, elle exigeait désormais une enquête sur les liens d'affaires présumés unissant le président du Conseil et Vladimir Poutine. Berlusconi affirme aujourd'hui avoir abordé franchement la question avec Hillary Clinton, dès qu'il se retrouva en tête à tête avec elle, en marge de la réunion d'Astana :

— Nous étions assez proches, Mme Clinton et moi. Je n'avais pas besoin de me gêner avec elle. Je lui ai demandé carrément pourquoi les diplomates américains se permettaient de colporter des choses pareilles sur mon compte. Je lui ai dit aussi que les Américains n'avaient pas de meilleur ami que moi en Europe. Je lui ai dit que j'étais leur allié le plus loyal et le plus proche, et que j'éprouvais une reconnaissance éternelle envers eux, étant donné ce qu'ils avaient fait pour mon pays. Elle m'a écouté, elle s'est excusée, puis on est allés se présenter devant les caméras et elle a mis les choses au point. Elle s'est fendue d'une déclaration dans laquelle elle me soutenait fermement, ainsi que l'Italie. Je lui en suis reconnaissant.

Mme Clinton s'était excusée comme il convenait de le faire, et elle avait produit l'inévitable déclaration sur les liens chaleureux unissant les deux pays. Le tour était joué. Berlusconi a remercié la Secrétaire d'État pour cet appui officiel tombé pile au moment du 20 heures en Italie. Puis il a pris le chemin de l'aéroport, il est monté dans son Airbus, et il a quitté le Kazakhstan pour une destination qui se trouvait être Sotchi, au bord de la mer Noire – autrement dit, la datcha de Poutine. Il savait ce qui l'attendait là-bas : le réconfort en compagnie de son ami Vladimir.

Berlusconi a toujours nié avoir fait des affaires avec Poutine, et il continue de considérer son ami du Kremlin comme un stratège, un grand homme d'État et un ami proche.

Au fil des années, Berlusconi et Poutine ont passé de très bons moments ensemble, même si ces loisirs ont sans doute été moins excitants que ne le laissaient entendre les bruits de « fêtes orgiaques » dans des datchas, rumeurs nées des câbles fondés sur des racontars et expédiés à Washington par l'ambassadeur Thorne. Si le *Cavaliere* nie l'existence de ces soirées, il admet avoir travaillé dur pour nouer avec Poutine une relation durable, étant donné qu'un lien personnel est la base la plus importante sur laquelle s'édifie sa politique étrangère.

— Avec mon ami Vladimir comme avec d'autres chefs d'État, je fais toujours preuve d'ouverture. J'essaie de créer une bonne relation et de nouer un fort lien personnel. C'est une aide précieuse en cas de problèmes. Vous pouvez vous téléphoner à tout moment et ça facilite la recherche de solutions. Mais il faut aussi passer du temps ensemble. Poutine, Blair ainsi que d'autres leaders européens sont venus me voir en Sardaigne, ou y ont passé des vacances. Je pense que c'est une bonne chose. En effet, dans le monde des dirigeants politiques, comme dans toute relation humaine, le fait d'avoir de bons rapports fondés sur le respect mutuel, sur l'amitié, sur la confiance, ça compte énormément. Pour moi, c'est un lien qui doit aller bien au-delà de l'intelligence. Tout part du cœur.

Retour au Kremlin, salle de la Cheminée. Interrogé sur ses séjours dans la villa de Berlusconi en Sardaigne, Poutine confirme :

— Silvio s'investit corps et âme dans tout ce qu'il fait.

Le président de la Russie s'autorise un léger rire moqueur de petit garçon, une réaction à peine perceptible, et il évoque le souvenir d'une soirée passée avec Berlusconi et des amis à lui dans la somptueuse villa de Certosa, sur la célèbre côte d'Émeraude. Étaient présents le chanteur Andrea Bocelli et sa fiancée. Pour faire plaisir à son ami Vladimir, Berlusconi avait décidé qu'il y aurait un feu d'artifice.

— Silvio ne va peut-être pas aimer ce que je vais dire, continue Poutine avec un éclat dans l'œil. Mais il avait organisé un feu d'artifice et ils ont commencé avec deux ou trois fusées qui sont parties tout droit vers le balcon où nous étions tous réunis. L'incident l'a mis dans tous ses états. Mais ça n'a pas gâché la fête ni fait tomber la bonne humeur. Il s'investit toujours corps et âme dans tout ce qu'il fait.

Ce ratage obligea Andrea Bocelli et Poutine, ainsi que les autres invités, à quitter la terrasse précipitamment. Le pantalon blanc de Poutine était en partie couvert de cendre. À en croire deux des présents, la fiancée de Bocelli fut légèrement brûlée à une jambe et dut partir rapidement car sa robe s'était presque entièrement désintégrée.

Un large sourire illumine le visage de Poutine à l'évocation d'une rencontre plutôt originale avec son ami Silvio en octobre 2014. Poutine s'était arrêté à Milan dans la demeure de Berlusconi. L'idée était de manger une *pasta* et de bavarder tranquillement. Il était deux heures du matin. Pour Poutine, la journée avait été longue. Il s'était envolé pour Milan où se tenait le sommet Asie-Europe. Il était arrivé avec quatre heures de retard au rendez-vous avec la chancelière allemande Angela Merkel à cause d'un défilé militaire à Belgrade, en Serbie, auquel il avait assisté. Quand il avait quitté l'hôtel de Merkel, il était presque deux heures du matin. Pourtant il s'était rendu chez Berlusconi où l'attendait un dîner aux spécialités italiennes. En Sardaigne, Poutine avait eu l'occasion de goûter le pain *carasau*, un pain de l'épaisseur d'une hostie appelé aussi là-bas « papier à musique » – *carta musica*. À présent on était en octobre et c'était la saison des truffes dans l'Italie du nord. Berlusconi offrit donc à son hôte des tagliolini aux truffes blanches. Poutine était un homme heureux quand il prit congé à 3 heures 45.

— Vous savez, dit-il, revenant sur cette *pasta* nocturne à la Casa Berlusconi, la cuisine italienne, la cuisine italienne classique, c'est vraiment bon. C'est très sain, c'est délicieux. Et la cuisine de Berlusconi est au sommet de l'excellence. Il y avait de nombreux plats, des choses simples, ordinaires, et des mets de grande qualité. On a vraiment partagé un bon dîner. On a beaucoup discuté. Il s'était arrangé pour créer une bonne ambiance, une impression de chez-soi. Il m'a présenté à ses enfants et nous avons évoqué plein de sujets. Un bon moment passé ensemble.

Au-delà de l'admiration mutuelle que se vouent Poutine et Berlusconi, on note qu'ils partagent sincèrement une vision stratégique qui est souvent en opposition, voire en conflit direct avec les vues de Washington. Il n'en reste pas moins que Poutine, quand il analyse l'histoire récente, quand il évoque par exemple la situation au Moyen-Orient et le Printemps arabe, ou encore la lutte contre le terrorisme djihadiste, souligne le fait que Berlusconi a toujours été un équipier de l'Europe et de l'alliance transatlantique, même quand il estimait que les Occidentaux faisaient fausse route.

Berlusconi dit que Poutine, avec le temps, a adopté une approche plus sophistiquée du combat contre le terrorisme, et éprouvé le besoin de parvenir à des solutions très complexes sur des terrains comme l'Irak, la Syrie ou la Libye. Dans le cas de la guerre que Bush a lancée contre Saddam Hussein, Berlusconi et Poutine s'opposaient l'un et l'autre à l'invasion de 2003. Pour ce qui est du Printemps arabe et de la situation en Libye au printemps 2011, aucun des deux n'était favorable à la campagne de bombardements frénétiques engagée par Sarkozy contre les troupes de Kadhafi. Berlusconi avait prévenu : un changement de régime en Libye conduirait à la désintégration du pays, ainsi qu'au renforcement des milices tribales et du terrorisme djihadiste. Lui et Poutine redoutaient de voir le terrorisme se répandre dans une Libye sans État. Et pour ce qui est de la Syrie, tous deux estiment que Washington a cédé à une perception totalement simpliste de la situation. Cela étant, Poutine insiste sur le fait que Berlusconi a toujours respecté les règles de l'OTAN et mis en avant ses liens avec Washington.

— Je ne sais pas si Silvio va aimer ce que je vais dire, mais je crois que c'est quelqu'un qui appartient à un système. C'est un euro-atlantiste, aucun doute là-dessus. En plus il est italien. C'est aussi un Européen. Et il s'en tient à une approche systémique des choses. Il travaille dans le cadre de certaines règles, des règles qui ont été élaborées au fil des décennies, et c'est ce qui fait de lui un partenaire particulièrement fiable, ainsi qu'un allié très fidèle au sein de l'OTAN comme au sein de l'Europe. Et même si certaines choses lui déplaisent, et j'ai vu, j'ai entendu, au cours de nos échanges, que certaines choses lui déplaisaient, il préférait se montrer d'une grande prudence, plutôt que de s'opposer aux décisions de l'OTAN ou de l'Union européenne. Sur la question de la lutte contre le terrorisme, il ne fait aucun doute qu'il a toujours fait preuve de cohérence, et d'une honnêteté absolue. Ces qualités se sont manifestées par exemple quand il a soutenu les opérations américaines en Afghanistan, ou émis des réserves sur l'Irak. Il a toujours soutenu publiquement la Russie lorsque nous affrontions le terrorisme dans le Caucase, sans jamais craindre d'exprimer ouvertement son point de vue. C'est une personne très honnête, il a toujours suivi une politique cohérente, et je le respecte pour ça.

Le président de la Russie remue dans son fauteuil mais il ne croise pas les jambes et garde les bras ouverts ; il sourit, il n'est pas fatigué de parler de son ami Silvio. Cependant il fixe une limite à la tentation de le comparer à Berlusconi, ou de mettre l'accent sur certaines ressemblances.

— Vous savez, dit-il, si j'essayais de me comparer à Silvio, cela voudrait dire m'évaluer moi-même, et je ne pense pas être le mieux placé pour le faire. Tout ce que je puis dire, c'est que je traite mes collègues très chaleureusement et très respectueusement, surtout quand j'entretiens avec eux une relation longue et amicale – et c'est cette relation-là qui prévaut avec Silvio Berlusconi.

Il marque une très légère pause avant de conclure :

— Permettez-moi de ne me comparer à quiconque.

Au Kremlin, au deuxième étage du bâtiment Numéro Un, dans ce qui est depuis l'époque de Lénine le centre névralgique de la puissance russe, la discussion touche à sa fin. Soit le président de la Fédération de Russie est sincèrement détendu, soit il offre une excellente imitation de ce qu'est un homme détendu. Il marque une dernière pause avant de délivrer un avis circonstancié et chargé de respect sur la place dans l'histoire qu'occupera, selon lui, Berlusconi. Il choisit ses mots avec précaution, et s'exprime d'une façon résolue, d'une voix aux tonalités russes étonnamment douces et harmonieuses.

— Vous savez, dit-il, il a été quatre fois président du Conseil. Ça veut dire que les gens ont voté pour lui. Ça veut dire qu'il a plu à une majorité de citoyens italiens, tant du point de vue de son programme que de sa personnalité. Je crois qu'une alchimie positive opère entre lui et un grand nombre de citoyens italiens. C'est quelqu'un de remarquable. Il est franc et intéressant. Tout cela mis ensemble amène à penser que Silvio Berlusconi, en tant que politicien et en tant qu'homme, occupera très certainement la place qu'il mérite dans l'histoire de l'Italie.

Cependant le défi que Berlusconi allait devoir affronter ne porterait pas sur sa place dans les livres d'histoire ; il s'agirait plutôt de savoir comment l'histoire le décrirait en tant qu'homme.

– 8 –

Les femmes !

— Voulez-vous voir le fameux salon *bunga-bunga* ? En avez-vous le courage ? Oserez-vous ?

Silvio Berlusconi arbore un sourire diabolique en prononçant ces mots. Les syllabes vibrent, elles éclatent dans l'air de la pièce comme le son des cordes d'une guitare basse que l'on pince : « *Boong-gah ! Boong-gah !* » Les onomatopées sortant des lèvres de Berlusconi nous forcent à sourire, et même à rire, avec leur suggestion d'espièglerie érotique.

Berlusconi s'amuse comme un écolier adolescent coquin. Pas comme un homme approchant les quatre-vingts ans. Il est installé dans un fauteuil bien rembourré, devant une cheminée de marbre, dans sa pièce favorite. Il est habillé de sa tenue informelle classique, un pull en cachemire bleu marine et un blazer. Une photo noir et blanc d'un Berlusconi paternel avec sa fille Marina, dans un cadre en or, est posée sur le dessus de la cheminée, juste au-dessus de son épaule droite. Au pied de l'énorme cheminée de marbre, est disposée une représentation de la Nativité en bois. À l'intérieur de la crèche, on aperçoit le petit Jésus dans son berceau de paille et, bien entendu, Marie, Joseph ainsi que d'autres personnages, bergers et moutons. On distingue de minuscules anges près de la mangeoire, un âne et un bœuf, et les rois mages avec leurs chameaux.

C'est la fin de l'après-midi d'un jour d'hiver pluvieux à Arcore, le froid de décembre s'abat progressivement en provenance des bois environnants. La nuit tombe vite. Dehors, l'air est frais et humide. La façade dix-huitième de la Villa San Martino est décorée de guirlandes de lumière. Ici, dans le salon, devant la cheminée, il fait bon et c'est confortable, il règne juste la bonne température.

C'est dans cette ambiance familiale, dans ce salon que l'on commence à connaître, avec la traditionnelle photo de famille, le bas-relief de Luca della Robbia à côté, le Canaletto accroché au mur du fond, et la collection de délicates porcelaines blanches disposées sur une longue table, c'est là que Berlusconi décide de s'ouvrir et de parler du scandale *bunga-bunga*, de ces nuits infamantes, de ces parties fines déjantées. Il s'agit d'affirmations selon lesquelles il aurait payé pour des rapports sexuels avec une mineure, la célèbre et superbe jeune fille marocaine, Karima Rashida ol MarhEug, une danseuse de strip-tease adolescente surnommée par les tabloïds « Ruby la Voleuse de cœur ».

Maintenant, Berlusconi arbore l'expression désabusée d'un homme ayant été mis en examen pour prostitution d'enfant, jugé dans un procès spectaculaire, reconnu coupable et condamné à sept ans de prison puis acquitté en appel. Il nous offre une visite guidée du salon *bunga-bunga*. Il se lève de son fauteuil, prend sa pose bravache des grands jours, pivote sur sa gauche et nous dit avec emphase :

— Suivez-moi !

Il traverse un autre salon, celui-ci rempli de toiles de maîtres anciens enchâssées dans des cadres dorés ; il jette en passant un coup d'œil rapide vers la pelouse verte du parc de la villa, et nous voila arrivés devant une porte blanche. Et là, avec force moulinets dignes d'un chevalier du Moyen Âge, ou plutôt d'un présentateur d'une de ses émissions de variété, Berlusconi ouvre la porte, joue avec les interrupteurs, et fait soudain jaillir des milliers de watts pour nous faire découvrir les fresques somptueuses du plafond de la salle *bunga-bunga.* Il s'agit en fait d'une grande et haute salle de banquet, une salle à manger royale d'au moins vingt mètres de long et six de large. Soudain, Berlusconi a perdu sa timidité, sa prudence, ou plutôt ses manières soigneusement préparées par sa cohorte d'avocats. À présent, il est chez lui, seul. Il bouge comme un matamore, un artiste en solo sur scène, produisant un spectacle bourré d'énergie et d'humour. Il se pavane fièrement dans cette magnifique pièce couverte de fresques.

Est-ce donc la célèbre salle *bunga-bunga* ? Ce n'est pas une chambre à coucher. On y trouve une gigantesque table de salle à manger baroque. Tout autour, des tableaux de maîtres et des miroirs.

— Nous y voilà ! s'exclame Berlusconi, guilleret.

Devant lui, la longue table de trente-six couverts, mise comme pour un dîner d'État, avec une décoration de Noël au centre. Le plateau est rempli de petits manèges miniatures, de minuscules paysages de montagne en plastique, de maquettes de pistes de patinage, et d'une série de taureaux en furie. Bref, un décor digne de Tim Burton.

En fait la salle *bunga-bunga* semble n'être qu'une grande salle à manger.

— Mais bien sûr, parce que *c'est* une salle à manger, c'est la pièce où les soirées ont eu lieu, explique-t-il avec un large sourire. J'étais assis là, et l'orchestre était là-bas. La table est dressée aussi élégamment, rien n'a changé. En fait, j'ai continué et je continue aujourd'hui à organiser ce genre de soirées, ici, dans cette pièce, avec différents types d'invités.

Qu'en est-il de la première soirée où Ruby était là ?

— À cette occasion, il y avait un certain nombre de très jolies filles, venues du monde de la télévision, du cinéma… Vous le savez, je produis des films, des émissions de télévision. Elles sont donc très contentes de rendre visite au président du Conseil, au président du Milan AC, au grand producteur de cinéma, à l'homme qui a gagné des Oscars… Mais surtout, il faut bien l'admettre : je suis quelqu'un d'assez amusant, un président du Conseil un peu atypique si l'on peut dire…

— Où Ruby était-elle assise ?

— Ah, je ne m'en souviens pas !

— Mais c'était bien une des invitées ?

— Oui, bien sûr.

— Pas de sexe, juste des dîners en musique ? Bien qu'elle soit revenue ici près d'une douzaine de fois ?

Pendant un quart de seconde, Berlusconi est sur la défensive. Puis son sourire hollywoodien éclaire à nouveau son visage.

— J'ajouterai, dit-il, pince-sans-rire, avec un air de fierté blessée… que même s'il y avait eu des activités sexuelles, ici, dans une maison privée, cela n'aurait pas été un crime. Alors, où est le scandale ? Quel délit a-t-on commis ici ?

Berlusconi a pu être mis en examen et jugé pour prostitution enfantine, il a pu être accusé d'avoir payé pour des rapports sexuels avec une mineure, il a toujours prétendu qu'il ne connaissait pas l'âge réel de Ruby.

— Ruby, dit Berlusconi, à propos de son âge… Eh bien, d'abord, elle disait à tout le monde qu'elle avait vingt-quatre ans. Elle avait vraiment l'air de les avoir, parce qu'elle est intelligente et maligne, et parce qu'elle a eu la vie dure, mais il est impossible qu'elle ait été sexuellement…

— Comment ? Pas de sexe ?

— Attendez ! dit-il, soudain indigné, et même en colère. J'ai toujours dit que je n'avais jamais touché Ruby, pas même du petit doigt. Et Ruby a toujours affirmé la même chose. De plus, personne n'a jamais rien vu. Pour prouver qu'il y a eu rapports sexuels, il faudrait produire une photographie, une vidéo, ou fournir un témoin crédible. Or il n'y a rien de tout cela. C'est de la pure invention.

Face à toutes ces allégations, il continue de sourire, détendu et nonchalant. C'est le milliardaire tout-puissant devenu politicien qui veut être aimé et admiré. L'homme qui veut s'amuser, et qui aime aussi recevoir et charmer tous ceux qui l'entourent. C'est peut-être encore le Silvio Berlusconi des premiers temps, celui qui s'éleva au rang de magnat tout-puissant de la télévision à la fin des années 1970 et au début des années 1980. C'est le monsieur dont le goût pour les filles aux longues jambes et aux formes généreuses était partagé par des dizaines de millions de messieurs italiens. Car toute la gent masculine regardait alors ses spectacles de variété à succès, ces shows extravagants diffusés sur ses chaînes de télévision commerciales. Depuis les années 1980, Berlusconi a toujours aimé organiser ce qu'il considère comme des soirées plutôt exubérantes. Les goûts personnels et la définition de ce que l'on juge comme distrayant sont toujours très subjectifs.

Cependant, l'affaire Ruby fut bien plus qu'un show spectaculaire. Elle devint rapidement un problème épineux pour Berlusconi. Une affaire politique et personnelle fort embarrassante. Dès que l'affaire éclata, avec la publication des premières fuites émanant des magistrats investigateurs de Milan en octobre 2010, Berlusconi se trouva ridiculisé dans la moitié des chancelleries d'Europe. Des bars *bunga-bunga* se mirent à éclore dans de nombreuses villes, de Moscou à Manchester, de Berlin à Bali. Berlusconi apparaissait comme un personnage déconsidéré, mi-bouffon mi-maniaque sexuel. Dans son Italie natale, ses détracteurs, à gauche, se réjouirent des nouvelles charges d'abus de pouvoir et de paiement pour activités sexuelles avec une danseuse de boîte de nuit marocaine mineure.

Lorsqu'à la fin 2010 une enquête fut ouverte pour cette affaire à l'encontre du politicien milliardaire, on crut que le scandale allait provoquer la chute du gouvernement et des élections anticipées.

Les magistrats enquêteurs avaient, de manière éhontée, donné à la presse une longue suite d'écoutes de conversations téléphoniques. Ils avaient aussi laissé fuiter des dépositions de témoins. On évoquait des cadeaux somptueux distribués à des soi-disant starlettes et à des mannequins qui avaient participé aux soirées *bunga-bunga*. Berlusconi se trouvait de plus en plus sur la défensive.

Lorsqu'il fut mis en examen pour avoir payé des relations sexuelles avec une mineure et pour abus de pouvoir, la presse ne s'intéressa plus qu'à Ruby. Les charges retenues contre lui comprenaient non seulement des rapports sexuels avec une mineure mais aussi des allégations d'abus de position dominante en tant que président du Conseil. Il avait téléphoné directement à un commissariat de police de Milan en mai 2010 pour faire libérer Ruby. Il l'avait ensuite fait mettre sous la protection d'une autre jolie femme, ancienne danseuse d'une des émissions de télévision d'une chaîne Berlusconi, Nicole Minetti ; celle-ci avait travaillé en tant que hygiéniste dentaire, mais était désormais élue de la Lombardie pour le parti Forza Italia de Berlusconi.

Le *Cavaliere* avait apparemment dit à l'officier de police de service que Ruby, qui venait d'être arrêtée pour le vol d'argent et de bijoux, était membre de la famille du président Hosni Moubarak, et qu'il serait mieux pour elle qu'elle soit placée sous la protection de Mlle Minotti. Cette dernière se ferait un plaisir de venir au poste de police chercher Ruby. Plus tard, Berlusconi dirait qu'il ne se souvenait pas bien du coup de téléphone, mais il niait avoir abusé de sa position de président du Conseil lorsqu'il avait appelé le commissariat de police.

Silvio Berlusconi avait aussi affirmé qu'à l'époque il avait aidé financièrement Ruby parce qu'elle avait des difficultés. Ils nièrent tous les deux avoir eu des relations sexuelles. Et pourtant, les articles et les reportages se multipliaient. Bientôt, toute l'Italie ne parlait que du harem de trente-trois jeunes filles que le président du Conseil entretenait dans un des immeubles de sa propre résidence immobilière, *Milano Due*. Berlusconi, comme d'habitude, ridiculisait toute cette affaire en se moquant de lui-même.

— J'ai soixante-quatorze ans, et bien que je sois certainement coquin, l'idée d'avoir eu trente-trois filles en deux mois me semble un peu exagérée, même pour un homme de trente ans !

Malheureusement pour Berlusconi, son sens de l'humour n'était pas partagé par les procureurs collet monté de Milan.

Il avait déjà dû présenter des excuses publiques pour une plaisanterie qu'il avait lâchée lors d'un gala télévisé, lorsqu'il avait dit à Mara Carfagna, une ancienne show-girl devenue membre de la Chambre des députés :

— Si je n'étais pas déjà marié, je vous épouserais sur-le-champ !

En Italie, de telles remarques peuvent offusquer certaines femmes, et dans ce cas précis il s'agissait de la deuxième femme de Berlusconi qui, des années plus tard, obtint des indemnités mensuelles de trois millions d'euros. Mais tel était Berlusconi. L'Homme-aux-bons-mots-permanents.

— Je ne suis pas un saint, ajoutait-il avec un sourire narquois.

— J'ai été fidèle… fréquemment, plaisanta-t-il un jour.

En août 2010, avec les scandales sexuels étalés en première page de la presse européenne, Berlusconi devint rapidement le dindon de la farce, même aux yeux des autres chefs d'État.

David Cameron, tout juste installé au 10, Downing Street, s'apprêtait à prendre l'avion pour Rome pour un dîner d'État avec Berlusconi. Cet après-midi-là, Cameron prit le thé avec son épouse Samantha et Ben Eine, le grapheur britannique. Ben Eine se souvient que le Premier Ministre fut interrompu pendant le thé.

— Nous étions assis en pleine conversation quand son assistant est arrivé et a dit « David, il faut partir », se souvient Ben Eine. Il se leva d'un bond et dit à sa femme : « Samantha, je dois filer en Italie – dîner avec Berlusconi. Mais ne t'en fais pas, je demanderai à quelqu'un de me tirer du Jacuzzi avant l'arrivée des putes. »

Lorsque s'ouvrit le procès *bunga-bunga* en avril 2011, l'affaire n'était plus une plaisanterie.

— Dis que ce n'est pas vrai, Silvio !

C'est ainsi que le *New York Daily News* annonça le début du procès de Berlusconi. Le tabloïd écrivait que le magnat italien serait jugé « pour avoir payé des rapports sexuels avec une danseuse de night-club mineure et qu'il avait tenté de le cacher ».

Un journal suisse, *Le Temps*, invoquait « la décadence de la vie politique italienne ». Le *New York Times*, plus subtil, rapportait simplement que Berlusconi avait décidé de ne pas se montrer au procès de Milan, et resterait à Rome pour une conférence sur la crise Libyenne qui inquiétait beaucoup à l'époque. Les journaux des quatre coins du monde suivaient furieusement le fameux procès *bunga-bunga*. *The Observer*, à Londres, résumait ainsi la situation : « Une Italie en suspens : le procès *bunga-bunga* promet de révéler les secrets enfouis de Berlusconi. »

Près d'une centaine de journalistes furent accrédités pour ce procès de haut vol, dans la plus spacieuse des cours de justice de Milan. CNN diffusait le procès en direct. Al Jazeera et la BBC s'était déplacés, tout comme le *New York Times*, le *Washington Post*, *Le Monde*, *Der Spiegel*, *Die Zeit*, *Libération*, *El Pais*, et bien d'autres. À l'entrée du palais de justice, la police italienne équipée de casques, de boucliers et de matraques arbitraient les empoignades des supporters de Berlusconi et de ses détracteurs. Les manifestants hurlaient tout à la fois des insultes (« bunga bunga ! ») et l'hymne officieux du président du Conseil (« Thank Goodness for Silvio ! »). Dans le tribunal, le défilé de deux cents témoins comprenait trente-trois femmes soupçonnées de prostitution. On eut même droit à un témoignage de la star d'Hollywood George Clooney, qui précisa avoir discuté avec les avocats de Berlusconi et qu'il témoignerait avec plaisir. L'Américain révéla qu'il avait passé une soirée chez Berlusconi à Rome. C'était pour lui « une des soirées les plus étonnantes de sa vie ». Clooney raconta qu'il était allé voir la chambre à coucher de Berlusconi pour admirer le lit que Vladimir Poutine avait offert à son ami italien, puis on l'avait prié de rester pour le dîner.

De retour dans la salle *bunga-bunga*, à Arcore, Silvio Berlusconi sourit aimablement quand on évoque avec lui George Clooney.

— George Clooney est venu à une soirée que j'avais organisée à Rome, et ensuite, il m'a dit : « J'ai eu droit à un dîner où je me suis beaucoup amusé, l'hôte était absolument charmant, mais je n'ai pas eu de *bunga-bunga*. Bien sûr que non ! Parce que la *bunga-bunga*, c'était le dîner *lui-même* ! »

Berlusconi adore prononcer le mot *bunga-bunga*. Il prend un ton moqueur et une voix de baryton si grave qu'on pourrait croire entendre Louis Armstrong chantant « *Boong-ga ! Boong-ga !* ».

Il répète l'expression. Il est tout à fait disposé à expliquer les origines du terme. Il nous raconte comment il a commencé à surnommer *bunga-bunga* les soirées avec de jolies filles. D'après lui, cette expression provient d'une vieille plaisanterie, qui se rapporte, précise-t-il à son ancien ami, feu le dictateur libyen Mouammar Kadhafi.

— Le terme vient de la réalité. Kadhafi me demandait toujours de venir visiter la Libye chaque année pour la cérémonie du Roi des Rois. Comme je ne pouvais pas m'y rendre, parce que j'avais d'autres engagements très importants, il m'a demandé d'envoyer des délégués pour assister à la fête. Ce que j'ai fait. Et voila l'origine de la plaisanterie, poursuit Berlusconi. Mes deux délégués ont été enlevés par une des tribus les plus rebelles de Libye. Ils ont été attachés à un poteau au centre d'un village, et autour d'eux les ravisseurs ont fait une danse rituelle. La tribu a hurlé des sons gutturaux, et tout ce que les Italiens ont pu comprendre était : « *Bunga-bunga.* » La danse s'est terminée, le sorcier s'est approché de Cicchitto, l'un de mes deux envoyés, et lui a demandé : « Tu préfères mourir ou *bunga-bunga* ? » Et comme aurait répondu n'importe qui face au risque de mourir, mon envoyé a choisi *bunga-bunga.* C'est alors que tous les guerriers du village s'y sont mis.

Berlusconi ne gesticule plus. Il est très sérieux. Mais en italien, et sans rentrer dans une terminologie explicite, Berlusconi nous montre avec des gestes suggestifs ce qui est sur le point de se passer. Ses envoyés vont être sodomisés par les membres de la tribu. Il poursuit :

— Le sorcier s'approcha de mon autre envoyé, Bondi, et lui demanda : « Tu veux la mort ou *bunga-bunga* ? » Bondi, ayant assisté à ce qui est arrivé à son ami, répondit : « La mort ! » Le sorcier répondit : « D'accord, ce sera donc la mort, mais avant, tu auras droit à un petit peu de *bunga-bunga* ! » Voilà, c'est la plaisanterie à l'origine de toute cette histoire, conclut Berlusconi, éclatant de rire après l'anecdote qu'il vient de raconter.

Puis il glisse silencieusement le long des bords de l'immense table de salle à manger, un peu comme s'il amorçait un pas de valse. Indiquant d'un geste l'imposante décoration de Noël en milieu de table, il annonce que demain soir, ici, à Arcore, trente-six personnes sont prévues pour le dîner, à cette table de la salle *bunga-bunga.*

Il s'arrête devant une magnifique peinture Renaissance, dans le style Léonard de Vinci. C'est une jeune fille aux seins nus. La toile, entourée d'un cadre en bois doré, est posée sur un chevalet. Le plus frappant, dans ce chef-d'œuvre, est le contexte dans lequel il se trouve, la salle *bunga-bunga.* La femme figurant sur le tableau est nue, et ses seins rose pastel exposés à la vue de tous.

— C'est une Mona Lisa, de l'école de Léonardo, précise Berlusconi.

Mais ne pouvant résister, il ajoute :

— On m'a même accusé de l'avoir déshabillée moi-même !

Indiquant l'autre extrémité de la salle *bunga-bunga*, Berlusconi nous fait découvrir un deuxième tableau de maître, ou bien une excellente copie. Le portrait d'une très belle courtisane un peu sévère, ou d'une aristocrate, habillée, celle-ci. Il s'agit d'Antea, par le maniériste italien du XVIe siècle, Parmigiano.

Les deux tableaux, installés dans cette pièce réputée aujourd'hui pour ses soirées fantasques, offrent un contraste esthétique puissant entre le sacré et le profane dans la vie de Berlusconi. D'un côté la Mona Lisa aux seins nus, de l'autre la majestueuse beauté féminine de Parmigiano.

— J'étais sur le point de déshabiller aussi la femme figurant sur le Parmigiano, explique Berlusconi, mais je l'ai regardée bien en face et je lui ai dit : « J'espère que tu n'es pas comme Ruby, qui semble avoir plus de vingt ans mais qui en réalité doit attendre encore sept mois pour fêter ses dix-huit ans. » Donc, après lui avoir tenu ce discours, je lui ai remis ses vêtements !

De retour dans son salon préféré, tout à fait détendu en compagnie de ses conseillers politiques et de ses attachés de presse, Berlusconi confesse qu'il trouve « difficile de parler de ses sentiments et de ses émotions ». Berlusconi apparaît timide, et cette fois il ne joue pas la comédie. Il est beaucoup plus à l'aise lorsqu'il bavarde dans un cocktail, ou qu'il plaisante à propos de jolies femmes, que quand il doit aborder sa vie affective. Mais tout le monde a eu un premier amour. Même Silvio Berlusconi. Ainsi, une fois achevé son discours bien rôdé sur le *bunga-bunga*, il évoque le temps de ses premières amours, non pas à l'adolescence mais pendant son enfance, bien avant.

— J'avais sept ans, et nous visitions le lac de Côme en famille. Nous sommes montés dans un vieux château, Il Baradello, et on m'a emmené voir le dernier étage. La tour possédait une avant-cour. De là, on pouvait admirer un splendide panorama. D'autres personnes se trouvaient là, et parmi elles une petite fille un peu plus âgée que moi. Elle devait avoir huit ou neuf ans. Elle avait des cheveux extraordinaires. Je l'ai regardée et j'ai immédiatement beaucoup apprécié cette petite fille. Je lui ai dit quelques mots, et ce fut tout. Mais pendant longtemps, elle est restée dans ma mémoire. Elle y est d'ailleurs encore aujourd'hui. Ce fut la première fois que je portai attention aux femmes.

Alors que le monde entier est focalisé sur les goûts de Berlusconi pour les femmes aux formes attirantes, il n'est pas homme à s'exprimer beaucoup sur sa propre compréhension de l'amour, ou sur ce qu'il recherche chez une femme. Il n'aime pas évoquer la façon dont il a rencontré sa première femme, ni comment il est tombé amoureux d'elle.

Ni la peine qu'il a pu ressentir et l'humiliation publique qu'il a dû subir lors de l'échec de son deuxième mariage.

Qu'est-ce que l'amour pour Silvio Berlusconi ?

— Je suppose que je n'y ai jamais vraiment réfléchi, et surtout récemment, depuis que j'ai été très occupé par d'autres questions. L'amour est une attraction profonde qui devient la négation de son propre ego. On veut tellement ce qui est le mieux pour l'autre personne, on veut tellement aimer que c'est dans cet amour que l'on retrouve un miroir de soi-même.

Quelles sont donc les qualités qu'un homme devrait rechercher, que Silvio Berlusconi recherche pour trouver la femme parfaite ?

Le magnat italien sourit honteusement.

— Désolé si je vous parais superficiel, dit-il, mais en premier lieu il faut être séduit un maximum. Elle doit être superbe, elle doit être un objet du désir. J'ose le dire, même si c'est un peu intime. Je dois dire que je n'ai jamais partagé le lit de mes deux épouses à l'époque où nous étions vraiment très amoureux, sans les avoir désirées, sans faire l'amour. Je crois que c'est important. C'est même essentiel, basique. Ensuite vient l'amitié, etc., mais quand on est amoureux l'attraction est absolue. Et j'ajouterai autre chose : il faut pouvoir sentir qu'elle est attirée par vous, qu'elle a une affection réelle, que les rapports sont sincères. C'est un sentiment de loyauté partagée qui doit transparaître. Voilà un autre facteur essentiel.

Berlusconi se considère comme un séducteur-né, et il n'a pas manqué d'accumuler des montagnes d'articles de journaux où ses exploits sexuels supposés remplissent des pages. La vie sexuelle de Berlusconi a inspiré des dizaines d'articles dans la presse italienne, remplis de descriptions obscènes et d'allégations orgiaques concernant les filles des soirées *bunga-bunga*. On y parle de sodomie, de sadomasochisme, de jeunettes déguisées en nonnes et en infirmières, de *lap dance*. Mais dans l'intimité de son salon d'Arcore, il insiste : il est en fait beaucoup moins intéressant que ce qu'imaginent la plupart des gens.

— Les descriptions que l'on fait de moi ne sont pas exactes. La vérité, c'est que je suis surtout un obsédé du travail, et je n'ai pas consacré beaucoup de temps dans ma vie à séduire le beau sexe. J'ai eu une vie plutôt ordonnée. J'ai été marié deux fois, j'ai eu deux enfants de mon premier mariage et trois de mon second. J'ai toujours été un homme de famille. J'ai essayé de consacrer mon temps libre, en particulier mes week-ends, à mes enfants. Et toutes les histoires qui courent sur moi sont des fantasmes répandus pour me dénigrer, pour salir mon image en tant que personnage public. C'est vrai, quand j'étais enfant, adolescent, ma mère disait toujours que j'étais le plus beau garçon du monde. Je chantais, je jouais de la guitare, j'étais excellent sportif, donc j'attirais les filles. Mais en réalité, je dois avouer que j'étais souvent celui qui était séduit plutôt que celui qui séduisait.

Berlusconi s'est marié pour la première fois en 1965, à Carla Elvira Dall'Oglio avec laquelle il a eu deux enfants, Maria Elvira, que l'on appelle Marina, et Pier Silvio, surnommé Dudi dans la famille. Carla Elvira ne s'est jamais affichée en public. Elle vient d'un milieu simple, ayant émigré en 1959 avec ses parents et ses deux frères de la région d'Émilie-Romagne après la mort de son père.

À l'époque, Berlusconi était encore animateur et chanteur sur des navires de croisière, artiste de cabaret et chanteur dans un groupe. Il commençait tout juste à entrer dans le milieu de l'immobilier. Il était jeune, pas encore couronné de succès, mais très entreprenant. Il était sans cesse occupé à prévoir la prochaine étape, qu'il s'agisse d'affaires ou de désirs personnels. C'est en 1960, alors qu'il avait vingt-quatre ans, que

Berlusconi a rencontré sa future épouse, Carla Elvira. Elle avait quatre ans de moins que lui. La première chose que Berlusconi évoque à propos de leur première rencontre, c'est « la silhouette très gracieuse d'une jeune fille ».

La manière dont il a rencontré sa première femme et la façon dont il obtenu son numéro de téléphone ont été l'objet de spéculations pendant des années. Selon Berlusconi, il l'a vue sur le quai d'une gare et s'est tout de suite intéressé à elle. Il a ensuite imaginé un scénario très élaboré pour créer une situation lui permettant de tomber à nouveau sur elle « accidentellement », ce qui allait lui permettre d'impressionner la femme qu'il allait épouser.

— C'est l'époque où je chantais sur un navire de croisière. J'étais présentateur, je gérais l'organisation des jeux sur le bateau. J'étais en même temps guide. Je faisais beaucoup de choses. Je flirtais un peu avec la fille du propriétaire du navire, qui était venue de Rome pour me voir à Milan. Lorsqu'elle dut rentrer chez elle, je la raccompagnai à la gare. Elle sauta dans son wagon et j'attendis que le train quitte la gare. Soudain, en me retournant pour partir, je vis devant moi la très gracieuse silhouette d'une jolie fille. Elle aussi disait au revoir à son petit ami, comme je venais moi-même de quitter mon amie du moment. C'est alors que je me dis : « Bon, nous sommes tous les deux seuls, maintenant, et peut-être que nous aimerions un peu de compagnie ? » J'attendis quelques minutes. Puis j'allai acheter le journal, je descendis les marches et je m'apprêtais à sortir de la gare, lorsque je la vis qui marchait juste devant moi. Et je ne pus m'empêcher de l'admirer encore une fois. Je me dirigeai vers ma voiture et montai dedans, mais en passant devant l'arrêt du bus je tombai à nouveau sur elle, avec sa belle silhouette qui m'attirait. Elle semblait me dire : « Prends-moi ! Prends-moi ! » Alors je me dis : comme ce tramway va dans la même direction que moi, vers chez moi, je vais le suivre, et je verrai bien où elle descendra. J'ai suivi le bus arrêt après arrêt, et elle ne descendait toujours pas. Mais j'étais maintenant si concentré sur mon but que j'ai suivi le bus jusqu'à l'autre bout de la ville. C'est alors qu'elle est descendue. J'ai garé ma voiture, je suis sorti en vitesse et j'ai marché vers elle. Une fois pile en face d'elle, je lui ai dit : « Oh ! C'est incroyable ! Excusez-moi, mais n'étiez-vous pas à la gare il y a tout juste une demi-heure à dire au revoir à quelqu'un ? » Elle me dévisagea, suspicieuse, puis répondit : « Oui, effectivement. » Finalement, je lui ai demandé si elle pouvait me donner son numéro de téléphone, mais elle a répondu : « Non, vous ne devriez pas vous faire d'illusions. » Mais elle m'a tout de même donné son numéro. Et c'est ainsi qu'une histoire d'amour a commencé, qui m'a donné deux enfants avec cette femme rencontrée de manière si singulière.

Berlusconi termine son histoire avec un grand sourire, comme pour souligner le succès de son intrépide poursuite de Carla Dall'Oglio.

La première femme de Berlusconi ne fut pas seulement une gracieuse « silhouette » ; elle fut aussi une femme réservée et plutôt timide, discrète et portée sur la famille. Il l'avait rencontrée en 1960, lui avait fait une cour longue et assidue et cinq mois plus tard, en mars 1965, ils s'étaient mariés.

Ils eurent une vie de famille relativement stable pendant vingt ans. Pendant ce temps, Berlusconi devenait rapidement riche et célèbre, passant de jeune entrepreneur dans l'immobilier dans les années 1960 à magnat des médias et milliardaire dans les années 1980. Mais Berlusconi était toujours en ébullition, et il n'avait cessé d'admirer les jolies femmes.

En 1985, après vingt ans de mariage, Silvio Berlusconi et Carla Dall'Oglio se retrouvèrent dans un tribunal de

Milan pour formaliser une séparation consensuelle. Leur histoire était terminée. Ce n'était d'ailleurs qu'une formalité, car leur divorce avait été planifié et la séparation des biens préparée.

Au moment de leur séparation, en 1985, Berlusconi était depuis cinq ans déjà engagé dans une nouvelle relation, qui lui avait donné trois enfants. La nouvelle compagne était née Miriam Bartolini, mais elle s'était inspirée du nom de Veronica Lake, une icône de féminité hollywoodienne des années 1940, pour son nom de scène : Veronica Lario (ainsi était-elle connue du public amateur de théâtre).

Veronica Lario et Silvio Berlusconi s'étaient déjà fréquentés en 1980, dans un théâtre dont il était propriétaire à Milan. Elle avait vingt-quatre ans, et lui quarante-quatre.

La salle était le Teatro Manzoni, un endroit bien connu, situé sur l'un des boulevards du centre de Milan. Berlusconi venait de l'acheter, il était à cette époque en train d'étendre son domaine. Il passait de la promotion immobilière à la télévision, au théâtre et au cinéma. Ce soir-là, il assistait à la représentation d'une comédie de boulevard classique du dramaturge hollandais Fernand Crommelynck. La pièce s'intitulait curieusement *Le Cocu magnifique*. Veronica Lario jouait le rôle de la femme d'un jaloux pathologique. Elle enlevait son haut et montrait sa poitrine sur scène.

La légende veut qu'à la fin du spectacle, Berlusconi ait bondi de son siège pour se précipiter dans les coulisses. Il trouva la loge de Veronica Lario et y entra précipitamment avec un bouquet de roses. Il se lança immédiatement dans une nouvelle aventure romantique, alors qu'il avait une femme et deux enfants à la maison. Pour une actrice débutante, commencer une relation avec un homme sur le point de devenir le plus puissant magnat des médias italiens, c'était plutôt intéressant. Veronica tourna deux films et abandonna sa carrière d'actrice. Elle eut trois enfants avec Berlusconi au cours des années suivantes. La séparation avec Carla, amorcée en 1985, prit encore trois ans. Le mariage de Berlusconi avec Veronica dut attendre 1990. Il fut finalement célébré dans la mairie de Milan. Le maire socialiste, Paolo Pillitteri, était non seulement un ami proche de Berlusconi mais aussi le beau-frère de l'ancien Premier ministre Bettino Craxi, qui était le témoin de Berlusconi.

Pendant une grande partie de la durée de leur mariage, Veronica s'est montrée discrète, apparaissant parfois comme la femme souriante du milliardaire Berlusconi, et occasionnellement comme l'épouse affable du président du Conseil Berlusconi. La plupart du temps, on ne la voyait pas. Cela a commencé à changer en 2004, lorsqu'elle a décidé de modifier ouvertement son image, en confiant à une journaliste mondaine l'histoire de sa vie, sa vision du monde. Elle a voulu créer une nouvelle identité de femme indépendante et moderne, et non plus celle d'une ancienne actrice mariée à Silvio Berlusconi. Maria Latella, la journaliste choisie par Veronica pour écrire sa biographie, a pris des gants pour traiter son sujet, et le projet est apparu suffisamment inoffensif.

Mais tout a changé en 2007, quand Veronica n'a pas supporté les rumeurs selon lesquelles son mari flirtait en public avec d'autres femmes. Soudain, Mme Silvio Berlusconi est apparue « choquée » par le comportement de son mari, comme si elle n'avait jamais connu le vrai Berlusconi, après vingt-sept années de vie commune.

Tout est arrivé à la fin de 2007, quelques jours après que Berlusconi eut participé à l'équivalent italien des Emmy Awards, les Telegatti décernés aux émissions de télévision. Au cours de cette soirée des plus huppées, rassemblant quantité de mannequins, de présentatrices, d'actrices et de danseuses, Berlusconi semblait radieux. En passant parmi la foule, l'ancien homme politique ayant été deux fois Premier ministre, devenu chef de l'opposition au Parlement, ne put résister : il émit quelques remarques flatteuses.

S'adressant à une ancienne présentatrice du nom de Mara Carfagna, qu'il avait choisie puis aidée à se faire élire au parlement italien sous l'étiquette Forza Italia, le *Cavaliere* aurait dit : « Si je n'étais pas déjà marié, je vous épouserais tout de suite ! »

Et à un mannequin vénézuélien aux formes sensuelles nommée Aída Yéspica, il aurait glissé : « Avec vous, j'irais n'importe où. » Avec d'autres encore, il flirtait ouvertement, filmé sans relâche par les caméras de télévision.

La dynamique qui tenait jusqu'à présent le couple Berlusconi se brisait tout à coup. Veronica Lario, adoptant le comportement le plus classique de la femme méprisée, fit une chose qu'elle savait très dommageable pour son mari : elle envoya pour publication une lettre accusatrice au rédacteur en chef de *La Repubblica*, le quotidien de gauche qui critiquait constamment son mari. Dans cette lettre, elle affirmait que sa dignité avait été bafouée et elle demandait à Berlusconi des excuses publiques pour avoir ouvertement tenu des propos inappropriés à une femme lors d'un événement public. Cette attaque, qui aurait pu paraître mesquine dans d'autres circonstances, prit une ampleur démesurée du fait de ses protagonistes ; la nation était secouée par le scandale. Berlusconi était publiquement humilié.

Veronica se permit même une petite comparaison littéraire en se référant à un livre d'une romancière irlandaise, Catherine Dunne. Elle s'identifiait à l'une des héroïnes de l'écrivain, que le mari quitte brutalement après de longues années de mariage : « Je demande si, comme l'héroïne de Catherine Dunne, je dois me considérer comme "la moitié de rien" », écrivit Veronica Lario dans une longue lettre ouverte publiée dans le journal italien.

Veronica insistait également pour que son époux lui réponde publiquement. Berlusconi ne se fit pas prier. Confronté à l'implosion de son mariage exposée à la une de tous les journaux italiens, il publia des excuses publiques moins de vingt-quatre heures plus tard. Cependant, un des avocats du magnat appela Veronica et lui demanda ce qui lui était passé par la tête. Pourquoi lui faisait-elle ce coup, alors qu'ils commençaient tout juste à négocier leur divorce ? L'épouse blessée ne changea pas d'attitude. Elle n'avait rien à ajouter. À la différence de la première femme de Berlusconi, elle n'allait pas s'effacer sans faire de bruit.

La complainte publique de Mme Berlusconi allait en revanche servir à la romancière irlandaise : les ventes de ses livres décollèrent en Italie. À l'époque de la crise ouverte de Veronica en 2007, un ami de Catherine Dunne l'appela d' Italie : « On ne parle que de toi dans tous les journaux ! » Et Mme Dunne allait plus tard confier à un tabloïd britannique : « Huit heures plus tard, je pus enfin raccrocher mon téléphone. Il n'avait pas cessé de sonner : interviews radio, interviews dans la presse. On me demanda si je pensais que M. Berlusconi devait s'excuser. Et je répondis que oui, bien entendu, il devait s'excuser ! Veronica Lario était offensée, blessée et humiliée », ajouta la romancière irlandaise soudain devenue célèbre.

— Berlusconi s'est excusé, rapporte Catherine Dunne, dont les livres figuraient désormais à la devanture de toutes les librairies italiennes. Mais ce n'étaient pas de vraies excuses. J'ai pensé que c'était probablement la première salve d'une campagne de divorce dispendieuse pour le *Cavaliere*. Et on en a eu la preuve.

Catherine Dunne avait peut-être raison, mais deux ans plus tard Veronica lança une série d'attaques encore plus virulentes. Elle annonça à la presse son intention de divorcer de Berlusconi.

Durant ces années précédant le divorce, Veronica n'hésita pas à critiquer publiquement son mari : communiqués à des agences de presse, interviews dans les journaux avec son biographe… L'atmosphère n'était pas sereine. L'épouse en cours de divorce semblait considérer que l'humiliation publique de son mari était son instrument de torture favori. Peut-être était-ce de la légitime défense ?

Le pire moment pour Silvio Berlusconi, ce fut en 2009, quand il se trouvait à Naples et assistait à la soirée d'anniversaire d'un très joli mannequin spécialisée dans la lingerie, âgée de dix-huit ans et dénommée Noemi Letizia. Bien que les parents de la jeune fille aient assisté à la fameuse soirée, la presse allait rapporter que Berlusconi connaissait la jeune fille avant ses dix-huit ans.

Veronica profita de l'occasion pour envoyer une autre salve. Cette fois, au lieu d'écrire une lettre ouverte à l'éditeur d'un grand journal, elle recourut aux grands moyens, comme si elle cherchait un prétexte pour affaiblir son mari. Deux jours après la soirée d'anniversaire de Naples, avec une presse italienne ravie à l'idée que la jeune fille de dix-huit ans donnait au magnat le surnom affectueux de « Papi », Veronica appuya sur le bouton rouge et envoya une dépêche à l'agence de presse italienne Ansa.

La déclaration très émotionnelle de Mme Berlusconi était pour le moins étonnante. Elle évoquait le fait, qui avait fait l'objet de rumeurs dans la presse, que de séduisantes anciennes *showgirls* avaient été sélectionnées par son mari pour se présenter comme candidates du parti Forza Italia aux prochaines élections du Parlement européen. Elle qualifiait les reportages sur ces candidates d'« âneries éhontées ».

Veronica Berlusconi annonçait que tout était terminé entre elle et son mari dans un fracas médiatique assez désagréable.

— Je ne peux pas continuer à vivre avec un homme qui fréquente des mineures, je mets un terme à ma vie conjugale, annonça l'ancienne actrice avec emphase.

Veronica Lario poursuivit sa guerre des mots pendant quelque temps, continuant à critiquer l'homme qui lui avait apporté des roses dans sa loge longtemps auparavant. Une stratégie pour le moins efficace : quelques années plus tard, lorsqu'elle obtint un accord généreux pour son divorce, une pension à vie d'un million quatre cent mille euros par mois, Veronica retourna à une vie plus calme dans un luxe opulent.

Aujourd'hui, Berlusconi n'aime pas trop parler des ses anciennes épouses.

— Je voudrais dire que mes rapports avec ma première femme, la mère de mes deux premiers enfants, ont toujours été respectueux, amicaux et pleins d'affection. C'est toujours le cas. Avec ma seconde épouse, les choses ont été plus contrastées. Si elle y repensait aujourd'hui, elle ne répéterait peut-être pas certaines positions qu'elle a adoptées, probablement suggérées par d'autres personnes. Mais nous avons dépassé ces antagonismes – après tout, elle est la mère de mes trois autres enfants – et aujourd'hui nous nous respectons mutuellement.

Le milliardaire est en revanche satisfait de ses rapports avec ses cinq enfants, malgré les incessantes spéculations de la presse italienne sur la future répartition de son énorme héritage.

— Nos rapports sont très affectueux, et il existe entre nous respect et amour mutuels. Ils sont tout le temps auprès de moi. Ils écrivent et disent des choses très émouvantes, et j'essaie de faire tout mon possible pour être digne d'eux. Tout est agréable, naturel. Rien n'est artificiel dans mes relations avec mes enfants.

Parler des femmes semble avoir coûté cher en énergie au *Cavaliere*. Après plus d'une heure consacrée à ce sujet, tout à coup il a faim. Il est six heures du soir passées. Il se dirige vers la salle à manger familiale, pousse une porte vers une petite pièce qui mène à la cuisine. Il s'approche d'une table de bois et s'assied. Son cuisinier personnel sait qu'il doit se conformer au régime strict auquel est soumis son patron par sa compagne actuelle, Francesca Pascale, âgée de vingt-neuf ans. Mais après avoir mangé des légumes passés au mixer, Berlusconi a encore de l'appétit, et une petite assiette lui est présentée avec des biscuits salés tartinés d'un gorgonzola onctueux à l'odeur puissante.

Berlusconi grignote quelques biscuits tout en écoutant un de ses assistants qui vient d'arriver et lui suggère de faire une apparition lors d'un meeting de campagne dans une ville avoisinante. L'ancien président du Conseil accepte et pique à nouveau dans l'assiette de biscuits au gorgonzola. Dehors la nuit est tombée, et une pluie violente tambourine sur le gravier. Les gardes du corps aux aguets fument des cigarettes dans l'allée du parc de la Villa San Martino.

Berlusconi évoque maintenant la politique du pays. Il revient aussi sur ses nombreux procès et sur son sentiment d'être persécuté par des juges politisés. Un sujet classique pour ceux qui gravitent dans l'entourage du milliardaire.

— L'affaire *bunga-bunga*, rappelle-t-il, est un des soixante et un procès divers que j'ai dû d'affronter au cours de ces vingt dernières années. Et j'ai dépensé des centaines de millions en frais judiciaires.

Il se lamente sur l'énergie et l'argent nécessaires pour régler ses audiences judiciaires, ses enquêtes, ses dépositions, ses mises en examen, appels et divers acquittements. L'affaire Ruby et *bunga-bunga* a déclenché près de trois douzaines d'autres procédures potentielles, y compris une dans laquelle les magistrats de Milan, mécontents de l'issue du premier et du second procès, ont accusé Berlusconi d'avoir soudoyé trente-trois témoins de la défense.

— Est-ce que Berlusconi aurait dû se montrer plus discret dans sa vie privée pendant qu'il était Premier ministre ? se demande son vieil ami Fedele Confalonieri. Certainement. Il aurait pu nous éviter quelques épisodes. C'est vrai. Mais qu'a fait Berlusconi, en fait ? C'est la question clé. De quoi est-il accusé ? D'avoir forcé une mineure à se prostituer ? Allons ! Soyons sérieux ! Les soirées *bunga-bunga* ? Nous savons tous que Berlusconi adore chanter, qu'il aime recevoir, qu'il apprécie d'avoir beaucoup de gens autour de lui. Mais soyons francs... À ce moment-là, il était seul dans la vie. Il n'était plus marié. Il était dans sa sphère privée, chez lui.

Confalonieri souligne que l'aspect réellement choquant de toute cette histoire, ce n'est pas les soirées *bunga-bunga*.

— Ce qui est extraordinaire, c'est que pendant très longtemps, grâce aux magistrats et aux juges, chaque personne qui se rendait à Arcore a été mise sur écoute téléphonique, placée sous surveillance électronique, comme si elle était membre de la mafia. Nous parlons ici de plus de deux cent cinquante mille pages de transcriptions d'écoutes téléphoniques. Voilà ce qui n'est pas normal dans ce pays, et non pas le fait que Berlusconi aime être entouré de jolies filles lors de ses dîners. Il n'est pas sain que, dans notre pays, des procureurs puissent espionner nos vies privées comme si nous étions des gangsters.

L'indignation de Confalonieri devant la manière dont les magistrats se sont comportés à l'égard de Berlusconi signifie peut-être autre chose. Si ses rapports avec les femmes sont plus complexes que la simple affaire Ruby et les soirées *bunga-bunga*, il existe certainement aussi d'autres questions légales plus sérieuses que tous ces pièges. La ligne de front entre Berlusconi et les magistrats milanais est bien plus ancienne. Depuis le début de sa carrière politique, et même avant, le *Cavaliere* a dû faire face à bien plus de charges et d'accusations que n'importe quel milliardaire inscrit sur le classement Forbes des cinq cents personnes les plus riches du monde. Il détient tous les records. Le fait qu'il ait dépensé des centaines de millions d'euros en honoraires d'avocats depuis qu'il a été nommé président du Conseil en 1994 est certainement assez crédible. En Italie, on a surnommé son incessante bataille contre l'institution judiciaire italienne « la Guerre des Juges ». Dans ce pays, la culpabilité ou l'innocence de Berlusconi n'est pas sujet à débat ; c'est une question de camp. On y croit ou on n'y croit pas, comme en religion.

La bataille judiciaire a commencé en 1994, alors que Berlusconi recevait les chefs d'État pour le sommet des Nations unies à Naples. Il avait lancé le parti Forza Italia depuis moins d'un an. Huit mois ne s'étaient pas écoulés depuis sa victoire aux élections nationales. La guerre a commencé lorsque parut l'annonce, à la une de tous les grands journaux italiens, d'une enquête impliquant le magnat de la presse dans une affaire de corruption. Un coup fatal, qui fit tomber son gouvernement. Il était au pouvoir depuis tout juste six mois. Cette affaire allait devenir une bataille politique épique qui allait dominer la vie de Berlusconi et du pays pendant les vingt années suivantes. Ce fut la première d'une des nombreuses enquêtes et de quantités de poursuites, toutes commençant par la même phrase : « Le peuple italien contre Silvio Berlusconi ».

– 9 –

Mafia, pots-de-vin et corruption

— Je ne sais pas si vous l'avez remarqué, mais je ne m'amuse pas beaucoup ici.

Silvio Berlusconi n'est pas très content. Il semble fatigué et tendu. Il se plaint de ne pas avoir dormi du tout la nuit dernière. Il est presque trois heures de l'après-midi. Assis depuis près de deux heures à la table de teck dans le jardin de la Villa San Martino, il fixe la caméra et répond avec patience aux questions concernant les soixante et un procès, mises en examen et enquêtes auxquels il a dû faire face en Italie. Une extraordinaire accumulation d'accusations devenues familières, allant de la corruption, du blanchiment d'argent, du financement illicite de partis politiques, de comptabilité frauduleuse, de fraude fiscale, de subornation de témoin, aux relations sexuelles avec des prostituées mineures, et même à des soupçons de liens avec la mafia.

Le système judiciaire italien est beaucoup plus complexe que celui des États-Unis. Il n'existe pas de distinction entre les procureurs d'État et les procureurs fédéraux étant donné que l'Italie n'est pas une fédération. L'organisation date du Code Napoléon. Le système est subdivisé entre plusieurs types de magistrats, commençant par les magistrats d'investigation – une sorte d'équivalent des juges d'instruction en France – qui peuvent mener des enquêtes, saisir des documents, ordonner des écoutes téléphoniques et convoquer les individus pour des interrogatoires. Ces mêmes magistrats peuvent ensuite agir comme des procureurs et en référer à leurs supérieurs, l'équivalent italien du *district attorney* ou du *state attorney*, et demander des mises en examen. Il n'existe pas de Grand Jury ; tout est entre les mains de quelques magistrats, ceux chargés de l'instruction et ceux qui décident des mises en examen et des procédures. Les Italiens utilisent rarement les procès avec jury excepté pour les accusations graves comme les meurtres. La plupart de ceux qui sont mis en examen sont acquittés ou condamnés par un simple juge lors d'une première instance, puis par un collège de trois juges lors d'un procès en appel. En dernier recours, il y a la Cour suprême, comme aux États-Unis.

La manière dont les Italiens considèrent la justice est aussi très différente de la pratique américaine. Aux États-Unis, un *state attorney* qui met en examen un politicien ou une figure de Wall Street pour une affaire grave tiendra une conférence de presse et annoncera très clairement toutes les ramifications et l'importance de l'affaire en question. En Italie, surtout dans le cas d'investigations sur des hommes politiques, presque toutes les informations proviennent de fuites systématiques faites d'un mélange de vérités et de rumeurs, de dépositions et de transcriptions d'écoutes téléphoniques qui paraissent dans la presse bien avant qu'une mise en examen soit effective, et souvent, au cours de la phase d'enquête. La plupart des politiciens ne se considèrent même pas coupables après une première condamnation, et c'est le cas de Berlusconi. En effet, dans le système italien, on n'est pas considéré coupable avant que toutes les procédures d'appel aient été épuisées. Les politiciens sont souvent acquittés ou bénéficient d'un non-lieu en appel ou après recours devant la Cour suprême. Les affaires peuvent souvent durer des dizaines d'années et des délais de prescription pour un crime particulier peuvent s'appliquer au cours de ces périodes, comme ce fut le cas à de nombreuses reprises pour Berlusconi.

Berlusconi s'efforce de prendre à la légère un événement qui pour tout autre se serait révélé traumatisant. Comment peut-il arborer son éternel sourire, faire des grimaces et pousser de temps en temps un soupir qui trahit son épuisement, sa frustration et son inconfort ? Comment parvient-il à affronter ce tsunami de questions auxquelles il n'a jamais daigné répondre auparavant, une suite chronologique de demandes qui le ramènera aux plus sérieuses accusations les liant, lui et ses plus proches conseillers, à la Cosa Nostra, la mafia sicilienne ? Comment Berlusconi supporte-t-il la pression émotionnelle lorsqu'il doit revivre les moments les plus pénibles de son combat de vingt-cinq ans contre la justice italienne, sans jamais montrer la moindre faiblesse ? La pratique, c'est tout. L'homme a déjà une longue habitude des litiges et croit dur comme fer à sa version des faits.

Berlusconi est assis là, dans son jardin, à l'arrière de sa grande maison, avec dans le regard une expression de défi. Il jure pourtant qu'il n'a rien à cacher. En bruit de fond, des gazouillis d'oiseaux. En blazer bleu marine et chemise à col noir, il ne cache pas son impatience. Son visage parfois sombre trahit une certaine lassitude. Il avale une gorgée d'eau dans un gobelet en plastique. Il se peigne, ajuste sa posture et se prépare à la conversation. Dès qu'il entend la première question, il se redresse, comme mû par un ressort, et se fend de son sourire de star – ou est-ce son masque ? Le voilà lancé. Ses traits se transforment comme s'il se mettait en pilotage automatique. Son sourire semble indiquer que toutes ces accusations sont infondées… beaucoup de bruit pour pas grand-chose.

Cet éternel sourire arboré par Berlusconi est une sorte de masque, non seulement un mécanisme de défense, mais aussi un défaut. Cela dépasse le talent d'un simple comédien. Son expression se métamorphose, exprimant une sorte d'émotion théâtrale. Silvio Berlusconi dispose d'un répertoire bien rodé, et l'un de ses refrains est devenu un mantra : toutes les procédures criminelles ouvertes contre lui – contre sa personne, contre ses entreprises, sa famille, ses conseillers, ses managers, ses avocats et ses amis –, toutes ces actions participent d'une vieille conspiration de la gauche et d'un harcèlement de la part des membres de la magistrature de gauche qui veulent sa peau. Sa thèse consiste à dire qu'il est victime d'un groupe de procureurs militants de l'institution judiciaire italienne. Aucun doute : Silvio Berlusconi croit dur comme fer qu'il détient la seule vérité. Dans ses conversations privées avec ses amis, il mentionne quelles procédures à son égard sont dues à des activistes de gauche ou ont été influencées par des motivations politiques. Il peut vous dire quel président italien a nommé quel juge dans quelle juridiction et à quelle date. Il raconte comment des signaux politiques sont envoyés à des magistrats par des membres de leur hiérarchie et par des politiciens, le tout venant de très haut. Berlusconi a étudié de près la vie de dizaines de magistrats qui l'ont poursuivi. Sans oublier leurs patrons politiques. Il procède ainsi. Il ne lâche pas le morceau. Le sourire artificiel qu'il projette ressemble à un véritable mécanisme de défense, tandis que le milliardaire vieillissant revient sur les chapitres les plus pénibles de sa vie, cette série infinie de procédures qu'il a dû affronter depuis des décennies.

La légende voudrait que les déboires judiciaires de Berlusconi aient commencé en 1994, durant le sommet de Naples, lorsque le *Corriere della Sera* annonça qu'une enquête pour corruption était en cours contre lui. Son premier gouvernement tomba quelques semaines plus tard. Mais maintenant Berlusconi se cale dans son fauteuil, lance un sourire à la Ronald Reagan et proclame avec une fierté perverse qu'il a en fait été sujet à des enquêtes bien avant. Dans les années 1960, avant même qu'il se lance dans la politique. Il semble porter sa longue bataille avec la justice comme une décoration, une médaille de guerre.

— Si vous revenez au Silvio Berlusconi « l'entrepreneur », dit-il, parlant de lui-même à la troisième personne, vous découvrirez que les enquêtes judiciaires à son sujet ont commencé il y a cinquante ans, dans les années 1960. Nous avons été l'objet d'une grande quantité d'enquêtes à partir de 1965. Les magistrats ont toujours été obsédés de manière pathologique par ma personne, d'abord lorsque j'étais un homme d'affaire à succès, à Milan, puis, plus tard, quand je suis devenu président du Conseil.

Plus tard, en 1979, quand Berlusconi était encore une star montante dans les affaires, en devenant milliardaire une première fois grâce au succès de son projet immobilier *Milano Due*, certaines de ses sociétés étaient suspectées d'évasion fiscale. Berlusconi dut alors subir un interrogatoire mené par un fonctionnaire de la police fiscale, un capitaine de la Guarda di Finanza, un certain Massimo Berruti. L'enquête entreprise sur Edilnord, l'entreprise de Berlusconi, se termina rapidement, et aucune charge ne fut retenue contre la société de Berlusconi. Peu de temps après, en 1980, Berruti quitta les services fiscaux et devint avocat. Il commença alors à travailler pour la société Fininvest de Berlusconi. La relation entre les deux hommes se développa et, dans les années 1990, Berlusconi aida à faire élire Berruti au Parlement comme candidat du parti Forza Italia.

Berlusconi dément avoir corrompu Berruti pour l'incliner à regarder ailleurs en 1979. Il réfute toute connexion entre le passé de Berruti en tant qu'inspecteur des impôts bienveillant et son embauche comme avocat pour le groupe de Berlusconi. Aucun lien entre les deux, affirme, indigné, Berlusconi.

— Berruti ? Il est venu effectuer un contrôle fiscal et n'a absolument rien trouvé, comme cela s'est passé pour les centaines de contrôles fiscaux subis par mes autres sociétés. Rien ! J'ai fait sa connaissance et je l'ai trouvé sympathique. Ensuite, il a démissionné de la Guarda di Finanza pour devenir avocat à Milan. Puis il a exprimé le désir de faire une carrière politique. Nous l'avons investi comme candidat et il a gagné. Il a toujours été un politicien hors pair.

La démission de Berruti des services fiscaux et son embauche par Berlusconi moins de douze mois plus tard ont toujours été considérées comme suspectes par les procureurs italiens. Ou du moins sujettes à caution. Aujourd'hui, Berlusconi veut fermer la porte à toute autre interprétation que la sienne.

— Ces soupçons n'ont rien à voir avec la réalité, affirme un Berlusconi sûr de lui, Tout est absolument faux.

Il se retourne vers un personnage qui vient d'apparaître au loin.

Depuis le perron de la villa, la compagne de Berlusconi, Francesca Pascale, observe son « *Presidente* », le suit du coin de l'œil pendant qu'elle parle à une de ses amies. De temps en temps, elle jette une balle de tennis sur la pelouse pour son caniche blanc, Dudù, qui file la chercher.

Berlusconi s'arrête un instant et sourit à nouveau. Ses traits se crispent à peine quand on prononce le mot « mafia » : il reste imperturbable. Il garde son expression souriante de joueur de poker quand on lui demande de s'expliquer sur l'étrange cas Vittorio Mangano, le tueur de la mafia qu'il a employé dans les années 1970 comme gardien, ici, à la Villa San Martino.

Vittorio Mangano est un nom évoqué à l'encontre de Berlusconi lors des accusations les plus sombres, à savoir qu'il entretenait pendant des années des relations avec la mafia sicilienne, la Cosa Nostra.

L'intermédiaire dans ce côtoiement avec la mafia, décida la justice italienne, était un vieil ami de collège de Berlusconi devenu son fidèle bras droit, Marcello Dell'Utri. L'homme, originaire de Palerme, devint l'ami de Berlusconi sur les bancs de la faculté de droit de Milan. À partir des années 1970, il fut l'assistant personnel de Berlusconi et grimpa les échelons pour se retrouver nommé à des postes de responsabilité dans Edilnord, Fininvest et Mediaset, avant d'être élu à la Chambre des Députés, puis au Sénat comme candidat du parti Forza Italia. Personne n'était aussi proche de Berlusconi que Dell'Utri, à part peut-être Fedele Confalonieri – son ami d'enfance.

Les accusations de liens avec la mafia sont apparues dès que Dell'Utri s'est lancé dans la politique avec le parti de Berlusconi. Lorsque des fuites en provenance du bureau du procureur de Palerme ont commencé à se répandre dans les médias, les journalistes, très critiques à l'égard de Berlusconi, ont estimé que Dell'Utri était un contact entre Berlusconi et la mafia. Et cela a entraîné une série de plaintes en diffamation. Mais les accusations de soutien des partis politiques par la mafia n'étaient pas source d'étonnement pour la plupart des Italiens. Le président du Conseil Giulio Andreotti avait été mis en examen pour les mêmes charges que Dell'Utri et ne s'en était tiré que grâce à des vices de procédure.

Quand le parti politique de Berlusconi remporta des élections en Sicile, les commentateurs italiens de gauche analysèrent comment le parti Forza Italia semblait prendre le dessus et remplacer le parti qui avait jusqu'à présent rassemblé le plus de votes de la mafia, les Chrétiens démocrates. Dell'Utri fut la cible de nombreuses investigations concernant ses liens avec la mafia. Il fut même accusé d'être l'homme lige de la mafia, celui qui pouvait tout arranger, obtenir des protections, et même échanger des arrangements politiques contre des bulletins de vote. Il nia tout en bloc.

La Cour suprême italienne parvint finalement à mettre Dell'Utri en examen pour « collusion » avec la mafia. La sentence de la Cour mentionnait que Dell'Utri avait été l'homme qui, en 1974, avait mis au point un accord entre Berlusconi et la mafia, « accord selon lequel Silvio Berlusconi paierait d'importantes sommes d'argent en échange d'une protection qui lui était fournie par la Cosa Nostra de Palerme ». Dell'Utri avait été accusé de collusion avec la mafia pour le compte de Berlusconi dès 1996, et fut finalement condamné huit ans plus tard, en 2004. Néanmoins, aux yeux de la loi italienne, un tel verdict n'était pas une sentence définitive : il subit, en appel, une nouvelle condamnation en 2010 (soit presque quatorze ans après la première inculpation). La confirmation que Dell'Utri était bel et bien coupable de collusion avec la mafia ne fut confirmée par la Cour suprême qu'en 2014.

Quand Dell'Utri fut finalement condamné au printemps 2014, à sept ans de prison, après plus de dix-huit années de procès et d'appels, il prit un vol pour Beyrouth, où il devait recevoir des soins pour des problèmes cardiaques, expliquait-il. Un mandat international fut émis par Interpol pour son arrestation et l'Italie exigea du Liban qu'il l'extradie. En mai 2014, Dell'Utri fut arrêté par la police libanaise dans un hôtel de luxe à Beyrouth, et extradé vers l'Italie, où il fut conduit directement en prison pour purger sa peine de sept années d'enfermement.

Pour Berlusconi, la partie la plus la plus embarrassante de la condamnation de Dell'Utri fut la description de la manière dont Vittorio Mangano était venu vivre à Arcore. À l'époque, ce dernier n'avait pas encore été condamné comme tueur de la mafia ; cette condamnation viendrait vingt ans plus tard, dans les années quatre-vingt-dix. Mais Mangano avait déjà un casier judiciaire ; il était un ami de Dell'Utri à Palerme, dit Berlusconi, et en ce temps-là il dirigeait un petit club de football que Dell'Utri avait décidé de financer, avec l'argent de Berlusconi.

C'est en 1974, si l'on suit les conclusions de la Cour suprême, que, grâce aux bons offices de Marcello Dell'Utri, Silvio Berlusconi rencontra, dans un bureau du centre de Milan, le parrain des parrains de la Cosa Nostra, Stefano Bontate. La réunion eut lieu aux yeux de tous, en présence de Dell'Utri, qui effectua les présentations. Mais Dell'Utri nia plus tard avoir jamais rencontré Bontate, le Don Corleone des années 1970. Pourtant, la réunion eut bien lieu, selon la Cour suprême d'Italie. Et c'est après la rencontre de Berlusconi et de Bontate que Mangano vint s'installer à Arcore, non pas pour gérer la propriété et prendre soin des chevaux, mais pour assurer la protection et la sécurité de la famille Berlusconi. Mangano était là pour rendre service dans la villa, et il emmenait souvent les enfants Berlusconi à l'école le matin. Peu à peu, il devint un ami de la famille, homme de main fidèle et ami de Silvio Berlusconi.

Berlusconi a toujours démenti avoir rencontré le parrain de la mafia. Aujourd'hui, il prend son expression indignée et parvient tout de même à esquisser un sourire. Il nie toujours les accusations de la Cour suprême : il n'a été qu'une fois dans sa vie en contact avec la mafia.

— La vérité, insiste Berlusconi, c'est que j'étais l'homme d'affaires le plus important d'Italie dans les années 1970. Et, à cette époque, la mafia procédait souvent à des enlèvements d'enfants de familles riches. Un jour, un invité qui était venu me voir ici à la villa, un certain Luigi d'Angerio « prince de Sant'Agata », échappa de peu à une tentative d'enlèvement. Juste après avoir dîné ici.

Maintenant, Berlusconi baisse la voix. Il nous parle de son expérience avec la mafia.

— J'ai commencé à recevoir des lettres de menace, que nous avons montrées à la police, se souvient-il. On nous menaçait d'enlever mon fils de cinq ans, Pier Silvio. Alors je suis parti avec ma femme et mes enfants pour un circuit dans divers pays européens, afin de leur faire perdre notre trace. J'ai installé ma famille en Espagne pour quelques mois. J'allais les voir le week-end, prenant toujours soin de réserver un vol pour Francfort ou Londres, afin de m'assurer que je n'étais pas suivi. À l'époque, dans les années 1970, cette peur des enlèvements était très répandue en Italie. Après un certain temps, j'ai ramené ma famille à Arcore, et nous avons engagé un nombre considérable de gardes du corps. J'avais même des voitures blindées. Cependant, nous avons finalement constaté que cela ne servait à rien. Ma femme était toujours inquiète, alors nous avons décidé de ne plus envoyer les enfants à l'école. Ils devaient faire leurs études ici, à la maison, avec des percepteurs que nous faisions venir à Arcore.

Berlusconi lève un sourcil et ouvre grand son œil pour souligner l'importance du point suivant.

— Mes enfants ont fait leurs études ici, jusqu'à la fin du lycée, dit-il avec un geste de regret. Ils ont manqué le contact avec les enfants de leur âge, qui est une part essentielle de l'expérience pour tout garçon ou toute fille.

Non ! insiste Berlusconi. Vittorio Mangano n'a pas été introduit à Arcore par Dell'Utri comme part d'un arrangement pour notre protection par la mafia. Ce n'est pas vrai ! Même si c'est ce que la Cour suprême a conclu. Il s'en fiche. Ce n'est pas ainsi qu'il s'en souvient. Mais pour quelle inavouable raison Berlusconi a-t-il engagé un homme comme Mangano, qui n'était peut-être pas un tueur de la mafia dans les années 1970, mais, pour les gens bien informés, était bien un proche des familles mafieuses de Sicile ?

Berlusconi laisse maintenant deviner un certain agacement. Son irritation transparaît sous son ineffable sourire, comme une éruption de boutons. Il n'est pas très à l'aise. Et quand il reprend la parole, son ton est amical mais neutre.

— Nous ne savions pas à l'époque, se souvient un Berlusconi au large sourire. Quand Vittorio Mangano a été embauché, rien ne laissait deviner qu'il avait des liens avec les cercles mafieux. Voila la vérité. Quand j'ai acheté cette propriété, nous avions besoin de quelqu'un pour gérer l'endroit, et nous voulions une personne qui connaissait les questions hippiques parce que nous avions une douzaine de chevaux de courses dans nos écuries. Nous avons consulté les annonces, mais on ne trouvait personne. C'est alors que mon assistant personnel, mon ami Marcello Dell'Utri, s'est souvenu d'une personne à Palerme qui savait s'occuper de chevaux. Il le connaissait parce que cet homme avait travaillé dans son club de football, et aidé à faire sortir des enfants de la rue. Dell'Utri l'appela et lui demanda s'il connaissait quelqu'un. Mangano répondit : « Bon, s'il s'agit de la villa de Berlusconi, je peux venir moi-même. »

Et voilà toute l'histoire.

Le sourire de Berlusconi revient. Il parle avec chaleur et affection, et même avec respect, de Vittorio Mangano, son gestionnaire de biens immobiliers.

— Il est arrivé ici avec sa femme et ses deux enfants. Il avait même fait venir sa vieille mère. Ses enfants avaient le même âge que les miens.

Berlusconi est nostalgique.

— Il emmenait toujours les enfants à l'école maternelle, tous les jours de classe. Il exerçait ses responsabilités avec un grand professionnalisme. Et puis un jour, il a eu un coup de malchance, une faillite à gérer. Il a quitté Arcore pour toujours. Mais il est resté ami avec Marcello Dell'Utri.

Berlusconi devient philosophe.

— Il est clairement tombé sous une mauvaise influence. Puis il y a eu ces accusations contre lui. Mais il a toujours affirmé que le temps passé ici, chez nous, était « la partie la plus sereine de [sa] vie ». Je vais vous dire comment tout cela s'est terminé. Il a été condamné, et un cancer s'est déclaré quand il était en prison. On m'a raconté que les magistrats enquêteurs venaient le voir toutes les semaines, et à chaque fois ils lui disaient : « Si vous nous parlez des liens de Berlusconi avec la mafia et Dell'Utri, vous pouvez rentrer chez vous cet après-midi. »

Berlusconi se tait un instant, le visage grave, parce qu'il nous raconte une histoire qui pour lui est une démonstration de courage.

— Il a toujours affirmé à ses avocats et à ses enfants qu'à Arcore il avait vécu les six mois les plus paisibles de sa vie et qu'il ne pouvait pas inventer des choses sur

Berlusconi juste pour sortir de prison. Et savez-vous quand ils l'ont finalement laissé sortir de prison ?

Berlusconi se penche en avant lorsqu'il prononce cette phrase interrogative : « Quand ils l'ont finalement laissé sortir de prison ? »

— Eh bien, ils l'ont libéré juste quelques jours avant sa mort.

Berlusconi prononce ces mots avec tristesse, un mélange d'admiration pour Mangano et de regrets que le mafioso ait été harcelé par les magistrats alors qu'il était en prison, malade d'un cancer. Berlusconi soupire en repensant à Vittorio Mangano. Pour les tribunaux, Mangano était peut-être un tueur de la mafia et un trafiquant de drogue. Mais pour Berlusconi, c'était un ami loyal, jusqu'à la fin.

Il est évident, à voir l'expression de Berlusconi, qu'il considérait Mangano comme quelqu'un de bien. Berlusconi jure qu'il n'a jamais su quels liens Mangano pouvait avoir avec la mafia. Quant à Marcello Dell'Utri, Berlusconi nous gratifie d'un rire de sympathie. Il sourit et enclenche le mode charme.

— C'est la personne la plus merveilleuse au monde, assène-t-il comme s'il parlait d'un ange venu du ciel.

Il se lance dans une énumération des qualités de Dell'Utri.

— Il a une excellente éducation. C'est un bibliophile averti. Il connaît par cœur la *Divine Comédie*. Sa famille est formidable, il a quatre enfants magnifiques. Il était membre de l'Opus Dei, et c'est un catholique pratiquant. Il est très apprécié et respecté par tous ses employés. Et je suis convaincu que la seule raison de sa condamnation et de sa mise en prison, c'est qu'il est mon ami.

Silvio Berlusconi sourit toujours, mais on perçoit son indignation. Il a défendu son ami. Il a expliqué son idée de l'amitié. Il est beaucoup plus détendu quand arrive la question suivante. Il trouve étrange que l'on puisse encore se demander d'où vient son argent. Depuis des décennies, la presse italienne et des dizaines de procureurs font courir le bruit que ses premiers projets immobiliers ont été financés par de mystérieux capitaux suisses. De l'argent qui a coulé vers le Sud en traversant les Alpes, provenant du légendaire paradis fiscal de Lugano, en Suisse, jusqu'à Milan qui n'est pas loin. La presse l'a souvent évoqué… Était-ce de l'argent de la mafia ? Pourquoi la Suisse ? Qui étaient les bailleurs de fonds secrets de Berlusconi ?

— Oui, nous avons reçu des financements initiaux de fonds en provenance de Lugano parce que nous avions des investisseurs comme M. Rasini, le propriétaire de la banque dans laquelle travaillait mon père, la Banca Rasini. Et ces investisseurs avaient leurs dépôts tout à fait légaux dans des comptes en Suisse. Ils envoyaient leur argent de Suisse. Mais vous savez…

Berlusconi s'arrête et hoche la tête.

— Vous savez, il y a eu tellement d'enquêtes, et pas seulement par des magistrats, mais aussi par des journalistes. Des tonnes d'investigations. Et ils n'ont jamais rien trouvé d'illégal.

Berlusconi lève les yeux brièvement, pour voir s'il s'est bien fait comprendre, puis il reprend ses explications.

— Il n'y avait rien d'irrégulier dans nos comptes, insiste-t-il. À l'époque, nos conseillers fiscaux recommandaient la création de sociétés italiennes financées par des capitaux étrangers. Nous l'avons fait seulement pour des raisons fiscales, en suivant leur avis. J'ai donc répondu aux désirs de mes investisseurs et aux conseils de mes conseillers fiscaux. Ils ont envoyé leurs capitaux de la Suisse voisine.

Lorsque Berlusconi mentionne M. Rasini, l'ancien employeur de son père à la Banca Rasini, il prononce son nom avec respect. C'était le patron de son père. Les procureurs de Palerme et de Milan ont passé des années à essayer d'établir que la Banca Rasini était le lien financier entre Berlusconi et la mafia. Les noms de certains gros pontes de la mafia ayant des comptes dans cet établissement dans les années 1980 et 1990 sont bien apparus, mais c'était après le départ en retraite du père de Berlusconi.

— Balivernes pitoyables, assène Berlusconi d'un air dédaigneux. Non-sens absolu, rumeurs lancées par mes ennemis, ceux qui sont jaloux de moi.

Les ennemis de Berlusconi, qui constituent une cohorte de juges, de procureurs et de journalistes d'investigation en Italie admettent qu'ils n'ont pas été en mesure de prouver des liens directs entre la mafia et la Banca Rasini. L'enquête sur Berlusconi et les liens présumés avec la mafia et la banque de son père fut ouverte et refermée en moins d'un an par un ambitieux juge sicilien, devenu par la suite un politicien de la gauche radicale très critique à l'égard de Berlusconi.

On ne peut pas en dire autant des accusations de subornation et de corruption impliquant un autre ami intime de Berlusconi, son avocat personnel, un des cofondateurs du parti Forza Italia, un membre du Parlement et un membre des cabinets du premier des gouvernements de Berlusconi.

Cesare Previti, l'avocat, fut accusé d'avoir payé un juge pour qu'il statue en faveur de Berlusconi dans une affaire de conflit entre lui et son grand rival Carlo de Benedetti, pour le contrôle de l'empire éditorial Mondadori. L'affaire débuta en 1995 lorsqu'une certaine femme du monde, la comtesse Stefania Ariosto, petite amie d'un des avocats de Berlusconi et amie proche de Previti, se rendit au bureau du procureur de Milan et commença à déballer son histoire : à savoir qu'elle avait entendu Previti parler de pots-de-vin versés à des juges romains pour influer sur l'affaire Mondadori. Cela conduisit, pour Previti, à des enquêtes, des mises en examen et des procès sur une période de douze années. Finalement, en 2007, la Cour suprême condamna Previti pour avoir versé une somme de deux cent mille euros à un juge de Rome, qui fut lui-même condamné à une peine de prison pour avoir accepté l'argent.

Berlusconi écoute cette longue litanie des verdicts de subornation et de corruption contre ses amis, mais il reste imperturbable. Il finit par esquisser un sourire qui s'élargit bien vite. Encore un mouvement de tête à la Ronald Reagan, de gauche à droite et de droite à gauche, qui semble dire « Allons, allons… »

— C'est toujours la même histoire, comme dans toutes les circonstances impliquant la justice italienne. Tout est entièrement faux, dit laconiquement Berlusconi.

Une pause. Il comprend qu'il n'a pas besoin de répéter sa thèse sur les magistrats militants de la gauche italienne.

Mais est-il en train de dire que chacune des preuves produites au cours des procès et utilisées pour condamner Previti sont fausses ou ont été fabriquées ? Toutes les preuves ?

— Je ne sais pas quel mot choisir, répond Berlusconi en souriant.

Il soupire. C'est là qu'il nous semble à nouveau irrité, pendant une ou deux secondes, bien qu'il parvienne plutôt bien à masquer son émotion.

— Je ne trouve pas cette question de mauvais goût, observe-t-il soudain.

Il ouvre grand les bras, comme pour montrer qu'il n'a rien à cacher.

— Je n'ai pas à avoir honte de ma conduite durant toutes ces années, ajoute-t-il avec une expression de fierté blessée. Après plus de soixante procès intentés contre moi, ils n'ont réussi à me faire condamner qu'une fois. Mais nous pourrons parler de ça plus tard.

Silvio Berlusconi est maintenant dans la récitation. Il énumère les nombreuses affaires pour lesquelles il a dû répondre, les innombrables procès, les humiliations répétées.

— J'ai calculé qu'en soixante et un procès sur plus de vingt années, j'ai eu droit à plus de trois mille audiences en cour. Dès le moment où je suis entré en politique, en 1994, j'ai passé chaque samedi, chaque dimanche et souvent chaque lundi matin à discuter avec des avocats, pour préparer des audiences et des témoignages à des procès. Et j'ai dépensé plus de six cents millions d'euros en frais judiciaires au cours des vingt dernières années. Croyez-moi, c'est beaucoup d'argent !

Six cent quinze millions d'euros représentent à n'en pas douter beaucoup d'argent pour des honoraires d'avocats. Et pourtant, les avocats de Berlusconi confirment cette somme en rappelant la multitude des procès personnels comme professionnels. De fait : accusez-le de n'importe quoi, et Silvio Berlusconi peut répondre immédiatement. Mafia. Pots-de-vin. Corruption. Qu'en est-il de l'affaire pour laquelle Berlusconi fut accusé d'avoir versé cinq millions d'euros à son vieil ami Bettino Craxi, le président du Conseil socialiste dont la carrière se termina par la disgrâce et l'exil ? Ce procès, mettant au grand jour un réseau complexe de sociétés financières *off-shore*, se termina par la condamnation de Berlusconi en juillet 1998 à deux ans et quatre mois de prison. Berlusconi fut reconnu coupable d'avoir transféré des fonds par l'intermédiaire de son groupe Fininvest vers All Iberian, une société *offshore* située dans le New Jersey, un paradis fiscal sur les îles Anglo-Normandes, et de là vers un compte suisse *offshore* destiné à Bettino Craxi, l'ancien Premier ministre. La sentence dut être annulée en 2000 quand les délais de prescription légaux expirèrent.

En fait, Berlusconi évita la condamnation de justesse, grâce aux lois de prescription. Après son élection en 2001, Berlusconi réussit à se sortir de plusieurs affaires en faisant jouer les délais de prescription légaux plutôt qu'en niant les accusations. De fait, Berlusconi a été jugé coupable lors de plusieurs procès (bien qu'une seule condamnation ait été définitive). À trente-cinq autres reprises, ce sont les annulations ou la prescription qui lui ont sauvé la mise. Il a aussi été déclaré innocent neuf fois. Aujourd'hui, plusieurs procès à son encontre sont encore ouverts.

Dans le système judiciaire italien branlant, il faut louvoyer à travers une toile d'araignée des plus baroque de procédures d'appel, d'extensions, de premiers appels, de seconds appels de rendus de la Cour suprême... qui peuvent demander entre dix et vingt ans avant qu'un jugement soit considéré comme définitif. Il n'est donc pas rare que les avocats de la défense cherchent à faire traîner les affaires suffisamment longtemps pour que les délais de prescription expirent. C'est ce qui s'est passé dans le cas des transferts d'argent vers Craxi.

— Ah, cette affaire ? éructe Berlusconi avec un haussement d'épaules. C'était juste une condamnation en première instance... Ce genre de condamnation fait partie de la propagande politique classique utilisée contre moi.

Pour des oreilles autres qu'italiennes, parler d'un verdict comme d'une propagande politique peut paraître étonnant, mais la justice est toujours du côté du gagnant, bien sûr.

L'affaire des fonds qui furent transférés de Fininvest vers Bettino Craxi, ou qui ne le furent pas selon Silvio Berlusconi, n'est qu'une petite partie d'accusations plus complexes à l'encontre de Berlusconi dans une série de procès concernant All Iberian, la société de holding *off-shore* prétendument utilisée pour transférer l'argent. La société était enregistrée dans l'île anglo-normande de Jersey, un paradis fiscal bien connu. L'homme qui avait aidé Berlusconi à mettre en place la structure complexe de sociétés de holding et de comptes en banque *off-shore* était un avocat anglais réputé, du nom de David Mackenzie Mills, marié à une ministre du gouvernement Blair, Tessa Jowell.

Au grand embarras des cercles blairistes et de la société londonienne bien-pensante, le mari de Tessa Jowell, l'avocat David Mills, était soudain accusé d'avoir reçu six cent mille dollars de pots-de-vin de la part de Berlusconi pour se parjurer et nier certains aspects du réseau de sociétés *off-shore* qu'il avait mis sur pied. Selon l'accusation, Mills avait menti pour protéger Berlusconi, lui-même accusé d'avoir suborné un témoin. La ministre de la Culture Jowell était une proche de Blair à l'avenir prometteur, dont la mission était de préparer les Jeux olympiques de Londres en 2012. Elle était très populaire dans les milieux intellectuels gravitant autour du pouvoir. Mais en 2006, lorsque le scandale All Iberian éclata, elle se sépara de son mari dans ce qui parut pour beaucoup comme le moment propice sur le plan politique pour quitter M. Mills. Elle affirma ne rien savoir du paiement de six cent mille dollars, qu'elle présenta comme un « cadeau » de Berlusconi. La presse anglaise se déchaîna en affirmant que Jowell s'était séparée de son mari pour sauver les apparences et sa place en politique. Finalement un porte-parole du Premier Ministre Blair dut publier une déclaration stipulant que

Blair gardait sa « totale confiance » à l'épouse (désormais séparée) de M. Mills. Les tabloïds britanniques soupçonnèrent que Tessa Jowell n'avait quitté son époux que pour sauver les apparences. Six ans plus tard, Mme Mills retourna finalement auprès de son mari, quand toutes les procédures italiennes eurent pris fin. Mais il fut plus qu'intéressant d'observer comment les jongleries judiciaires de Berlusconi avaient fait trembler le cabinet de Tony Blair.

Au début de 2009, un tribunal de Milan condamna David Mills à quatre ans et demi de prison pour avoir accepté un pot-de-vin de Berlusconi en échange de fausses attestations en sa faveur dans les procès pour corruption de 1997 et 1998. Tessa Jowell, toujours ministre à l'époque, déclara :

— Bien que nous soyons séparés, je n'ai jamais douté de son innocence.

Plus tard, en 2009, une procédure en seconde instance annula la condamnation de David Mills pour corruption, et il fit appel auprès de la Cour suprême. Mais le délai de prescription joua en sa faveur au début de l'année suivante : aux yeux de la loi italienne, sa sentence était obsolète et devait être supprimée. Tessa Jowell, qui espérait se présenter comme candidate à la Mairie de Londres en 2016, déclara alors à la presse que son mari avait été « blanchi » par une cour italienne.

Quant à Berlusconi, qui avait été mis en examen en même temps que Mills, il ne pouvait plus être accusé. En 2008, alors qu'il présidait son quatrième gouvernement, le Parlement fit voter une loi qui accordait l'immunité au président du Conseil et aux officiels italiens importants tant que leur gouvernement était au pouvoir. Un an plus tard, la Cour suprême déclara la loi inconstitutionnelle, mais Berlusconi profita de ce que la prescription pour cette affaire s'appliquait dès le début de l'année 2012.

Alors, Berlusconi avait-il finalement versé un pot-de-vin à David Mills ?

Berlusconi illumine son visage d'un sourire de président aux Oscars. Il a l'œil rieur du gagnant. Il n'y a pas meilleure description. Il rigole ouvertement. Le parfait passif-agressif.

— Encore une énorme affabulation, dit Berlusconi, niant une fois de plus tout en bloc. En fait, Mills a témoigné une fois contre nous lors d'un procès, bien qu'il ait commis un faux témoignage à cette occasion. Comment peut-on imaginer que Fininvest ait payé un témoin hostile ? C'est totalement aberrant, comme d'ailleurs tout le reste.

Berlusconi réfléchit à propos de l'avocat britannique. Il avance une suggestion, une opinion :

— Peut-être était-ce plus dommageable pour moi en dehors de l'Italie. Parce que les gens ne savent pas que dans notre pays les magistrats jouent un rôle politique. Mais vu d'Italie, cela n'avait aucune importance. C'était sans conséquences.

Ce qui avait des conséquences pour Berlusconi et pour toute l'Italie, c'était la série de lois que ses gouvernements successifs ont introduites au cours de deux décennies. Une dizaine de dispositifs légaux, peut-être plus, qui semblaient taillés sur mesure pour arranger les problèmes judiciaires personnels de Berlusconi. Certaines lois décriminalisaient les charges de comptabilité frauduleuse ; d'autres modulaient les délais de prescription. Une loi procurait au président du Conseil l'immunité contre toute accusation. Plusieurs lois permettaient au chef du gouvernement et à d'autres responsables de haut niveau de ne pas se présenter aux audiences des tribunaux en raison d'emplois du temps chargés et de leur position. Ces lois ont été dites *ad personam* par les détracteurs de Berlusconi, utilisant cette locution latine pour signifier « personnalisées » ou « sur mesure ». Les détracteurs de Berlusconi affirmaient que le milliardaire, magnat d'un empire audiovisuel, était un véritable conflit d'intérêts personnifié, un président du Conseil dont les décisions politiques avantageaient ses propres affaires et se focalisaient à outrance sur ses problèmes judiciaires. Les opposants clamaient qu'il semblait plus préoccupé de faire voter une législation qui l'aiderait à échapper aux griffes de la justice ou à protéger son empire médiatique qu'à mettre en place les réductions fiscales à la Reagan et les réformes économiques créatrices d'emploi qu'il avait promises aux électeurs italiens.

Comment Silvio Berlusconi justifie-t-il ces treize lois promulguées durant ses vingt années de pouvoir ? Comment les explique-t-il ? Il s'en garde bien. Il les évacue d'un revers de la main en répétant le même mot.

— N'importe quoi. N'importe quoi. Absolument n'importe quoi.

Et Berlusconi prononce ces affirmations avec un sourire affiché. En fait, il tente même de réprimer un éclat de rire. Il est provocateur, mais enjoué. Peut-être parce qu'il est dans son rôle de Berlusconi le politicien plutôt que dans celui de Berlusconi l'accusé. Il est tout à fait ravi d'expliquer pourquoi il a décriminalisé la comptabilité frauduleuse.

— C'était la seule chose à faire, affirme-t-il, parce que cela permettait de protéger les entreprises italiennes contre les attaques inopinées de n'importe quel vieux procureur désireux de s'en prendre à elles.

Et ces lois qui réduisaient les délais de prescription, lui ayant permis de s'en sortir en plusieurs occasions ?

— Encore une absurdité, proclame avec assurance Berlusconi. En Italie, les affaires judiciaires peuvent traîner indéfiniment, tout cela à cause de la complexité des procédures en vigueur dans notre système.

Berlusconi s'arrête. Il se frotte une paupière, puis il reprend en élevant la voix, moitié moqueur moitié énervé. Il se plaint pour la première fois.

— Je ne sais pas si vous avez remarqué, mais tout cela ne m'amuse pas vraiment.

Puis Berlusconi se lâche, comme s'il était en réunion de campagne. Le ténor Berlusconi reprend voix. La cadence du verbe est délibérée, rythmée, et même musicale. Le flot de mots en italien mélodique exprime les incompréhensions dont il s'excuse avec tact.

— Euh, je ne me plains pas… Je ne vous accuse de rien, assure Berlusconi. Vraiment ! C'était juste une plaisanterie. Je voulais juste dire que tout cela ne m'amuse pas, parce que cette conversation m'oblige à me souvenir de toutes les choses que j'ai déjà dû dire et faire pour me défendre pendant des années, et depuis si longtemps.

Berlusconi n'est plus aussi jovial. Sa plaisanterie est tombée à plat. Il ne lui reste qu'une chose à faire. Il sourit gentiment et s'excuse à nouveau. Il semble fatigué. Il est assis là depuis près de deux heures, et son personnel l'attend près de la table en teck dans le jardin de sa Villa San Martino. Francesca Pascale se promène sur la pelouse, non loin du portique, jouant à la balle avec Dudù et une petite chienne caniche du nom de Dudina, la dernière venue. Un aide un peu tendu s'approche de Berlusconi et lui donne un gobelet en plastique rempli d'eau minérale. Le *Cavaliere* avale une gorgée et rend le gobelet. Il semble faire craquer son cou.

Après ce cortège sans fin de procédures judiciaires, de procès, d'accusations, de condamnations, de lois ad personam, après avoir dépensé des millions pour payer des avocats, comment peut-il s'attendre à ce que les gens pensent qu'il est totalement innocent, et qu'il n'est que la victime de persécutions politiques par des procureurs et des juges de gauche ? Comment peut-il assurer qu'il n'a jamais rien fait de mal ? Il a sûrement quelque chose à avouer ?

Silvio Berlusconi sourit encore, comme s'il avançait sur le plateau d'une émission tardive de télévision. Il ne s'étonne pas du tout de la question. Il reste imperturbable, comme toujours. En fait, il semble s'amuser. Et ravi de pouvoir s'exprimer. Il donne l'impression d'être prêt à chanter. Maintenant, dans la tranquillité de sa Villa d'Arcore, la voix interrompue seulement par le pépiement occasionnel des hirondelles, Berlusconi nous offre sa propre version édulcorée de l'histoire, résumant ses dizaines d'années de lutte contre la justice italienne. Comment peut-il affirmer qu'il n'a jamais rien fait de mal ?

Lorsque Berlusconi s'exprime, il donne l'impression de citer des versets de l'Ancien Testament.

— En vérité, dit Berlusconi, toutes ces procédures ont pour origine le fait qu'il existe au sein de la justice italienne une faction dont la mission est d'utiliser les tribunaux et la justice comme un moyen d'instaurer le socialisme. Et cela signifie éliminer quiconque s'oppose à la prise du pouvoir par la gauche dans ce pays. Ces magistrats n'ont pas supporté que je décide d'entrer en politique. Ils se sont déchaînés depuis, utilisant tout ce qu'ils avaient en leur pouvoir pour m'éliminer de la scène politique. Et ils ont essayé de nombreuses, très nombreuses fois.

Un critique peut considérer que Berlusconi croit en sa propre propagande. Il est pourtant tout aussi évident que Berlusconi croit sincèrement à ce qu'il dit. Le milliardaire se lève, certes un peu sonné, comme un boxeur après le combat, mais imperturbable. Il fait signe à son équipe, répond rapidement au téléphone et s'en va saluer

Francesca Pascale avant de se glisser dans la villa pour une réunion. Dans la salle à manger, transformée provisoirement en salle d'information débordant de tableaux Excel, l'attendent une douzaine de conseillers, d'interprètes, d'avocats et de banquiers d'affaires qui ont fait un saut à Arcore, représentant un mystérieux acheteur asiatique intéressé par le club de football Milan AC. Dans la vie de Silvio Berlusconi, aujourd'hui est un jour comme un autre.

– 10 –

Manger, boire et tuer : l'affaire libyenne

— Je ne veux pas finir comme Saddam Hussein.

Le colonel Mouammar Kadhafi buvait son thé dans le désert et livrait son âme à son ami Silvio Berlusconi.

Le chef d'État libyen portait sa tenue la plus chamarrée, une superbe djellabah couleur moutarde. Il recevait le président du Conseil Berlusconi en costume croisé lors d'un déjeuner extravagant, typique, sous une énorme tente climatisée qui faisait partie d'une installation militaire à l'extérieur de la capitale libyenne. Une de ces réceptions somptueuses en plein désert, qui était en quelque sorte la marque de fabrique de Kadhafi.

C'était une chaude journée d'hiver, le 10 février 2004, et Berlusconi était le premier représentant politique occidental à rendre visite au « Frère Guide », depuis qu'il était revenu en odeur de sainteté auprès des démocraties modernes.

— Quand j'ai vu Saddam sortir de ce trou immonde, raconte Kadhafi sur un ton mélodramatique, j'ai décidé que je ne serai pas le prochain.

Pour ceux qui l'écoutaient de près, l'homme fort de la Libye semblait parler sérieusement. Le Premier ministre italien venait tout juste de féliciter Kadhafi d'avoir récemment abandonné la voie du terrorisme. Il lui était reconnaissant d'avoir aussi abandonné ses projets d'armes nucléaires au mois de décembre précédent. Il avait demandé sans ménagement au dictateur libyen ce qui l'avait fait changer d'avis. Et telle avait été sa réponse.

La petite confession de Kadhafi à Silvio Berlusconi avait eu lieu dans une atmosphère festive le 10 février 2004, sous une tente plantée aux alentours de Tripoli. Les deux chefs d'État souriaient devant les caméras, mais Berlusconi ne se sentait pas très à l'aise face au volubile tyran libyen. Chaque fois que Berlusconi s'excusait des méfaits de l'occupation italienne du temps de Mussolini, le colonel réclamait des formes de compensation. Dans les rapports de Kadhafi avec l'Ouest, l'argent comptait autant que son ego.

Berlusconi tentait d'exploiter cette rencontre au mieux. Il poussait le chef libyen à accepter un plan controversé. Il s'agissait de mettre en place des centres d'accueil en Afrique du Nord pour traiter les flux migratoires et endiguer le flot de bateaux remplis de personnes qui ne cessaient d'aborder les côtes de Sicile. Au nom de l'Italie, il offrait de construire un hôpital de soixante millions d'euros à Tripoli. Mais Kadhafi avait en tête un montant plus élevé. Il voulait que les Italiens construisent à leurs frais une autoroute moderne d'une longueur de mille sept cents kilomètres, reliant par la côte l'Égypte à la Tunisie. Il tentait de persuader Berlusconi d'accepter de le faire au nom de l'amitié entre l'Italie et la Libye. Il prononça un long discours expliquant comment l'Italie pouvait compenser par le haut son passé colonial, en effectuant une donation du montant de l'autoroute et en construisant des stations touristiques tout le long de la Méditerranée. Berlusconi rechignait. Le coût d'une telle autoroute était vingt fois plus élevé que celui de l'hôpital qu'il proposait. Négocier avec Kadhafi était toujours une lutte acharnée, mais celui-ci avait peut-être trouvé en Berlusconi un adversaire à la hauteur. L'Italien séducteur, l'enjôleur irrésistible, avait mis tout son charme dans la balance, et un accord se dessina. Cette diplomatie commerciale incessante entre l'Italie et la Libye, de même que les nombreux accords gazeux et pétrolifères que la Grande-Bretagne et la France allaient ensuite tenter d'obtenir, constituait une sorte de musique de fond, un décor rassurant durant la transformation de Kadhafi d'ennemi public numéro un en ami et allié entre 2001 et 2006. Les contrats et l'argent allaient devenir la monnaie de réconciliation entre l'Italie et la Libye, dans un parcours frénétique de rapprochements qui suivaient des décennies d'inimitiés. Il en fut de même pour la Grande-Bretagne et son fanfaron de Premier Ministre proaméricain Tony Blair, qui allait se rendre en Libye un mois plus tard.

Kadhafi envoyait tous les bons signaux, et il les adressait directement aux trois chefs du monde libre qui pouvaient le plus lui rendre service, à savoir Bush, Blair et Berlusconi. Le fils de Kadhafi, Saïf al-Islam Kadhafi, ainsi que les officiels du gouvernement libyen, avaient passé de nombreux mois à entretenir des discussions secrètes avec des agents de la CIA et des services secrets britanniques, le MI6. Kadhafi avait condamné les attaques d'Al-Qaïda sur le World Trade Center. En décembre 2003, il avait signé un accord selon lequel la Libye abandonnait tous ses programmes d'armes nucléaires et de destruction massive. Les Libyens devenaient réalistes. Pour les puissances occidentales, c'était un coup à jouer, aussi bien en termes de propagande que de nouvelles opportunités d'affaires. Bush et Blair avaient tous deux annoncé la capitulation de Kadhafi concernant les programmes nucléaires juste avant Noël 2003, en une fanfare triomphante de discours télévisés synchronisés, effectués le même jour. Londres était aligné avec Washington, le doigt sur la couture du pantalon, comme toujours avec Blair.

— Ce fut certainement un tournant majeur pour la Libye, se souvient Giovanni Castellaneta, qui était assis à côté de Berlusconi lors du déjeuner organisé sous la tente de Kadhafi, en cette journée poussiéreuse de février 2004.

L'ancien conseiller diplomatique se rappelle l'expression effrayée et inquiète du dictateur libyen quand il évoqua la capture de Saddam Hussein à Tikrit, au cours de l'opération Red Dawn. Saddam était sorti de son trou refuge huit semaines plus tôt, à la mi-décembre 2003. Le colonel avait peur.

— Kadhafi ne voulait vraiment pas finir comme Saddam, et c'est exactement ce qu'il expliqua à Berlusconi, ajoute l'ancien conseiller.

— Ils nous ont emmenés sous cette tente, dans le désert, et ils nous ont servi cette épouvantable soupe à la viande, raconte Castellaneta. C'était un plat de mouton, avec une sauce à la tomate trop liquide et beaucoup d'épices. J'ai eu du mal à l'avaler. Berlusconi était assis là, à côté de Kadhafi, restant très poli. Il essayait d'établir des passerelles entre l'Italie et la Libye, de ramener Kadhafi à la modération et à la raison. Lors de ce déjeuner, il nous parut évident que Kadhafi voulait vraiment coopérer avec l'Occident et faire oublier le passé.

Et il est vrai que, grâce aux efforts diplomatiques conjugués de Blair et de Berlusconi, le colonel Kadhafi n'était plus en 2004 une menace pour les pays occidentaux. Il tenait à coopérer. Le chef charismatique de la Libye avait bien observé l'évolution de l'Histoire après la fin de la guerre froide. Il avait vu l'implosion de l'URSS. Il avait observé les Palestiniens et les Israéliens assis à la table des négociations. Il avait constaté la diffusion de l'extrémisme islamique, et il comprenait la menace que cela constituait pour sa propre survie. Il était raisonnable d'imaginer qu'il voudrait éviter le sort de Saddam Hussein. Il était donc maintenant très occupé à signer des contrats pour les sociétés pétrolifères américaines et européennes, commençant par l'Eni italienne, puis la compagnie anglo-hollandaise Royal Dutch Shell et l'américaine ExxonMobil. Il allait permettre à des agences américaines de superviser l'envoi vers les États-Unis des centrifugeuses et autres composants de son programme d'armement nucléaire. Il allait s'allier aux agences de renseignement occidentales pour combattre Al-Qaïda. Il allait éventuellement un jour serrer la main du Président Barack Obama.

Au printemps 2004, grâce aux efforts des agents de la CIA et du MI6, puis à la coordination par la Maison-Blanche et Downing Street d'une série de négociations secrètes, Kadhafi avait tourné casaque. L'homme que Ronald Reagan avait surnommé « le Chien fou du Moyen-Orient », avait été retourné, dompté et neutralisé. L'ancien révolutionnaire avait décidé qu'il était de son intérêt de collaborer avec les puissances occidentales, celles qu'il avait voué aux gémonies, ne serait-ce que pour se préserver lui-même.

Bush et Blair avaient coopéré efficacement lors des discussions avec Kadhafi. Berlusconi avait joué son rôle direct avec le chef libyen, étant donné le passé colonial italien, tandis que Blair jouait fréquemment un rôle d'intermédiaire entre Bush et Kadhafi. Son plus bel exploit fut d'ouvrir la porte à un accord concernant ce qui fut considéré comme le pire acte de terrorisme du dictateur libyen : la bombe qui fit exploser un jet de la Pan Am au-dessus de Lockerbie, en Écosse, en 1988 et qui provoqua la mort de deux cent soixante-dix personnes, pour la plupart des Américains. Les entreprises anglaises tirèrent un énorme profit du pardon de Blair à Kadhafi pour cet horrible attentat. Berlusconi, de son côté, prétend qu'il a agi tout autant que le Premier Ministre britannique pour faire sortir Kadhafi de l'enfer.

— Je me souviens avoir expliqué au Président Bush que nous étions en train de domestiquer Kadhafi, rappelle Berlusconi. Nous l'avons éduqué, nous l'avons charmé et nous l'avons piégé. Et chacun d'entre nous a joué son rôle. Je garde le souvenir d'avoir travaillé dur pour remiser les souvenirs du colonialisme italien en Libye et d'avoir transformé nos relations en amitié. Je suis finalement parvenu à changer le « Jour de la Vendetta » en une « Journée de l'Amitié » entre nos deux pays… ce qui a pris du temps et beaucoup d'énergie.

Berlusconi a mis de l'huile dans les rouages en offrant plusieurs milliards de dollars de compensations à la Libye, en reconnaissance des atrocités commises par les Italiens envers les peuples d'Afrique du Nord. Pendant que Blair effectuait des allers-retours vers Tripoli, puis que Jacques Chirac et Nicolas Sarkozy se succédaient pour se mettre en bons termes avec le colonel et signer des contrats pour les entreprises françaises, Silvio Berlusconi cultivait l'inconstant chef libyen à sa manière, avec sa touche personnelle, ses gestes exubérants, son affectivité empathique, sa bonhomie et sa tactique de représentant de commerce accommodant. Le style Berlusconi, en somme.

— Le meilleur moyen d'obtenir que Kadhafi se montre rationnel était de devenir son ami, explique Berlusconi avec nostalgie. Lorsque je lui rendais visite en Libye, il ne cessait de m'embarrasser avec ses largesses, ses cadeaux. Il m'offrit un jour une famille entière de chameaux, le mâle, la femelle et un bébé. Il a toujours été très généreux avec moi, offrant des cadeaux qui paraissaient toujours extrêmement onéreux. Au cours des années, j'ai pu ainsi établir une relation très proche avec Kadhafi et j'ai réussi à lui faire changer d'attitude. Je n'ai pas pu en toutes occasions, car c'était quelqu'un d'assez imprévisible. Mais je crois que nous sommes parvenus à le mettre de notre côté en quelques années.

Une fois les sanctions levées et lorsque l'administration Bush retira la Libye de sa liste des États sponsorisant le terrorisme, le pétrole se remit à couler en Libye. Berlusconi joua sa plus grosse carte à l'été 2008, lors d'un autre sommet somptueux avec le colonel Kadhafi à Tripoli. Il annonça un plan de versement de cinq milliards d'euros sur vingt ans en paiement des atrocités et des dommages coloniaux causés par l'Italie. En retour, le colonel, devenu pragmatique, promit qu'il allait mettre un frein au flux de dizaines de milliers de migrants qui passaient de Libye en Italie. Il promit aussi une plus grande quantité de pétrole libyen. Au cours des deux années suivantes, le nombre d'émigrés traversant la Méditerranée depuis la Libye baissa de manière considérable. L'accord avait fonctionné.

Avec la garantie des cinq milliards, la Journée de l'Amitié devint réalité. Les portes s'ouvraient aussi ailleurs en Europe. Bientôt, Kadhafi se rendrait à Bruxelles, invité par le président de la Commission européenne, José Manuel Barroso. L'année suivante, en juin 2009, le colonel libyen effectuerait sa première visite d'État en Italie. Il insista, bien sûr, pour amener son immense tente à Rome, qui fut plantée dans les jardins de la Villa Doria Pamphili. Il en résulta une paralysie de la circulation jamais vue à Rome, et Dieu sait si les Romains connaissent des embouteillages depuis plus de deux mille ans. Les images d'un Kadhafi souriant et d'un Berlusconi jovial sont encore bien visibles dans les photographies officielles de l'époque. Comme il l'avait déjà fait avec George W. Bush puis avec son grand ami Vladimir Poutine, Berlusconi avait engagé des rapports très personnels avec Kadhafi. Les deux hommes avaient trouvé une chimie qui fonctionnait entre eux. Tous deux étaient imprévisibles. Tous deux croyaient dur comme fer à leurs instincts viscéraux. Avec Blair et Sarkozy, il s'agissait avant tout d'affaires, de compensations pour l'avion frappé par une bombe libyenne, de contrats pour des entreprises britanniques et françaises. Mais avec Berlusconi, il y avait aussi d'importants intérêts financiers : la Libye fournissait plus de 20 % des importations énergétiques de l'Italie. Kadhafi était devenu un important actionnaire de la grosse banque italienne UniCredit, et même copropriétaire du célèbre club de football Juventus. Kadhafi avait donc investi des millions de dollars dans des sociétés italiennes. Il possédait des parts dans la société de fabrication d'armes italienne Finmeccanica. Il avait même acheté des actions du groupe énergétique national Eni, cette même société qui avait été le plus important partenaire de la production pétrolifère libyenne pendant plus de quarante années du règne de Kadhafi. Berlusconi protégeait sans aucun doute les intérêts économiques de l'Italie, mais la clé de ses relations avec le dictateur libyen, c'étaient ses rapports personnels avec lui. Berlusconi faisait des affaires, indéniablement. Mais il existait aussi un lien humain de cœur et d'âme, et beaucoup de charme déployé par le séducteur italien. En d'autres termes, le Libyen aux longues années de pouvoir trouvait Berlusconi « *simpatico* ».

Le grand moment de Kadhafi n'était pas encore arrivé. Et il aurait lieu sur le sol italien, quelques semaines seulement après sa visite à Rome. Le soir du 9 juillet 2009, l'ancien « Chien fou du Moyen-Orient », devenu un peu moins excentrique, serait convié au dîner du sommet du G8 qui se tenait à Aquila, dans le sud de l'Italie. Le colonel libyen figurait sur la liste des invités.

Ce soir-là, Berlusconi ne ménagea pas sa peine pour fixer le plan de table, faisant tourner en bourrique ses responsables du protocole. Il insista finalement pour que le

Président des États-Unis soit assis à sa droite, et Kadhafi à sa gauche.

— Je voulais qu'ils soient assis près l'un de l'autre, pour qu'ils puissent se rencontrer, et se parler, explique Berlusconi.

Une fois de plus, il mettait en avant l'importance qu'il a toujours donnée à l'alchimie entre les personnes dans la politique internationale.

Avant le dîner, les hommes de la Maison-Blanche avaient demandé à l'équipe de Berlusconi d'éviter de placer les deux hommes ensemble à la table et d'empêcher absolument Kadhafi de se trouver près d'Obama lors des clichés officiels des chefs d'État participant au Sommet. Mais dès que le dîner fut terminé, Berlusconi se leva, prit les mains des deux hommes et les tira pour les rapprocher, et les forcer à se serrer la main et à entamer une conversation. Les responsables de la Maison-Blanche grimacèrent. Les officiels italiens étaient embarrassés. Et pourtant c'est durant ce dîner du Sommet, grâce à Berlusconi, que Kadhafi eut droit à sa poignée de main historique avec un Président Barack Obama légèrement embarrassé. Le dictateur libyen, considéré durant quarante ans comme un sociopathe et un terroriste par le peuple américain, avait trouvé sa rédemption médiatique.

Ce soir-là, le nouveau président français participait aussi au dîner du G8 à L'Aquila. Un homme qui, à l'époque, était en excellents termes avec Kadhafi.

Nicolas Sarkozy était un politicien à poigne. Venu de Neuilly, une banlieue riche de Paris, il avait grimpé les échelons sous la houlette de son mentor, Charles Pasqua, un homme politique de droite dont la carrière était entachée de multiples accusations de corruption. Sarkozy était un personnage napoléonien à l'esprit vif et au tempérament emporté, affublé dans les bureaux de l'*International Herald*

Tribune du sobriquet peu avenant de *Sharky* – le Requin. Ancien ministre du Budget puis de l'Intérieur dans des gouvernements de centre droite, il s'était construit une réputation de politicien bouillonnant, doté d'un ego surdimensionné. D'humeur inconstante, il était imprévisible. Il ne craignait pas les controverses et ne s'embarrassait pas du protocole. Il affectionnait la vie de luxe. Il aimait fréquenter l'élite parisienne et être invité sur les yachts des gens riches et célèbres. Il avait réuni Bernard Arnault et Martin Bouygues comme témoins de son deuxième mariage.

La deuxième femme de Sarkozy, Cécilia, très impliquée en politique, avait partagé ses ambitions présidentielles et ils s'étaient forgé une vision française du couple politique Clinton, Bill et Hillary. Elle avait servi à Sarkozy de conseillère bénévole lorsqu'il était ministre du Budget, et elle tenait son bureau personnel lorsqu'il dirigeait l'UMP. C'était un couple éminemment politique, avide de pouvoir. Leurs détracteurs en France les considéraient comme ambitieux et cyniques, surtout lui. Comme elle l'a elle-même admis, bien qu'elle ait quitté Sarkozy pour un autre homme et soit partie vivre à New York dès 2005, Cécilia retourna à Paris pour être aux côtés de Nicolas durant la campagne présidentielle suivie de sa victoire en mai 2007. Cinq mois plus tard, en octobre 2007, Cécilia le quitta de nouveau et le porte-parole de l'Élysée annonça la séparation du couple. Quelques semaines plus tard, en novembre, Sarkozy fut aperçu à un dîner faisant la cour à une chanteuse italienne, un ancien mannequin, Carla Bruni. Ils se marièrent après la nouvelle année.

Cécilia Sarkozy écrivit dans son autobiographie qu'après sa prise de fonction, en 2007, son mari était devenu « agité » et entrait souvent dans des « rages terribles » au sein du palais présidentiel. Elle semblait contente de laisser à Carla

Bruni le soin de gérer les sautes d'humeur du nouveau président.

Nul ne pourra nier que Sarkozy savait se mettre en valeur sans aucun complexe. Il aimait se trouver sous les projecteurs. Ses critiques n'hésitent pas à dire qu'il aimait trop le devant de la scène et ne se montrait pas assez attentif à ceux qu'il fréquentait. En ce qui concernait Mouammar Kadhafi, le nouveau président français ne semblait avoir aucun problème. Au contraire, même ! Berlusconi et Blair travaillaient la question depuis des années, mais Sarkozy était maintenant impatient d'établir ses propres liens présidentiels avec le dictateur libyen. Il connaissait personnellement Kadhafi depuis des années, l'ayant déjà rencontré lors de visites à Tripoli en tant que ministre de l'Intérieur français. Maintenant, il était le président de la République. Rien de surprenant donc, à ce qu'en décembre 2007, moins de six mois après sa prise de fonction présidentielle, et en pleine romance avec Carla Bruni, Nicolas Sarkozy invite Kadhafi à Paris en lui offrant tous les honneurs que la République française pouvait prodiguer. La presse ne savait plus quel sujet traiter. D'un côté, ils avaient le dictateur assoiffé de sang sous une tente dressée juste à côté de l'Élysée. De l'autre, le Tout-Paris ne parlait que de « l'histoire d'amour » de Sarkozy avec Carla Bruni.

Au mépris des amateurs de ragots, Sarkozy accueillit Kadhafi les bras ouverts à Paris pendant cinq journées d'une visite d'État extravagante, très critiquée en France. Kadhafi se pavana dans la Ville lumière en robe de Bédouin, accompagné d'une suite de quatre cents serviteurs. Il était venu avec cinq avions, un chameau et trente femmes gardes du corps. Il planta sa tente chauffée dans la cour de l'Hôtel Marigny, juste en face du Palais de l'Élysée. Le président français cherchait à vendre quantité de produits français à la Libye. Il annonça finalement dix milliards de nouveaux contrats pour les entreprises françaises ainsi qu'un accord pour développer « une utilisation pacifique de l'énergie nucléaire » avec la Libye.

Pour avoir déroulé le tapis rouge pour Kadhafi, Sarkozy fut très critiqué, même dans ses propres rangs. Sa ministre des Droits de l'Homme n'hésita pas à dire que Kadhafi « devait comprendre que [notre] pays n'était pas un paillasson sur lequel un dirigeant – terroriste ou pas – pouvait essuyer le sang de ses crimes ».

En définitive, Kadhafi n'acheta pas grand-chose à la France. Mais Sarkozy continua de faire la cour au chef libyen pendant des années. Comme les autres chefs d'État occidentaux, il considérait Kadhafi au même titre que l'Égyptien Hosni Moubarak ainsi que d'autres dirigeants autoritaires du monde arabe, comme quelqu'un susceptible de devenir politiquement embarrassant, mais dont on pouvait néanmoins espérer qu'il signerait des contrats d'armement, des accords pétroliers et ferait toutes sortes d'autres affaires avec la France.

Pendant cette période, les fabricants d'armes français et les sociétés énergétiques comme Dassault et Total entraient en concurrence avec les fabricants d'armes italiens tels Finmeccanica et la société pétrolifère Eni pour tenter d'emporter des marchés avec la Libye de Kadhafi. À l'occasion, les Français et les Italiens se faisaient griller par la Russie de Vladimir Poutine, un fournisseur favori de Kadhafi datant du bon vieux temps de l'Union soviétique.

Mais le Printemps arabe des débuts de 2011 allait tout bouleverser. La violence commença en Tunisie. Et la génération Facebook embraya. Les réseaux sociaux devenaient pour la première fois un outil de révolution politique, ajoutant leur efficacité aux méthodes plus traditionnelles des manifestations violentes de la place Tahir au Caire. Moubarak allait être balayé par une tornade de colère et de protestation. Les déserts du Moyen-Orient étaient soudain ravagés par une violente tempête de sable ; celle-ci, arrivée sous le masque bienveillant d'une soif de démocratie, se transforma en anarchie et fragmentation, puis en guerres ethniques et tribales. Les États existants se délitèrent. Des demi-États et des groupes de milices rebelles entrèrent en concurrence pour renverser les dictateurs en place. Le Printemps arabe, qui avait commencé dans l'espoir et l'innocence, allait évoluer et se transformer en une forme plus infâme et maligne de culte médiéval. Des fervents d'un retour au califat d'une barbarie inimaginable, une armée de malades encore plus diaboliques qu'Oussama Ben Laden faisaient leur apparition.

Nicolas Sarkozy avait réagi avec lenteur face au Printemps arabe. Sa politique envers la Tunisie était à mon sens inepte. Il avait offert le soutien français au dictateur Ben Ali, le président tunisien, quelques jours avant sa chute. La position de Sarkozy face à Moubarak était ambiguë. Il n'avait pas été très enthousiasmé par l'idée de l'administration Bush de promouvoir la démocratie au Moyen-Orient. Il n'admirait pas non plus beaucoup Barack Obama, dont la machinerie politique au Moyen-Orient semblait prise en tenaille entre les idéalistes de la Maison-Blanche et la vision hésitante mais changeante de la politique extérieure américaine. Sarkozy avait mis trop longtemps à afficher clairement sa position concernant le Printemps arabe. Les sondages étaient alors désastreux pour lui. Il était désapprouvé par 71 % des Français. L'élection présidentielle de 2012 approchait, et sa politique étrangère était vivement critiquée. Un groupe de diplomates français publia un article dans *Le Monde*, disant considérer la politique extérieure de Sarkozy « non professionnelle, improvisée et impulsive ». Nicolas Sarkozy avait besoin d'un succès, et rapidement.

Immédiatement après la chute de Moubarak, le président français sauta dans un train en marche. À la fin du mois de février, il soutenait ouvertement les révoltes, y compris celles en Tunisie et en Libye. Soudain, après avoir essayé de le convaincre de signer des contrats avec la France, le président français parlait maintenant de renverser Kadhafi. En l'espace de quelques jours, en février 2011, lors d'un sommet de l'Union européenne, Nicolas Sarkozy avait demandé aux États membres de voter des sanctions contre la Libye. Il faisait des soulèvements libyens sa plus grande priorité, et le 25 février il déclara cérémonieusement que « Kadhafi devait partir ».

Il était désormais clair que Nicolas Sarkozy ne cherchait plus à vendre à son ami Mouammar Kadhafi des avions de combat Rafale ou Mirage. Il était impatient d'utiliser ces mêmes machines pour larguer des bombes sur le dictateur aux abois.

Pendant que le monde observait, incrédule, les manifestations du Printemps arabe gagnèrent rapidement la Libye tout entière. Kadhafi ordonna à ses forces de sécurité d'ouvrir le feu sur les protestataires à Benghazi. La révolte se transforma en un conflit armé, impliquant des milices de tribus locales, des rebelles prônant une véritable démocratie, et des extrémistes islamistes de diverses factions. Lorsque Kadhafi ordonna des frappes aériennes sur les rebelles, mêmes ses fervents partisans comme Berlusconi furent embarrassés. Lorsqu'il jura de combattre jusqu'à la dernière goutte de sang et de nettoyer la Libye maison par maison en tuant les protestataires « comme des rats », les protagonistes d'une action militaire en Libye bénéficièrent de plus en plus de soutien. Sarkozy commença à promouvoir l'idée d'établir une zone d'exclusion aérienne au-dessus de la Libye pour empêcher Kadhafi de bombarder son propre peuple.

Le 10 mars, Sarkozy rencontra les chefs rebelles qui avaient constitué un Conseil national transitoire et les reconnut immédiatement comme gouvernement légitime de la Libye. Le lendemain, il se trouvait une fois de plus en première ligne lors d'un sommet européen, et se joignait au Premier Ministre britannique David Cameron pour appeler à une action militaire ainsi qu'à l'établissement d'une zone d'exclusion aérienne.

La Libye était maintenant plongée dans une guerre civile à grande échelle, et Hillary Clinton avait entrepris une semaine de déplacements diplomatiques, venant à Paris pour une réunion de ministres des Affaires étrangères des membres du G8 le 14 mars et un entretien avec Nicolas Sarkozy. Le président français, enhardi par le fait que la Ligue arabe avait aussi donné son accord pour une zone d'exclusion aérienne, poussa sans ménagement la Secrétaire d'État. Il demanda à Washington de soutenir une intervention militaire qui permettrait de mettre fin à l'avance de Kadhafi vers les positions rebelles de Benghazi. Hillary Clinton ne fut pas convaincue. Le traumatisme de dix années de guerre américaine en Afghanistan et en Irak avait momentanément paralysé la politique étrangère américaine. Mais Hillary Clinton allait bientôt se transformer en faucon, ignorant les objections formelles du Pentagone et de la CIA, qui craignaient qu'une intervention militaire en Libye ne tourne au désastre.

À Paris, Hillary Clinton se souvint « avoir été soûlée de paroles en faveur d'une action militaire » par un Nicolas Sarkozy qui « adorait se trouver au centre de l'action » et qui semblait voir dans le chaos en Libye « une chance de sauter dans la mêlée soutenant le Printemps arabe ».

Un jour plus tard, le 15 mars, le Conseil de sécurité des Nations unies commença à examiner la résolution qui autoriserait la zone d'exclusion aérienne et l'usage de « tous les moyens nécessaires » pour protéger les populations civiles d'un colonel Kadhafi de plus en plus hystérique. La secrétaire d'État américaine se rendit d'urgence au Caire pour afficher sa solidarité avec les protestataires de la place Tahir, tout en trouvant le temps d'asticoter le dirigeant de l'important Royaume de Bahreïn, qui lui aussi utilisait la force pour étouffer les protestations. Sarkozy continuait de grommeler à Paris, un David Cameron un peu hésitant émit une timide approbation sympathique à Londres, tandis qu'à Rome Silvio Berlusconi bouillonnait. Il ne voulait pas soutenir une intervention militaire en Libye. Il ne croyait pas en une alternative politique crédible à son ami Mouammar Kadhafi.

Le 17 mars, le Conseil de sécurité des Nations unies approuva le principe de la zone d'exclusion aérienne et donna à Sarkozy et à Cameron, et même à l'administration Obama pourtant réticente, la couverture politique dont ils avaient besoin pour lancer une attaque militaire contre Kadhafi.

Sarkozy monta à nouveau d'un cran dans sa rhétorique guerrière, mais cette fois il reçut une réponse de la famille Kadhafi.

Le fils du colonel, Saïf al-Islam, avait déjà menacé de dévoiler un « secret compromettant » si la France reconnaissait le gouvernement rebelle et insistait pour une zone d'exclusion aérienne. Il prétendait que cette révélation pourrait faire tomber Sarkozy, mais cela semblait plutôt un acte désespéré du clan libyen. Maintenant, il essayait de faire usage de sa menace.

Lors d'une interview diffusée le 16 mars sur Euronews, Saïf al-Islam affirmait que la Libye avait financé la campagne électorale de Sarkozy pour l'élection présidentielle de 2007. Il réclamait un remboursement des fonds.

— Sarkozy, affirmait Saïf al-Islam, doit rendre l'argent qu'il a pris à la Libye pour financer sa campagne. Nous lui avons fourni des fonds, et nous avons tous les détails. Nous sommes prêts à tout révéler. Première chose : nous voulons que ce clown rende cet argent au peuple libyen. Nous l'avons assisté pour qu'il puisse aider notre population. Mais il nous a déçus : qu'il nous rende notre argent. Nous possédons tous les relevés de banques et tous les documents des opérations de transfert, et nous allons bientôt tout rendre public.

La « révélation » paraissait tout aussi invraisemblable que les autres aspects du cauchemar libyen. Sarkozy dépêcha ses porte-parole pour nier ces allégations, mais les déclarations télévisées de Saïf Kadhafi allaient déclencher un véritable cauchemar juridique et politique en France. Un ancien Premier ministre libanais soutenait les révélations du fils Khadafi. La justice française allait ouvrir une enquête. Des documents prouvant la véracité de l'accord secret furent publiés dans la presse française. Sarkozy affirma qu'ils étaient faux. Il nia fermement toute l'affaire, mais les allégations n'allaient cesser de le poursuivre jusqu'au milieu de sa campagne de réélection en avril 2012, lorsqu'il fut accusé d'avoir reçu pas moins de cinquante millions de la famille Kadhafi.

Cependant, en mars 2011, le président français voulait que le monde entier sache qu'il était déterminé à faire chuter Kadhafi. Il allait se montrer un véritable leader mondial. Il mit en scène ce moment de grandeur française en organisant un nouveau conseil de guerre, un sommet international sur la Libye, qui rassemblerait tout le monde à l'Élysée l'après-midi du samedi 19 mars. La liste des invités comprenait bon nombre de chefs d'États et d'officiels européens : la chancelière Angela Merkel pour l'Allemagne, le Britannique David Cameron, Silvio Berlusconi, Jose Luis Zapatero pour l'Espagne, Amr Moussa pour la Ligue arabe, le Secrétaire général de l'ONU, Ban Ki-moon, le Premier ministre du Qatar le cheikh Hamad bin Jassim bin Jaber al-Thani, et le cheikh Abdullah bin Zayed Al Nahyan des Émirats arabes unis.

Juste avant d'accueillir ses invités, Sarkozy tint un mini-sommet privé avec David Cameron et Hillary Clinton. Alors que le Président Barack Obama avait jugé bon de se rendre en visite d'État au Brésil, Hillary Clinton était de retour à Paris en tant que représentante des États-Unis. Elle avait changé d'avis deux jours auparavant, et pressait la France et la Grande-Bretagne de diriger une intervention militaire. Le Président Obama semblait avoir abdiqué son leadership, et sur CNN certains agitateurs parlaient de Hillary comme si elle « agissait à la place du Président ». La politique des États-Unis consistait, d'une part, à soutenir l'intervention et, d'autre part, à laisser les autres prendre le commandement. Le mantra à Washington était : « Surtout pas de troupes au sol ! » Mais pour les dirigeants européens, cela ressemblait plutôt à « une dissimulation de leadership ».

Silvio Berlusconi, quant à lui, éprouvait beaucoup plus de réticence que Sarkozy à « larguer » Kadhafi. Il avait beaucoup plus investi dans le dirigeant libyen que le président français. Berlusconi n'avait pas que des intérêts énergétiques à préserver : il avait une bien meilleure connaissance des affaires libyennes que Sarkozy, et il était convaincu que se lancer dans une guerre avec ce pays était une pure folie.

Comme le dit Berlusconi aujourd'hui, le président de la République italienne, un ancien communiste cynique du nom de Giorgio Napolitano, lui força la main. C'est le président qui disposait de l'autorité sur les forces armées italiennes et qui, selon Berlusconi, l'obligea à fournir des bases italiennes et une coopération dans l'intervention militaire prévue sur la Libye.

Le soir du 17 mars, Berlusconi se trouvait à l'opéra de Rome où il assistait à une représentation de *Nabucco*, en compagnie de Napolitano et de quelques conseillers de haut rang.

— Nous étions à l'Opéra. Le Conseil de sécurité des Nations unies venait d'approuver la résolution de la zone d'exclusion aérienne, se souvient Berlusconi. J'eus une conversation sur la Libye avec le président Napolitano pendant l'entracte. Il avait déjà pris sa décision et voulait soutenir l'attaque. Il avait déjà rencontré le ministre de la Défense, et avait poussé le comité de la défense au Parlement d'approuver les résolutions de soutien à une mission militaire. Je me souviens que ce fut une discussion houleuse avec Napolitano ce soir-là. Il insistait pour que nous maintenions la même ligne d'action que les autres pays européens. Après cette discussion avec le président, et avant de me rendre au sommet de Paris, je me suis sérieusement demandé si je ne devais pas présenter ma démission. Et je vais vous expliquer pourquoi.

Berlusconi se penche et son ton monte alors pendant qu'il tape du poing sur la table pour appuyer ses allégations.

— J'étais un ami de Kadhafi, j'avais d'excellentes relations avec lui, dit Berlusconi d'un air désolé. Nous avions fait beaucoup de choses ensemble, et réussi de nombreux projets. Nous avions six mille soldats libyens qui empêchaient les émigrants de quitter les rivages africains. Et j'avais l'impression que faire tomber Kadhafi à ce moment-là était à la fois illogique et très dangereux parce que c'était un pays qui, avec ses cent cinq tribus, était sur le point d'exploser. Je me sentais lié par mon amitié avec Kadhafi. Après tout, j'avais réussi à le faire passer d'ennemi à ami. J'étais donc totalement opposé à cette attaque. Mais j'ai dû me rendre à Paris les mains liées à cause du président de la République, Giorgio Napolitano qui est le chef des armées, et à cause aussi d'un vote joint des comités de défense de notre Parlement. Je suis parti pour Paris absolument déterminé à minimiser notre participation et à seulement permettre l'usage de nos bases sans participer directement à une intervention armée. Pas de bombardement par les Italiens.

Tel était l'état d'esprit de Silvio Berlusconi, quelques minutes après midi, le samedi 19 mars 2011, quand il s'engouffra dans son Audi 8 gris métallisé pour se rendre à la base aérienne de Ciampino, dans la banlieue de Rome. Accompagné de son staff, il monta à bord de l'Airbus gouvernemental, destination Paris. Il était de très mauvaise humeur ce jour-là. Il ne cessait de répéter à ses conseillers que toute l'affaire était une énorme erreur, que c'était un saut dangereux dans l'inconnu, qu'il n'y avait aucun plan pour tenir le pays de façon cohérente dans une Libye post-kadhafienne.

Dès que l'avion se fut posé, l'équipe de Berlusconi fila droit à l'Élysée, où il trouva les autres dirigeants en pleine conversation devant un plat de petits fours dans une antichambre adjacente à la grande Salle des Fêtes, au premier étage du palais.

— La première chose que nous avons constaté en arrivant à l'Élysée, se souvient l'un des aides italiens, c'est que certains chefs d'États avaient déjà été avisés par les Français et qu'une réunion restreinte à huis clos avait eu lieu entre Nicolas Sarkozy, Hillary Clinton et David Cameron. Berlusconi se rendit alors compte que tout ce qui allait se produire avait déjà été prévu et qu'il avait été exclu du processus.

Dès qu'il le comprit, Berlusconi se dirigea vers Angela Merkel, qui croquait un biscuit.

— Angela, que se passe-t-il ici ? demanda Berlusconi inquiet, tandis que la chancelière allemande sursautait légèrement. Tout cela est une farce. On nous fait venir à Paris, mais tout a déjà été décidé.

Angela Merkel, d'après ceux qui ont pu assister à la conversation, haussa les épaules et ne répondit pas grand-chose. Elle resta froide envers Berlusconi, qui comprit qu'il ne pouvait rien faire.

Le Premier ministre espagnol Zapatero, pour sa part, se souvient avoir été informé immédiatement à son arrivée ce samedi après-midi.

— Quand je suis arrivé pour la réunion, les conseillers de Sarkozy avaient déjà dit à mon équipe que tout était prêt et que les avions de combat français étaient partis ou n'allaient pas tarder à décoller, se souvient Zapatero.

Alors que Berlusconi bavardait avec les autres, Sarkozy terminait son pré-Sommet avec David Cameron et Hillary Clinton. Il leur avait annoncé que des Rafale de l'Armée de l'Air étaient déjà en route pour la Libye. Les avions britanniques et américains effectueraient leurs sorties au cours de la nuit, mais la France était aux avant-postes, prête à frapper, ils avaient ordre d'attaquer les colonnes blindées qui avançaient de Tripoli à Benghazi, sur la route côtière.

Hillary Clinton a décrit l'expression de colère sur le visage de Berlusconi, alors que la consternation régnait parmi tous les dirigeants réunis à l'écoute des révélations de Sarkozy.

— Quand l'ensemble des personnes réunies a découvert que la France avait ouvert les hostilités, cela a déclenché un tollé, se rappelle-t-elle.

Lorsque les chefs de gouvernement se furent assis – le Secrétaire général des Nations unies, Ban Ki-moon, l'air de plus en plus nerveux –, les avions français survolaient déjà la Libye et n'allaient pas tarder à effectuer des frappes aériennes. Sarkozy avait envoyé un groupe de vingt-cinq appareils, comprenant des avions de reconnaissance équipés pour des attaques au sol. Avant même que la cérémonie de bienvenue soit achevée, les jets du président français fonçaient vers Benghazi pour bombarder les colonnes de blindés partis de Tripoli par la route côtière.

Un officiel européen présent à cette réunion se souvient du faste de la Salle des Fêtes et des trente chefs d'État assis autour de l'immense table ronde. Il raconte que Sarkozy semblait pressé.

— Sarkozy commença immédiatement à expliquer que Kadhafi approchait de Benghazi et que nous devions l'arrêter pour éviter un massacre, précise le participant. Le président français annonça ensuite que les avions français étaient en attente, réacteurs allumés. Je n'oublierai jamais comment il a déclaré d'un ton martial : « Mes avions sont sur le départ, je recommande donc que la réunion soit brève. »

Lorsque Sarkozy eut fini de parler, commença le traditionnel tour de table où chaque chef d'État devait lire une brève déclaration.

— C'était une réunion assez formelle, explique Zapatero. Les présentations étaient préparées et diplomatiques. Il s'agissait de démontrer la légitimité d'une grande coalition comprenant des pays du monde arabe. Il s'agissait de dire que la chute de Kadhafi était imminente et que l'Europe soutenait le Printemps arabe. Mais lorsque la réunion fut organisée, tout avait déjà été préparé.

Zapatero se souvient du moment que Hillary Clinton appela un « tollé », et il revoit surtout un Berlusconi très en colère contre Sarkozy, lorsque celui-ci eut révélé que ses avions avaient déjà leurs moteurs en marche.

— Berlusconi était furieux, dit Zapatero. En fait, il se trouvait dans une position difficile parce que, s'il condamnait bien la répression exercée par le colonel sur ses opposants, il n'était pas d'avis de faire chuter le régime du dictateur.

La seule personne réellement surprise par la violence de l'empoignade entre Sarkozy et Berlusconi fut la Secrétaire d'État américaine.

— Moi, je n'étais pas étonné, poursuit Zapatero. Sarkozy et Berlusconi sont tous les deux des personnalités un peu outrancières dans leur expression verbale. Ils sont véhéments, et j'avais l'habitude de les voir agir dans d'autres réunions européennes. Mais Hillary Clinton ne connaissait pas les usages des réunions des conseils européens.

Berlusconi regardait maintenant tout autour de lui dans la salle de l'Élysée. En entendant que Sarkozy avait déjà lancé la première vague d'attaques, il avait eu l'air d'un boxeur assommé. Les autres intervenants avaient tous déjà exprimé leur opinion en faveur de l'intervention militaire, ou en tout cas leur non-opposition. Berlusconi était isolé.

— Nous voilà ici rassemblés pour ce sommet crucial à Paris, pour essayer de décider de notre position concernant la Libye, et nous apprenons que Sarkozy a déjà envoyé des avions de guerre bombarder les troupes libyennes en route vers Benghazi, dit Berlusconi.

Il serre les poings inconsciemment en racontant ce moment amer.

Hillary Clinton essaya bien de jouer la médiation, mais il était trop tard. Berlusconi était furieux. Il expliqua à Hillary Clinton et aux autres responsables présents à Paris que Kadhafi était peut-être un dictateur, mais qu'il était le seul capable de maintenir la cohésion du pays. Il ajouta que l'Italie tiendrait son rôle.

— J'étais ouvertement opposé à Sarkozy, se souvient Berlusconi.

Et pour une fois, il ne sourit pas.

Des années plus tard, Berlusconi soutiendrait que Sarkozy s'était précipité pour reconnaître le gouvernement d'opposition et avait fait pression pour faire campagne contre le colonel « afin de pouvoir continuer à favoriser les intérêts commerciaux français et parce qu'il était jaloux de mes excellents rapports avec Kadhafi. Il se rendait compte qu'il ne pourrait jamais me concurrencer pour de nouveaux contrats pétroliers et gazeux en raison de mon amitié avec le colonel ».

Demandez à Berlusconi de résumer les conséquences de la précipitation du président français à renverser Kadhafi, et il vous dira encore que c'était une erreur, que la Libye serait restée plus stable avec un dirigeant à poigne comme Kadhafi, et que toute l'affaire était un fiasco. Elle n'avait amené que du sang, de la souffrance, et elle avait ouvert la voie à l'émergence d'Al-Qaïda, de Daech ainsi que d'autres groupes terroristes en Libye.

Mais Berlusconi n'a pas du tout envie de parler de ce qui est peut-être la rumeur la plus controversée concernant les relations entre Mouammar Kadhafi et Nicolas Sarkozy : à savoir que ce serait un agent des services secrets français habilité à tuer qui aurait participé à l'assassinat du dictateur déchu. C'est ce que prétend tout du moins la presse française : que le tueur de Kadhafi avait été envoyé par l'équivalent français de la CIA, et que son supérieur était bel et bien le président français.

Les images d'un Kadhafi ensanglanté et effrayé furent diffusées dans le monde entier le 20 octobre 2011 depuis sa ville natale de Syrte. Après avoir été mitraillé par des avions de combat, Kadhafi s'était caché dans un caniveau d'où il fut extrait à l'aube.

— Je ne veux pas mourir comme Saddam Hussein, avait-il dit à Berlusconi plus de sept ans auparavant.

Une vidéo amateur prise ce matin-là montre un Kadhafi hébété et blessé, extrait du coffre d'une voiture et tiré par les cheveux.

— Gardez-le vivant ! Gardez-le vivant ! crie quelqu'un.

Kadhafi sort du cadre et on entend des coups de feu.

À Paris, Sarkozy semble plutôt se réjouir de la mort de Kadhafi. Berlusconi, en revanche, considère qu'il a perdu un ami. Il répète que l'homme était peut-être un dictateur, mais qu'un Kadhafi domestiqué était tout de même préférable au chaos et à l'anarchie qui règnent aujourd'hui dans une Libye encombrée de milices tribales ainsi que de terroristes d'Al-Qaïda et de Daech.

La réaction d'Hillary Clinton à la nouvelle de la mort du colonel a été sujette à controverse. Elle se préparait à une interview pour la chaîne CBS à Kaboul ce jour-là, lorsqu'un de ses conseillers lui tendit un Blackberry annonçant la nouvelle : Kadhafi avait été tué. Hillary Clinton réagit par un gloussement surprenant.

— Nous sommes venus, nous avons vu, il est mort, plaisanta-t-elle à la lecture de la nouvelle, devant un parterre de journalistes de télévision.

Puis elle rejeta la tête en arrière en éclatant de rire.

Sarkozy a toujours nié avoir donné l'ordre de faire tuer Kadhafi, et l'affaire fut vite enterrée. Mais en mars 2012, juste quelques semaines avant l'élection présidentielle qu'il allait perdre au profit de François Hollande, le président en campagne allait une fois de plus devoir faire face aux accusations d'avoir reçu des donations secrètes de Kadhafi lors de sa première campagne présidentielle, en 2007. Des documents furent publiés en ligne et transmis à un juge d'instruction. Ils tendaient à prouver que cinquante millions avaient été blanchis par la Libye pour financer la machine de campagne, par l'intermédiaire de banques à Panama et en Suisse. Sarkozy ne cesserait de nier ces allégations, mais elles devaient continuer à le poursuivre pendant des années. Pour ses adversaires, le fantôme de Kadhafi accompagne toujours Nicolas Sarkozy.

Les relations, exécrables, entre Sarkozy et Berlusconi n'allaient pas non plus s'arranger. Les deux hommes ne cachaient plus désormais leur antipathie mutuelle. On pourrait même dire qu'ils se répugnaient. Quelques semaines s'étaient à peine écoulées qu'ils s'empoignaient à nouveau lors d'un sommet européen. Cette fois à propos d'autre chose. Et cela n'allait cesser de se produire à chaque réunion jusqu'à la fin 2011, jusqu'à ce que, finalement, en automne, et si l'on en croit ses pairs, Sarkozy fît partie d'un petit groupe d'officiels européens qui allait pousser la Maison-Blanche à comploter pour éliminer Berlusconi du pouvoir.

L'histoire d'un agent secret français, ayant ordre de Sarkozy d'éliminer Kadhafi, est peut-être un excellent élément pour les adeptes de la théorie de la conspiration. Mais l'existence d'un complot pour faire tomber Berlusconi, curieusement, s'est révélée exacte. Une véritable intrigue à l'ancienne.

- 11 -

L'intrigue internationale

— Sarkozy ? Il était d'une hostilité incroyable à mon égard.

Silvio Berlusconi est assis sur son canapé préféré, dans le salon qui jouxte la salle à manger de la Villa San Martino. Il secoue la tête d'un air désolé pour exprimer son dégoût. Il récapitule ses derniers mois en tant que président du Conseil avant la remise de sa démission à l'automne 2011. L'air est lourd quand il évoque la trahison et les coups fourrés ayant émaillé les journées tumultueuses de la crise de la zone euro.

— Je n'oublierai jamais ce que m'a fait Sarkozy, précise un Berlusconi au visage empreint de tristesse. Nous étions fin octobre et nous allions démarrer un sommet à Bruxelles pour parler de la crise de la zone euro lorsque tout a commencé.

L'ancien président du Conseil est encore hérissé de colère au souvenir de ce qui s'est passé.

— Sarkozy, se souvient-il, sortait d'une des antichambres où nous nous étions rassemblés avant l'ouverture formelle de la réunion. Bien que nous ayons nos désaccords, je m'approche de lui pour le saluer et je dis « Ciao Nicola ! » de façon très amicale, comme je le suis toujours. Je lui tends la main. Il me fixe et refuse de me serrer la main. Mais ce n'est pas tout ! Il repousse brutalement mon bras.

Le politicien milliardaire mime le geste de quelqu'un repoussant une poignée de main, et son visage exprime à la fois incrédulité et dérision. Et maintenant Berlusconi se lâche.

— Je me suis dit : « Quel crétin ! » Quelle arrogance ! Personne ne s'est jamais comporté comme ça avec moi. Sarkozy est la seule personne qui ait jamais refusé de me serrer la main, raconte un Berlusconi hargneux. Comme si cela ne suffisait pas, quelques heures plus tard un collaborateur me dit que Sarkozy raconte partout aux autres chefs d'État qu'il ne serrera plus jamais la main de Berlusconi. C'était délirant. Je ne sais pas s'il a vraiment fait le tour des responsables politiques pour leur dire cela, mais je ne suis pas près d'oublier cette scène où je m'approche de lui pour lui serrer la main et où il se tourne ostensiblement pour m'éviter.

Dire que Berlusconi et Sarkozy n'étaient pas en bons termes serait un euphémisme. Depuis le tollé provoqué par l'attaque aérienne prématurée de la Libye par Sarkozy, les deux hommes étaient à couteaux tirés.

À la fin d'avril 2011, un mois après leurs échanges acrimonieux devant Hillary Clinton, le président français et le milliardaire italien allaient se retrouver lors d'un sommet bilatéral franco-italien à Rome. La réunion fut catastrophique. En fait, les deux responsables devaient chacun faire face à des difficultés intérieures. Sarkozy était au plus bas dans les sondages en France. Sa stratégie risquée et son rôle de chef de la coalition en Libye n'étaient pas très appréciés du peuple français. Comme Berlusconi, il était l'objet de plusieurs enquêtes judiciaires. Les juges d'instruction s'intéressaient de près à des allégations embarrassantes concernant des sommes d'argent remises à des responsables de sa campagne électorale par Liliane Bettencourt, l'héritière L'Oréal, la femme la plus riche de France. Après les accusations lancées par le fils de Kadhafi concernant le financement par la Libye de la campagne présidentielle de 2007, l'affaire Bettencourt n'arrangeait rien.

Berlusconi, quant à lui, avait ses propres ennuis. Il venait tout juste d'échapper à une tentative de renversement de son gouvernement. Il était en conflit ouvert avec un de ses alliés politiques essentiels, un ancien fasciste devenu président de la Chambre des députés italienne. Pire encore, une enquête venait d'être ouverte sur ses supposés démêlés sexuels. Il aurait eu des rapports sexuels avec une prostituée mineure. Le scandale *bunga-bunga* occupait tous les médias, et les journalistes étaient trop contents de tourner le politicien milliardaire en dérision. Les unes des quotidiens, du *New York Times* au *Monde*, étalaient ses aventures avec Ruby la Voleuse de cœur. Un véritable harem de femmes aurait soi-disant été à la disposition de Berlusconi à Arcore. Le milliardaire de l'audiovisuel était furieux. Il avait récemment pris la parole à la télévision pour affirmer à un public italien sidéré :

— Je n'ai jamais payé pour avoir des rapports sexuels avec des femmes !

Des interventions qui rappelaient celles de Bill Clinton, mais dans le style italien.

En avril 2011, Sarkozy et Berlusconi étaient tous les deux impliqués dans de multiples scandales. Les relations entre les deux hommes étaient toujours désastreuses. Ils n'étaient pas parvenus à surmonter leurs désaccords à propos de la guerre contre Kadhafi. La Libye restait le point de litige. Mais ce n'était pas tout. Le 26 avril, le président français entra en fulminant dans la salle du Sommet de Rome. Il commença immédiatement à s'en prendre à Berlusconi, parlant de plus en plus fort, puis en criant. Il se plaignait des articles défavorables publiés dans la presse italienne. Il attaquait en particulier un magazine dont l'article le décrivait en conquérant de la Libye. La couverture de ce journal appartenant au groupe Berlusconi le montrait tout fringant, costumé en Napoléon.

Pendant ce temps-là, Berlusconi, lui, se plaignait auprès de Sarkozy des milliers de migrants venus de Libye, qui traversaient tant bien que mal la Méditerranée pour échouer sur les côtes italiennes, nombreux étaient les morts. Le Français voulait que l'Italien renforce son soutien à l'action militaire en Libye. Il demandait que les avions de combat italiens contribuent aux opérations contre Kadhafi. Berlusconi pensait toujours qu'une guerre contre le colonel était une énorme erreur, qu'elle ne ferait que créer instabilité et chaos dans le pays. Pourtant, il accepta que les avions italiens se joignent aux bombardiers de l'OTAN. En échange, il obtint la coopération de Sarkozy dans la crise des migrants. Il restait cependant toujours un point de désaccord. Le président du Conseil Berlusconi voulait l'appui du Français dans la nomination d'un Italien comme président de la Banque centrale européenne (BCE). Et son candidat était le très respecté Mario Draghi. Sarkozy confirma à Berlusconi qu'il le soutiendrait, mais à la seule condition que l'autre membre italien du conseil d'administration de la banque démissionne pour laisser la place à un Français. Après tout, l'homme que Mario Draghi allait remplacer à la tête de la BCE était Jean-Claude Trichet, le très français ancien gouverneur de la Banque de France. L'Italien sur la sellette était un certain Lorenzo Bini Smaghi. Berlusconi promit d'obtenir le départ de Bini Smaghi, persuadé qu'il y parviendrait sans difficulté.

Est-ce un synchronisme ? Est-ce le sens du moment inné de Berlusconi ? Est-ce une vengeance après l'affaire libyenne ? Toujours est-il qu'au Sommet de Rome, en ce mois d'avril, le président du Conseil italien ne peut résister à raconter une anecdote malvenue à son interlocuteur, le président de la République française. Cette plaisanterie rappelle à la fois le sujet brûlant de Kadhafi et les allégations de scandale sexuel touchant Berlusconi dans les tribunaux et les médias. Il raconte son histoire favorite sur les prétendues origines libyennes de l'expression *bunga-bunga*. Comme d'habitude, il affiche un large sourire. Du Berlusconi typique. Mais la plaisanterie ne fait pas rire Sarkozy, qui paraît même embarrassé. Sa ministre de l'Économie et des Finances, Christine Lagarde, détourne le regard en entendant le truculent milliardaire.

Deux semaines plus tard, il était clair qu'un nouveau problème divisait une fois de plus la France et l'Italie. Bini Smaghi refusait de démissionner. L'idée de nommer Mario Draghi à la tête de la BCE enchantait pourtant tout le monde, en Europe comme à Wall Street. Mais l'autre Italien membre du conseil d'administration, un aristocrate à l'attitude distante, déclara soudain qu'il n'avait aucune intention de partir. La presse en déduisit qu'il tergiversait pour obtenir un lot de consolation, peut-être une nomination en tant que gouverneur de la Banque d'Italie, le poste que Draghi laissait vacant. Mais Bini Smaghi tenait bon, et Nicolas Sarkozy était une fois de plus furieux. Il traversait une période chaotique en France.

Deux semaines après sa rencontre avec Berlusconi à Rome, le président français envoya Christine Lagarde, la ministre à la chevelure blanche, en première ligne. La France voulait absolument un siège à la BCE. Bini Smaghi devait partir. Berlusconi semblait incapable de pousser le têtu Smaghi à la démission. Sarkozy demanda à Christine Lagarde de monter au créneau. Elle n'allait pas hésiter.

La ministre française révéla à la presse les promesses de Berlusconi de résoudre la question Smaghi, citant une remarque qu'il avait faite durant le Sommet de Rome, deux semaines auparavant.

— À cette occasion, dit Christine Lagarde, nous avons évoqué la participation française au conseil d'administration, en remplacement d'un Italien. Il n'est pas logique qu'un pays dispose de deux sièges.

Au cas où personne ne l'aurait compris, Christine Lagarde insistait.

— Il serait logique, déclara-t-elle, qu'un des deux Italiens membres du conseil, et certainement pas le nouveau président, quitte son poste avec élégance.

Malgré cette suggestion très insistante, Berlusconi avait en face de lui un Bini Smaghi récalcitrant, qui refusait de partir avant plusieurs mois, et seulement quand Draghi aurait pris la présidence de la BCE. L'affaire Bini Smaghi ne faisait qu'élargir le fossé ouvert par l'antagonisme sur la Libye entre l'Italie et la France. Elle devint une source d'irritation et de colère pour Sarkozy à l'égard du président du Conseil italien au cours des mois suivants. Pour sa défense, Bini Smaghi, fier et imbu de lui-même, affirmait qu'il ne démissionnait pas parce qu'il voulait marquer que, par principe, les membres du conseil de la BCE étaient indépendants.

— Si un membre italien du conseil de la BCE démissionne simplement parce que le chef du gouvernement de son pays le lui demande, cela suggère que les Italiens de la BCE ne sont pas indépendants, allait déclarer Bini Smaghi par la suite.

Berlusconi voit les choses différemment.

— J'avais persuadé Sarkozy d'accepter Draghi lorsqu'il était venu me voir au printemps, à Rome. Il n'y voyait pas d'objection du moment que Bini Smaghi quittait immédiatement son poste à la BCE. J'étais d'accord. Je lui dis : « Bien entendu, c'est normal. » Il était évident que l'Italie ne pouvait pas avoir deux sièges au conseil d'administration. Mais suite à cela, Bini Smaghi est venu me voir. Il n'avait cessé de déclarer que son poste était indépendant et qu'on ne pouvait pas l'obliger à démissionner. Lorsqu'il vint me voir, il m'affirma qu'il partirait volontiers si seulement on le nommait gouverneur de la Banque d'Italie. J'ai tout de suite décidé de ne pas le faire, parce que c'eût été céder à un chantage. Je lui ai dit : « Vous rendez-vous compte que vous aller briser l'amitié entre la France et l'Italie ? Calmez-vous donc et nous trouverons une solution qui vous conviendra. » Eh bien, non. Bini Smaghi s'est comporté de manière éhontée. Quant à la réaction de Sarkozy, elle a été disproportionnée, c'est le moins qu'on puisse dire, conclut Berlusconi en secouant la tête.

Le différent à propos de la nomination à la BCE ne fut qu'un des multiples facteurs ayant contribué à secouer les marchés financiers en ce mois de mai 2011. La cote des États-Unis par les agences de notation allait être abaissée pour la première fois. L'économie française était en berne. La crise de la dette grecque s'aggravait, et l'on évoquait déjà la possibilité de voir Athènes sortir de la zone euro. La dette italienne était au plus haut. On évoquait la baisse de la notation de la dette italienne dans la crainte que la crise grecque ne s'étende et ne provoque un effet domino. Les nuages s'amoncelaient sur le ciel européen. Une tempête sans précédent allait s'abattre sur les marchés financiers mondiaux.

Pendant ce temps, en Italie, une succession de détails sordides émergeait de l'enquête sur les *bunga-bunga*. Berlusconi était ridiculisé, non seulement dans les médias, mais aussi dans toutes les chancelleries d'Europe. Il ne plaidait pas sa cause en lançant à tout-va des plaisanteries sexistes à propos des *bunga-bunga* lors de ses apparitions publiques.

Au même moment, à Paris, Nicolas Sarkozy et Christine Lagarde devaient faire face à un nouveau scandale.

Le 11 mai, la ministre de l'Économie et des Finances fut entendue par les juges d'instruction à propos de l'affaire Tapie. Le scandale impliquait le rôle d'une banque, des politiciens proches de Sarkozy, et datait de la vente d'Adidas par Bernard Tapie au Crédit Lyonnais. Le milliardaire français avait prétendument soutenu Sarkozy lors de l'élection présidentielle de 2007. Les allégations contre Christine Lagarde étaient graves. En tant que ministre, elle serait intervenue pour qu'une commission d'arbitrage accorde à Tapie deux cent quatre-vingt-cinq millions d'euros de dédommagements.

À Paris, la Cour de justice de la République, saisie par des députés socialistes, recommanda l'ouverture d'une enquête sur le rôle de Christine Lagarde, expliquant qu'il « existait plusieurs raisons de douter de la régularité et même de la légalité » de l'accord, qui pourrait constituer « un abus d'autorité ».

La ministre dénonça l'enquête comme une tentative de salir son nom. Elle affirma dans une interview accordée au *Figaro* :

— C'est une tentative pour me salir, et elle ajouta : « Je suis plus calme que je ne l'ai jamais été. »

Elle termina en disant qu'elle avait « le soutien total du gouvernement ». Ce « soutien total du gouvernement » ne pouvait signifier qu'une chose : Nicolas Sarkozy était derrière elle. Un ancien magistrat prétend que Christine

Lagarde avait reçu « des instructions » directement de l'Élysée concernant l'affaire Tapie. Des hommes politiques évoquaient l'amitié de Tapie et de Sarkozy.

Daniel Cohn-Bendit, le légendaire héros de Mai 68, devenu membre du parti Écologie-Les Verts, affirma à la télévision :

— Tout ce que je sais, c'est que la décision de Christine Lagarde a été poussée par Nicolas Sarkozy. C'est la responsabilité de Sarkozy et son amitié avec Bernard Tapie qui sont en jeu ici.

La compagne d'alors de François Hollande n'avait pas non plus de doutes. Ségolène Royal déclara que Christine Lagarde n'avait pas pu prendre seule une décision à propos de l'affaire Tapie. Elle prétendait que la ministre était « sans aucun doute la victime des ordres de Sarkozy ».

Cependant, en mai 2011, les déboires de Christine Lagarde ne constituaient pas le seul souci du président français. Il cherchait à remonter dans les sondages avant la prochaine élection présidentielle. La présidence de la France aux deux plus grands sommets mondiaux de 2011, le G8 et le G11, lui paraissait une issue miraculeuse pour revenir dans le jeu. Et il avait bien l'intention d'utiliser au mieux sa tribune de star sur la scène mondiale. Le premier sommet devait se tenir en mai à Deauville. La tenue, à Cannes, du sommet du G20, un peu plus tard dans l'année, se devait d'être spectaculaire. Le président avait de grandes ambitions. Il fallait qu'il rayonne.

Après leurs disputes concernant la Libye en mars, puis les différends à propos des nominations à la BCE en avril, le sommet de Deauville aurait pu être le bon moment pour une réconciliation entre Berlusconi et Sarkozy. Il n'en fut rien. Le comportement agressif du chef de l'État français dans la direction des opérations en Libye ne passait pas. La question d'un siège français au conseil d'administration de la BCE n'était pas résolue. Devant les caméras des chaînes de télévision, tout paraissait aller au mieux. Lors des conférences de presse, Berlusconi semblait sourire aux plaisanteries de Sarkozy, assis à côté de lui. Mais certains ressentiments sont difficiles à masquer.

L'affront de Carla Bruni

Lors de la soirée d'ouverture du sommet du G8, l'ancien top model Carla Bruni et son nouveau mari Nicolas Sarkozy accueillirent leurs invités au Cirro's, le très chic restaurant situé sur les planches de la station balnéaire. L'épouse du président français, mannequin, actrice, chanteuse, jouait maintenant depuis trois ans le rôle star de « Première dame ». Elle semblait partager la passion de son mari pour les projecteurs. Arrivée justement d'une visite éclair à Cannes pour la projection du dernier film de Woody Allen, *Minuit à Paris*, dans lequel elle faisait une courte apparition, elle était étincelante. Carla Bruni se préparait aussi à lancer son nouvel album, dans lequel figurait une chanson d'amour à l'adresse de Nicolas Sarkozy, qui n'allait pas trop plairc au public français. Et la chanteuse était enceinte. Bien qu'elle soit restée discrète sur le fait qu'elle attendait un enfant de Sarkozy, sa situation était plus qu'apparente sous la robe noire assez large qu'elle portait. Carla restait pourtant une très élégante Première dame au côté de son mari président pour accueillir les invités de ce dîner de gala.

Barack Obama arriva parmi les premiers au restaurant. Sarkozy était rayonnant lorsque Carla Bruni l'embrassa avec chaleur sur la joue avant de le serrer amicalement dans les bras. David Cameron reçut deux bises, comme Angela Merkel et Dimitri Medvedev, le président russe.

Tous les chefs d'État eurent droit aux bises et à l'accolade de Carla, sauf Silvio Berlusconi. Les images de cette soirée à Deauville montrent un sourire poli sur le visage de l'épouse du président français, et un Sarkozy plutôt mal à l'aise. Elle serre la main de Berlusconi, c'est tout. En fait, elle semble construire un mur imaginaire autour d'elle, une sorte de champ magnétique de protection anti-Berlusconi. Elle accueille le milliardaire italien en gardant ses distances.

Il faut savoir que Carla Bruni n'aime pas Berlusconi depuis longtemps. Elle était à l'Élysée depuis moins d'un an quand elle lança sa première attaque publique contre le magnat de l'audiovisuel. C'était en novembre 2008. Barack Obama venait juste d'être élu président. Berlusconi avait fait une de ses gaffes habituelles. Concernant le nouvel occupant de la Maison-Blanche, la plaisanterie se révélait plutôt offensante car elle avait des relents racistes.

— Le nouveau président américain, avait plaisanté Berlusconi lors d'une conférence de presse à Moscou, est jeune, beau et toujours bronzé.

Suite à l'avalanche de critiques, le politicien italien avait affirmé que « c'était avant tout un compliment » et qu'il avait voulu mettre une touche d'humour. Il est fort probable qu'il était sincère en donnant son explication. Il se croyait certainement drôle. Mais personne n'avait apprécié sa forme d'humour, sa remarque avait déclenché une tempête de reproches.

Carla Bruni, en tant que Première dame, n'était pas supposée se permettre des attaques personnelles contre les chefs de gouvernement des autres pays européens. Mais elle avait oublié la diplomatie et critiqué ouvertement Berlusconi en public.

— Quand j'entends Silvio Berlusconi plaisanter sur le fait qu'Obama est « toujours bronzé », cela me paraît étrange, déclara-t-elle devant la presse française.

Elle ajouta qu'elle était contente d'être devenue citoyenne française et d'avoir abandonné sa nationalité d'origine. Les Italiens le prirent mal, y compris ceux qui s'opposaient à Berlusconi. Un ancien président italien annonça qu'il était content que Carla Bruni ne soit plus citoyenne italienne et ajouta que « la France pouvait la garder ». La presse italienne monta en épingle le fait que Carla soutienne un ancien terroriste des Brigades rouges qui, depuis des années, était réfugié en France bien qu'un mandat d'arrêt de la justice italienne ait été émis contre lui pour plusieurs meurtres.

Carla Bruni fut l'objet d'une autre gaffe de Berlusconi quelques mois plus tard, lors d'un autre sommet, au début de 2009. Il chuchota à l'oreille de Sarkozy qu'il lui avait « donné » sa femme – d'origine italienne. C'était censé être une plaisanterie sur les origines transalpines de Mme Sarkozy, mais une fois de plus la touche d'humour tomba à plat. Lorsque les médias français eurent vent de la plaisanterie, ils décernèrent à Berlusconi « l'Oscar de la vulgarité ». Cette fois, sur les écrans, Sarkozy sembla visiblement faire la grimace.

Avec un tel arriéré, il n'était pas surprenant que Carla Bruni n'embrasse pas Berlusconi quand il fit son entrée dans le restaurant de Deauville. La Première dame regardait Berlusconi avec dédain, et son attitude n'était pas près de changer. Mais le sentiment était probablement réciproque.

— Sarkozy était d'une hostilité incroyable envers moi, et pour plusieurs raisons, se souvient le magnat italien. L'une d'elles était qu'il était obsédé par l'argent, il enviait ceux qui étaient fortunés. Il était jaloux, parce que j'étais riche et lui non.

Berlusconi ne peut s'empêcher de rire au souvenir de sa rencontre avec Sarkozy peu après son mariage avec Carla Bruni.

— Après son mariage, Sarkozy me dit : « Tu vois Silvio ! Maintenant, je suis riche. Comme toi ! »

Berlusconi s'esclaffe.

Ennuyer Obama

Et le fait est qu'à Deauville, lors du sommet du G8, Silvio Berlusconi ne se montra pas d'une diplomatie et d'une élégance irréprochables. Pour Barack Obama, le président du Conseil italien donna l'impression lors de cette réunion du G8 d'être une énigme. Le Président américain resta perplexe, et même étonné par les facéties de Berlusconi.

Lors de la première session du Sommet, alors que tous les chefs d'État étaient assis autour de la table, photographes et cameramen encore dans la salle, Obama sembla vraiment dérouté quand Berlusconi se glissa furtivement derrière lui, donna quelque chose en chuchotant à un opérateur vidéo italien, puis s'approcha du Président américain. Le magnat italien posa une main sur son épaule et lui parla :

— Comment allez-vous ? demanda poliment Obama.

— Très bien, merci, répondit Berlusconi.

Puis il embraya sur ses déboires avec les procureurs italiens devant un Obama surpris. Le Président américain se leva pour faire face à l'Italien, et un interprète fut immédiatement mis à leur disposition. Berlusconi parlait. Pendant deux minutes, alors qu'Angela Merkel et Nicolas Sarkozy regardaient, sidérés, de l'autre côté de la table, le milliardaire se plaignait auprès d'Obama de « la dictature des juges de gauche » en Italie. Il expliquait pourquoi il voulait réformer le système judiciaire de son pays. Le Président américain écoutait très poliment, mais à l'autre bout de la table, la chancelière allemande paraissait impatiente et irritée tandis que Nicolas Sarkozy se renfrognait. Qu'y avait-il donc de si important pour que le président du Conseil italien enfreigne le protocole et mette en scène une mini-conversation bilatérale avec le Président américain ? Enfin, Sarkozy demanda l'ouverture de la réunion, et Berlusconi mit fin à sa petite diatribe.

Pendant ce sommet du G8, le président français avait sa fidèle ministre de l'Économie et des Finances, Christine Lagarde, à ses côtés. Elle était encore en fonction, mais la veille, avec l'assentiment de Sarkozy, elle avait annoncé sa candidature comme directrice du Fonds monétaire international (FMI) à Washington. C'était la conséquence de la démission du précédent directeur, Dominique Strauss-Kahn (DSK), qui se trouvait en prison à New York. Le socialiste Strauss-Kahn était le seul opposant sérieux à Sarkozy pour l'élection présidentielle à venir. Il se trouvait dans une situation digne d'un drame de Shakespeare, soupçonné d'avoir abusé sexuellement d'une femme de chambre de l'hôtel dans lequel il résidait. Les amateurs de conspiration étaient persuadés que le pouvoir en place avait monté ce piège contre un opposant sérieux. Cependant, cette accusation, tout comme l'allégation du financement par Kadhafi de la campagne présidentielle de Sarkozy en 2007, n'était pas prouvée.

Christine Lagarde prend la direction du FMI

Malgré ses déboires judiciaires en France, Christine Lagarde était considérée par la communauté internationale comme une remplaçante irréprochable de DSK à la tête du FMI. Elle répondait à tous les critères. Féministe française universellement respectée, polyglotte, ancienne championne de natation synchronisée, avocate de talent, elle était aussi à l'aise dans les salons de Georgetown à Washington et les réceptions de Park Avenue à New York qu'à Paris. Elle avait travaillé et vécu aux États-Unis, et correspondait parfaitement, pour les dirigeants de Washington, à l'idée qu'ils se faisaient d'une patronne du FMI. Elle était même amie avec la secrétaire d'État américaine Hillary Clinton. Christine Lagarde savait user de son charme et de son élégance distinguée lors de ses fréquentes interviews par Christiane Amanpour sur CNN.

Christine Lagarde avait le talent et l'expérience pour remplacer avantageusement DSK. En France, sa nomination fut une grande victoire politique pour Sarkozy. Son rival socialiste potentiel à la présidentielle était éliminé, et son ancienne ministre de l'Économie et des Finances prenait la tête du FMI. Avec cette présence de la France dans les instances internationales, et la présidence tournante du G8 et du G20 à la France pour l'année, Nicolas Sarkozy allait peut-être montrer tout son potentiel et devenir le véritable leader de l'Europe. Comme Hillary Clinton le remarquait, il désirait ardemment être « l'homme au centre de l'action ». Pour tous ceux qui l'approchèrent cette année-là, il était évident que le président français visait haut. Sarkozy voulait être l'homme qui repousserait les manœuvres des spéculateurs sur les marchés financiers, celui qui ferait conserver son triple A des agences de notation à la France. Il résoudrait par la même occasion la crise de la dette grecque, sauverait l'euro, mènerait la guerre contre Kadhafi, soutiendrait le Printemps arabe… et serait donc réélu en 2012. D'après un chef de gouvernement européen qui le rencontra plus d'une douzaine de fois pendant cette période, Sarkozy « était saoul d'ambition et de pouvoir. Il se voyait comme la star du jeu mondial ». Pendant toute cette année, ajoute ce responsable politique européen, Sarkozy fonctionnait en surrégime :

— Il subjuguait tout le monde, il brutalisait ses interlocuteurs, et il donnait les ordres.

En juin, la crise de la zone euro atteignit le niveau d'alerte maximal. La Maison-Blanche redoutait l'effondrement de la monnaie européenne. Un nouveau financement de cent dix à cent vingt milliards d'euros fut mis sur pied par les Européens et le FMI. Les Portugais venaient de recevoir un prêt de soixante-dix-huit milliards. L'Irlande aussi. Le *Financial Times* avait trouvé un acronyme, les « Piigs » – les cochons –, pour désigner les pays de la Communauté européenne qui pouvaient être l'objet d'attaques spéculatives des marchés : Portugal, Irlande, Italie, Grèce, Espagne – des pays alors à risque. À la fin du mois de juin, lors d'un autre sommet européen, Berlusconi et Sarkozy allaient de nouveau s'affronter. Le président du Conseil italien n'avait toujours pas pu honorer sa promesse de forcer Bini Smaghi à démissionner de la BCE, ce qui n'avait pas empêché les pays européens de nommer Mario Draghi à la tête de l'institution financière. Mais à Washington, la nomination de Christine Lagarde comme directrice du FMI avait été approuvée. Sarkozy déclara immédiatement que c'était « une victoire pour la France ».

Le FMI, hérité par Christine Lagarde de Dominique Strauss-Kahn, prêchait maintenant l'austérité pour les pays européens touchés par la crise financière. En ce mois de juin, la Grèce dut s'imposer de nouvelles mesures d'austérité au risque, si elle ne le faisait pas, de ne plus recevoir de prêt. Pendant que la crise se développait, les spéculateurs commencèrent à évoquer les risques de contagion, et ils se mirent à vendre des obligations italiennes – ce qui fit grimper immédiatement les taux d'intérêt, avec pour conséquence une augmentation des coûts d'emprunt pour le gouvernement de Berlusconi.

Le milliardaire de l'audiovisuel devait faire face à une coalition vindicative avec un gouvernement affaibli par des conflits internes. Berlusconi et son ministre des Finances s'adressaient à peine la parole. L'opposition attaquait quotidiennement Berlusconi. Il devait aussi subir des allégations de plus en plus nombreuses à propos du scandale *bunga-bunga.* Il restait néanmoins le président du Conseil en place, élu légalement chef du gouvernement. Affaibli, mais toujours en charge.

Intrigues à Rome

À ce moment-là, au milieu de l'année 2011, il était encore trop tôt pour parler d'une machination internationale pour faire tomber le gouvernement italien. La vague arriverait plus tard, après l'été. Mais il était évident que des forces puissantes dans le pays œuvraient déjà au remplacement de Berlusconi. C'est au cours de ce mois fatal de juin 2011 qu'une série d'événements furent déclenchés à Rome et à Milan, qui allaient changer le cours de la politique italienne. L'habile président de la République italienne prit contact secrètement avec l'homme qui allait remplacer Berlusconi en tant que président du Conseil, un ancien commissaire européen aux manières policées nommé Mario Monti.

Monti était l'incarnation même du technocrate. Économiste ambitieux, il avait gravi tous les échelons, venant de l'université de Turin, pour devenir directeur de la prestigieuse université Bocconi, une école de gestion des affaires située à Milan. Mario Monti était un arriviste dans la société milanaise. Appartenir à l'élite avait pour lui une énorme importance sociale. Son épouse, tout aussi ambitieuse, n'était pas en reste. Très vite, il obtint des postes directoriaux dans de prestigieux conseils d'administrations de banques et d'entreprises comme Fiat et la Banca Commerciale Italiana. En 1994, Berlusconi allait le nommer à la Commission européenne. Il acquit le surnom de « Super Mario » au titre de commissaire à la concurrence, en s'attaquant à Microsoft. Il réussit à faire payer à Bill Gates une amende de cinq cents millions d'euros pour pratiques monopolistiques en Europe.

En 2011, Monti était de retour à l'université Bocconi de Milan, cette fois en tant que président de l'école de gestion des affaires. C'est alors que le président de la République italienne, Giorgio Napolitano, le contacta pour savoir s'il serait disponible et désireux de remplacer, si nécessaire, Berlusconi. Pour Monti, c'était une proposition tentante. Il alla confier son secret à ses amis les plus hauts placés, comme l'ancien patron d'Olivetti, Carlo de Benedetti, et l'ancien président du Conseil Romano Prodi. Les deux hommes se souviennent avoir été consultés par Monti cet été-là. Ils lui dirent tous deux ce qu'il voulait entendre, à savoir que si le président de la République lui offrait le poste de président du Conseil, il n'avait d'autre choix que d'accepter, et ce le plus vite possible.

Monti resta discret sur cette proposition pendant un long moment, mais quand il en parla les membres du Parlement furent scandalisés et on entendit même des menaces de destitution du président Napolitano. L'octogénaire, ancien communiste, fut accusé d'abuser de la constitution italienne qui, selon la législation, ne lui permettait de nommer un nouveau président du Conseil qu'après la chute d'un gouvernement, si celui-ci perdait sa majorité parlementaire. L'idée d'offrir secrètement le poste de président du Conseil à une personnalité non élue, alors que Berlusconi était encore à la tête d'un gouvernement élu démocratiquement, ne semblait pas respecter l'esprit de la constitution italienne.

À cette date, ni le milliardaire au pouvoir ni le public italien n'étaient au courant de la machination. Berlusconi ne savait pas non plus que Napolitano planchait sur un plan économique de grande envergure avec le directeur général de la plus grosse banque italienne, plan qui serait appliqué par un futur gouvernement post-berlusconien. Depuis plusieurs mois, Corrado Passera, ancien consultant du cabinet conseil McKinsey, qui dirigeait le groupe Intesa Sanpaolo à Milan, avait préparé plusieurs ébauches du document, qui préconisait une « thérapie de choc » pour l'économie italienne.

Monti allait bientôt admettre les réunions secrètes. Il allait confirmer avoir été contacté par Napolitano en juin 2011 et qu'on lui avait fait miroiter le poste de président du Conseil. Il confirma aussi qu'il était au courant du document de Passera et qu'il avait discuté des dispositions du plan économique avec Napolitano.

Mais Berlusconi n'était au courant de rien. Personne non plus ne semblait rien savoir de ce projet en cet été torride de 2011.

On savait seulement que les marchés financiers perdaient confiance dans la capacité de l'Italie à supporter la crise de l'euro. Ils craignaient un effet de contagion de la crise grecque, qui commençait à rudement secouer les marchés mondiaux.

Attaque des spéculateurs

À la fin du mois de juillet, une fois le sauvetage de la Grèce accepté lors d'un autre sommet européen, on découvrit que la Deutsche Bank s'était débarrassée de 88 % de ses avoirs en obligations italiennes, passant de huit milliards d'euros à un milliard. Le coup apparaissait comme un vote de défiance à l'égard du gouvernement Berlusconi. En fait, la grande banque allemande se débarrassait de tous ses avoirs risqués dans les « Piigs », aussi bien l'Irlande que les pays fortement endettés du sud de la zone euro.

Au début du mois d'août, la tempête faisait rage sur les marchés financiers. Le différentiel entre les taux sur les obligations italiennes augmentait brutalement, alors que les fonds spéculatifs commençaient à s'intéresser aux deux mille milliards d'euros de la dette italienne, y voyant une opportunité de vente à découvert et de spéculation sur la dette. Même les lecteurs de la presse non spécialisée apprenaient tout d'un coup les nouveaux risques courus par l'Italie, l'Espagne et la Grèce. On parlait de « contagion ». Les Européens mesuraient la différence entre les taux d'intérêts des bons du trésor allemands et ceux des autres, et l'appelèrent le « différentiel ». En juin 2011, le taux d'emprunt pour l'Italie était de 1,5 % supérieur au taux pour l'Allemagne. On décrivait le phénomène comme un différentiel de cent cinquante points. Au début du mois d'août, le différentiel italien avait grimpé à cinq cents points (5 %), déclenchant l'alarme dans la zone euro.

La BCE commençait à acheter des bons du trésor italiens et espagnols pour tenter d'arrêter la survente de ces bons et montrer que ces pays ne seraient pas coupés des marchés financiers. Et à ce moment, la BCE se mit à utiliser sa puissance d'achat de bons du trésor comme une arme pointée contre le gouvernement Berlusconi.

Pendant cette période de chaos sur les marchés, Napolitano poursuivait ses discussions secrètes avec Monti.

Il évoquait les politiques économiques possibles suggérées dans le document fourni par Passera.

Le 5 août, Berlusconi dut subir une nouvelle humiliation. Le patron de la BCE, le Français Jean-Claude Trichet, envoya une lettre confidentielle à Berlusconi, pour l'Italie, et au chef du gouvernement José Luis Rodriguez Zapatero, pour l'Espagne. La lettre adressée à Berlusconi était cosignée par Mario Draghi, toujours gouverneur de la Banque d'Italie mais déjà nommé prochain patron de la BCE.

Vu du côté de Berlusconi, c'était insupportable.

La lettre était brutale. Elle demandait une action immédiate. L'Italie était supposée suivre sur-le-champ une longue liste de recommandations économiques, et mener des réformes. La plupart des points évoqués étaient pratiquement identiques à ceux que Berlusconi avaient déjà annoncés, ce qui le conduisit à penser que les auteurs masqués de ce courrier étaient ses adversaires politiques à Rome. Il suspectait son propre ministre des Finances, Giulio Tremonti. Berlusconi allait dire plus tard à ses amis qu'il pensait que la lettre avait été inspirée par Napolitano lui-même.

Les exigences adressées au président du Conseil Berlusconi comprenaient l'établissement d'un budget équilibré dans les vingt-quatre mois, une tâche qu'aucune personne sensée ne pensait réalisable.

De plus, le courrier était rédigé sur un ton autoritaire. Il donnait à Berlusconi comme date limite la fin septembre pour faire passer des lois de réformes économiques au Parlement. Trichet et Draghi terminaient la lettre par une phrase menaçante : « Nous sommes confiants que le gouvernement prendra toutes les mesures appropriées. »

Bien que le courrier ne le dise pas explicitement, il était évident que la BCE demandait à Berlusconi de suivre ses recommandations s'il voulait qu'elle rachète des bons du trésor italiens pour l'aider.

À Madrid, le président du gouvernement Zapatero ne mentionna pas la lettre et ne protesta pas. Il ne la révéla que des années plus tard. À Rome, la lettre fut transmise à la presse dans les vingt-quatre heures.

Berlusconi considère que ce courrier marquait le début d'un coup monté contre son gouvernement. Le gouverneur de la BCE en place et son successeur indiquaient sans ambages qu'ils dictaient une politique économique au président du Conseil italien. Le message était clair : faites comme nous l'exigeons, sinon la BCE cessera d'acheter des bons du trésor italiens. C'était aussi la preuve que la crise de la zone euro se propageait sur un continent dont les responsables étaient pris de court. Les bourses plongeaient et la zone euro tanguait, secouée par la tempête. Les chefs de gouvernements européens ne semblaient pas comprendre l'urgence de la situation, malgré la panique des marchés. Les appels pour un plan d'aide n'étaient pas entendus à Berlin : Angela Merkel était fermement opposée à l'augmentation des plans de secours en Europe. Sarkozy tentait de la persuader d'utiliser les fonds de la BCE pour combattre ce qui se transformait rapidement en une crise de la dette souveraine de la zone euro. La Maison-Blanche mettait son grain de sel, inquiète de constater que l'Europe n'en faisait pas assez. Les Européens pensaient avoir assez d'argent pour gérer la crise grecque, mais la situation allait toujours en empirant. Ils se réunissaient sans cesse, mais l'appel à l'austérité d'Angela Merkel semblait primer sur les autres discours. On proposait donc des solutions bancales, qui ne convenaient pas à la terrible banqueroute de la Grèce : l'Europe ne faisait pas d'annonce publique et ne tenait pas à injecter des milliards de dollars pour combler la dette. Angela Merkel voulait avant tout protéger les banques allemandes, lesquelles comptaient parmi les créditeurs les plus importants de la Grèce. Elle voulait aussi sauver l'euro, et que la Grèce retienne la leçon. Peut-être y avait-il assez d'argent dans la bourse européenne pour sauver la Grèce et venir en aide aux plus petits pays, comme le Portugal et l'Irlande. Mais, sans filet de sécurité, les Européens ne pouvaient risquer de voir les choses s'aggraver en Espagne ou en Italie.

Pendant que la crise de l'euro empirait au cours de l'été, le président de la Commission européenne, un ancien premier ministre portugais du nom de José Manuel Barroso, s'inquiétait publiquement de constater que les chefs de gouvernement des pays européens n'agissaient pas pour empêcher la crise de la dette souveraine de s'étendre. La déclaration se révéla inutile, mais c'était le signe d'une frustration générale sur le continent face à la ligne d'Angela Merkel qui prônait l'austérité avec fermeté. Sarkozy, qui avait beaucoup de problèmes avec l'économie chancelante de la France, était d'accord avec Angela Merkel. Il partageait, après tout, le rôle de star d'une Europe raisonnable avec la chancelière allemande. Mais le discours d'Angela Merkel et son attitude doctorale face à la Grèce ne feraient qu'empirer la crise européenne, et condamner l'Europe à des années d'incertitude et de divisions politiques et économiques.

Angela Merkel et Sarkozy trébuchent ensemble

Le 16 août, la chancelière allemande rejoignit le président français à Paris pour une autre réunion sur la crise de l'euro. Cette fois, ils n'étaient que tous les deux, pour une conversation de deux heures à l'Élysée. Les marchés mondiaux étaient aux aguets, espérant que Merkel et Sarkozy allaient finalement accepter qu'un fonds d'aide plus important était nécessaire pour sauver la zone euro. Mais il n'en fut rien.

Angela Merkel avait une conception « prussienne » de la discipline, et elle refusa l'accroissement du fonds de stabilisation. Les marchés étaient exaspérés et les bourses plongèrent à nouveau lorsque les deux chefs d'État sortirent de leur réunion. Ils déclarèrent leur « volonté absolue de défendre l'euro », mais refusèrent de soutenir la monnaie en difficulté avec des moyens adéquats. Il était évident que la gouvernance de l'Europe n'était pas parvenue à surmonter la crise par le haut.

Au lieu de prendre des mesures concrètes, Angela Merkel et Nicolas Sarkozy exposèrent un plan ambitieux pour une intégration plus forte des pays de la zone euro. Ils proposèrent un nouveau gouvernement économique de l'Europe. Ils prônèrent la nécessité de mesures d'austérité et mirent en garde leurs partenaires : le non-respect des règlements européens et des objectifs fiscaux ne serait plus toléré. Ils prônaient l'amour vache. Leur proposition la plus audacieuse fut peut-être de demander aux dix-sept pays de la zone euro d'adopter le plus rapidement possible un amendement à leur constitution rendant obligatoire un budget équilibré. Ce serait une nouvelle « règle d'or » qui rapprocherait tous les membres de l'Union européenne.

Berlusconi eut du mal à mettre en place des mesures d'austérité, mais il promit de suivre la nouvelle règle d'or. Son gouvernement de coalition était divisé et traînait les pieds. À l'autre bout de Rome, au Quirinale, le président Napolitano poursuivait ses entretiens secrets avec Monti et Passera.

À la mi-septembre, en un temps record, l'Italie et l'Espagne modifièrent leurs constitutions pour y inclure l'obligation de budget équilibré. Cependant, le libellé du texte, dans la parfaite tradition italienne, allait laisser une marge d'interprétation.

Berlusconi faisait face à de nombreuses manifestations dans les rues de Rome, en protestation contre les mesures d'austérité exigées par Angela Merkel et la BCE. La situation grecque se détériorait, et les bons du trésor italiens étaient à nouveau victimes des spéculateurs. Au milieu du mois, alors que sa cote était abaissée par les agences de notation, de nouvelles attaques se produisirent sur les marchés. Le FMI annonça que l'économie mondiale était entrée « dans une nouvelle phase dangereuse » de croissance nettement diminuée. Le facteur clé de l'instabilité des marchés était la perception que l'Europe réagissait mollement à la crise.

Merkel et Sarkozy semblaient traîner les pieds et paraissaient dans l'incapacité de prendre des mesures drastiques.

L'économiste en chef du FMI se montrait de plus en plus désespéré lors de ses interventions publiques.

— L'impression générale est que les décideurs politiques ont un train de retard. L'Europe doit se ressaisir, affirmait Olivier Blanchard.

Tim Geithner, le secrétaire d'État au Trésor américain, se joignit à ceux qui imploraient Merkel et Sarkozy d'agir rapidement et de montrer qu'ils avaient une véritable stratégie pour gérer la crise de l'euro. Il demanda aux Européens de créer un « mur pare-feu » de fonds de secours. Il les avertit qu'ils ne devaient pas attendre « que la crise s'accentue ». La Maison-Blanche fit savoir que le Président Obama préconisait lui aussi un mur pare-feu. Mais Angela Merkel faisait la sourde oreille.

Loin de tenir la barre du bateau Europe au beau milieu de la tempête, elle semblait avoir échoué sur son rocher de certitudes et continuait à prôner austérité et discipline. Nicolas Sarkozy, de son côté, essayait toujours de démontrer sa capacité à diriger, ou du moins à codiriger, l'Europe. Il n'était pas toujours d'accord avec la chancelière allemande et supportait mal le fait qu'elle remporte à chaque fois la partie. Le président français n'acceptait pas de rester le partenaire minoritaire d'Angela Merkel, mais il semblait apprécier de se pavaner dans la lumière des projecteurs. Pour lui, il fallait à tout prix conserver une visibilité. Il s'agissait d'être présent devant les caméras, à côté de la chancelière. Sarkozy se délectait de partager la scène avec Angela Merkel. La responsable du gouvernement allemand, pragmatique et directe, trouvait peut-être ce Français toujours prompt à se mettre en avant, énervant à l'occasion, mais au moins elle pouvait discuter avec lui.

Il n'en était pas de même avec Silvio Berlusconi.

Angela Merkel en colère

— Je crois que tous mes ennuis avec Angela Merkel ont commencé à la publication d'une phrase que j'étais supposé avoir prononcé, celle où je fus accusé de l'avoir traitée de « cul gras imbaisable ».

Silvio Berlusconi paraît serein lorsqu'il parle des facteurs de sa mésentente avec la chancelière au cours de la crise de l'euro cet automne-là. Au beau milieu des difficultés monétaires, alors que Sarkozy et Merkel sautaient d'une capitale européenne à l'autre comme Batman et Robin, un journal italien publia ce qu'il prétendait être la transcription d'une conversation téléphonique entre Berlusconi et un homme questionné par la justice, censé lui avoir procuré des prostituées pour les soirées *bunga-bunga.*

C'est au cours de cet échange verbal que Berlusconi aurait traité Angela Merkel de « cul gras imbaisable ».

La presse allemande réagit immédiatement. Le magazine *Der Spiegel* s'empressa d'écrire que Berlusconi était « vulgaire et grossier ».

Le *Cavaliere* nia toute l'histoire, mais les dégâts avaient déjà produit leurs effets. Angela Merkel aurait une carte de vœux en moins à envoyer en fin d'année.

— Nous avions des points de désaccord, mais nous étions en termes cordiaux, se souvient Berlusconi en souriant. Je crois que ce qui l'a vraiment rendue furieuse est cette prétendue phrase. Mais je ne l'ai jamais prononcée ! C'était une invention d'un journal italien, un article de quelqu'un qui voulait saper ma réputation et créer un conflit entre moi et Angela.

La phrase malencontreuse était une invention de la presse, mais elle déclencha une avalanche de rires dans toute l'Europe. Berlusconi avait dit tant de choses monstrueuses au cours des années que cette fois certains chefs d'État pensèrent vraiment qu'il avait prononcé cette phrase. Il raconta plus tard à des amis une histoire qui s'était produite juste quelques semaines après la parution du commentaire douteux sur Angela Merkel. Les faits s'étaient déroulés lors de la fête d'anniversaire d'un ami au début du mois d'octobre. À côté de lui se trouvait l'ancien chancelier allemand Gerhardt Schröder, un verre à la main.

— Silvio ! s'écria-t-il à Berlusconi qui s'approchait.

Celui-ci poussa un « Je ne l'ai jamais dit ! » sincère. À quoi Schröder répondit :

— Tu as très bien fait. C'est tout à fait vrai.

Aujourd'hui, le milliardaire reconnaît la gravité des dégâts.

— Je crois qu'elle était absolument furieuse contre moi. Elle s'est sentie très offensée.

Angela Merkel n'appréciait pas l'outrecuidant Italien, son comportement et ses déclarations le montraient. Mais Sarkozy et elle étaient sous pression. Ils devaient absolument trouver une solution à la crise de l'euro qui, à la fin octobre, était entrée dans une phase des plus périlleuses. Les responsables européens n'hésitaient plus à déclarer ouvertement qu'ils craignaient de voir l'Italie suivre la Grèce à cause de sa dette. L'énorme montant – deux mille milliards de dollars – devenait soudain l'objet d'une intense spéculation sur les marchés. La dette s'était transformée en bâton avec lequel Sarkozy et Merkel allaient battre Berlusconi.

Le 23 octobre, lors d'un sommet européen à Bruxelles, ils lui infligèrent une nouvelle humiliation. Précédant le Sommet, la chancelière fit un discours en Allemagne, distinguant l'Italie pour le fardeau de sa dette et approuvant les investisseurs dans leur intention d'augmenter le taux d'intérêt des prêts éventuellement consentis au gouvernement du président du Conseil Silvio Berlusconi. Pour les marchés financiers, une telle déclaration consistait à verser de l'huile sur le feu. Sarkozy, de son côté, maintenait la pression. Il voulait savoir pourquoi Berlusconi n'avait pas forcé Lorenzo Bini Smaghi à démissionner afin de laisser la place à un Français au conseil d'administration de la BCE.

— Que faudrait-il que je fasse ? Le tuer ? répondit sèchement le chef du gouvernement italien.

La France et l'Allemagne considéraient maintenant l'Italie comme un handicap pour toute la zone euro. Pendant cette longue journée de dimanche, à Bruxelles, Sarkozy et

Merkel soumirent Berlusconi à un sermon sévère, décrit par ceux qui étaient présents comme condescendant. Ils lui demandèrent d'engager au plus vite les réformes économiques et de réagir au problème de la dette de son pays. Ils exigèrent qu'il revienne pour un autre sommet le mercredi suivant, avec une lettre d'engagement dessinant son plan pour réduire les dépenses et lancer des réformes. Ils harcelèrent le milliardaire, mais le Sommet se termina sans aucun accord sur la manière d'enrayer la crise de la dette et de redonner confiance aux marchés. La réaction ne se fit pas attendre. Une fois de plus, Washington s'inquiéta que l'Europe ne soit pas capable de proposer un plan convaincant pour mettre fin à la crise.

Aujourd'hui, bien que la presse l'ait rapporté, Berlusconi dit ne pas se souvenir qu'à ce sommet du 23 octobre à Bruxelles, il fut sévèrement admonesté par le duo franco-allemand. Mais il se rappelle avoir dit lors de sa conférence de presse à l'issue de la réunion :

— Personne au sein de l'Union européenne n'a le droit de se nommer commissaire et de donner des leçons aux autres gouvernements.

Mais rien n'annonçait encore l'humiliation suivante concoctée par Merkel et Sarkozy, et cette fois en direct à la télévision.

Un sourire suffisant

Cet après-midi-là, après avoir demandé à Berlusconi de mettre de l'ordre dans sa maison, les dirigeants de l'Allemagne et de la France tinrent une conférence de presse commune au cours de laquelle ils critiquèrent rudement et ridiculisèrent Silvio Berlusconi. Les deux chefs de gouvernement le firent avec un sourire suffisant dont les images allaient se propager sur YouTube et Twitter.

Un journaliste français demanda à Merkel et Sarkozy s'ils se sentaient rassurés par Berlusconi et s'ils pensaient qu'il allait engager les réformes économiques qu'il avait promis de mettre en œuvre.

La réponse fut un silence embarrassé. Sarkozy se tourna vers Merkel et leurs regards croisés s'accompagnèrent d'un sourire de connivence qui se transforma en une petite grimace suffisante. La chancelière se permit d'émettre un petit rire, et le président français hocha la tête d'un air complice. Une fois la conférence terminée, après que les deux responsables eurent quitté la scène, Merkel se tourna vers Sarkozy et on l'entendit dire d'un ton ironique :

— Nous n'avons jamais été aussi efficaces que dans ce petit film muet.

Pour Silvio Berlusconi, ces sourires suffisants se révélèrent dévastateurs. Il était maintenant la risée des chefs d'État européens, publiquement humilié par Sarkozy et Merkel. La vidéo allait repasser en boucle sur les chaînes de télévision et l'Internet.

Le milliardaire de l'audiovisuel garde un souvenir épouvantable de ce sommet à Bruxelles. Un véritable cauchemar. Il se redresse dans le canapé et dit qu'il a encore des choses à dire à propos de Sarkozy et Merkel.

— Ce sourire de suffisance, lors de la conférence de presse, se produisit le même jour où le chef de l'État français refusa de me serrer la main. Il était réellement furieux contre moi, se souvient Berlusconi.

Il se penche pour nous confier un autre souvenir.

— Lorsque Angela Merkel eut terminé sa conférence de presse, nous nous sommes revus le soir même et elle est venue vers moi pour s'excuser.

— Je suis désolée, dit-elle, j'imagine qu'après tout cela vous ne voudrez plus m'adresser la parole.

— Je lui ai dit de ne pas s'inquiéter. J'essayais de faire bonne figure. Et j'ai ajouté : « Vous voyez, je vous parle encore, juste en ce moment. » C'est ainsi que se termina la réunion. Je m'en souviens très clairement.

Soudain, Berlusconi prend un air pensif. Puis il évoque un autre souvenir, très différent, avec Angela Merkel.

— J'ai toujours offert de nombreux cadeaux à Merkel, dit le magnat italien, un éclat diabolique dans le regard. Chaque fois que je me suis rendu en Allemagne, je lui ai apporté d'onéreux colliers ou bracelets. Je ne me serais pas permis de lui offrir des choses ordinaires. Et j'ai toujours payé de ma poche, tous les cadeaux. Elle ne les a jamais refusés, elle était même très contente de les recevoir.

Berlusconi se souvient aussi que la chancelière était en contact avec Napolitano pendant ces journées fatales de la fin octobre 2011.

— Je n'ai pas oublié, Napolitano téléphonait à Merkel régulièrement, ajoute Berlusconi avec une légère grimace en prononçant le nom du président de la République italienne.

D'ailleurs, le magnat de l'audiovisuel n'était pas le seul à suspecter qu'Angela Merkel complotait contre lui. Elle avait en effet pour principal interlocuteur Giorgio Napolitano, l'homme qui allait se révéler l'ennemi juré de Berlusconi.

— Merkel et Napolitano se parlèrent souvent cet automne-là, mais je ne suis pas au courant des détails de leur conversation, dit Manuel Barroso qui, en tant que président de la Commission européenne en 2011, assistait à tous les sommets européens.

Selon le *Wall Street Journal*, Merkel eut une conversation très importante avec Napolitano le soir du 20 octobre.

Elle s'inquiétait de la crise de la zone euro et doutait de la capacité de Berlusconi à diriger l'économie italienne et à engager les réformes promises. Napolitano la rassura au nom de l'Italie, et la chancelière allemande remercia le président de la République à l'avance pour ses efforts destinés à mettre en place des réformes. Les collaborateurs de Napolitano nièrent qu'il ait évoqué avec Merkel le remplacement de Berlusconi, mais ils ne démentirent pas qu'une conversation ait eu lieu.

Pendant que le monde du magnat de l'audiovisuel se désintégrait lentement et qu'il passait son temps à participer aux réunions européennes censées désamorcer la crise, prenant des coups comme un pugiliste au bout du rouleau, les responsables de Washington s'affolaient. Dans la capitale américaine, on craignait que la crise de l'euro ne se propage et ne conduise à un choc économique mondial, suivi d'une dépression qui affecterait les exportations américaines et tout le commerce du globe. N'oublions pas que 2012 se profilait, année durant laquelle Obama espérait bien être réélu.

L'administration du Président américain n'avait cessé d'observer l'évolution de la crise de l'euro qui durait déjà depuis plusieurs mois. Tim Geithner, le secrétaire d'État au Trésor, fut le plus déterminé à clamer publiquement la nécessité du mur pare-feu de mille ou deux mille milliards de dollars pour protéger l'Europe et sa monnaie unique. Il était en contact étroit durant tout cet automne avec Christine Lagarde, la nouvelle directrice du FMI, mais aussi avec la Commission européenne, les ministères des Finances des grandes capitales européennes et, bien sûr, les chefs de gouvernement. Angela Merkel n'avait jamais été une admiratrice de Geithner ; elle désapprouvait sa proposition d'utiliser la BCE pour émettre de l'argent, et elle n'était pas favorable à cette idée de mur pare-feu constitué par d'importantes contributions des pays européens pour protéger l'économie.

Le complot

En ce mois d'octobre, alors que Sarkozy et les autres chefs de gouvernements européens tournaient en rond, essayant de bricoler une autre solution pour la crise de la dette grecque et d'amener Berlusconi à la raison, la Maison-Blanche dut gérer une affaire plutôt délicate. Le sommet du G20 devait se tenir début novembre à Cannes, présidé par Sarkozy. Un peu avant ce sommet, Merkel et Sarkozy s'efforçaient encore de mettre au pas le chef du gouvernement grec. La crise de l'euro semblait entrer dans une spirale incontrôlable. À ce moment, quelque chose d'étrange se produisit. Geithner en parlerait plus tard à l'équipe qui l'aidait à préparer ses mémoires.

— Il y eut cette réunion du G20 en France, que Sarkozy présidait. Elle se révéla incroyablement intéressante, fascinante pour nous et pour le président, raconta Geithner à ses collaborateurs. Les Européens nous approchent discrètement, indirectement, avant les séances officielles. Ils nous disent : « Nous aimerions que vous nous aidiez à pousser Berlusconi à la démission. » Ils voulaient nous inciter à refuser le soutien du FMI à l'Italie au cas où elle en aurait besoin, si Berlusconi restait président du Conseil. C'était fabuleux, intéressant ! J'ai dit non.

Qui étaient « les Européens » ? Geithner pointe directement la France et l'Allemagne.

— Je pensais que Sarkozy et Merkel avaient raison. À savoir : ce plan ne pouvait pas marcher. L'Allemagne, l'opinion allemande n'allait pas accepter de renforcer le Fonds européen de stabilité financière. Plus d'argent pour sauver l'Europe, si Berlusconi restait chef du gouvernement italien. Ce dernier était alors embourbé dans un de ses procès pour scandale sexuel avec des mineures.

Pour Geithner, la machination destinée à éliminer Berlusconi avait peut-être une bonne raison d'être. Mais elle déclenchait toutes sortes de signaux d'alarme. Vue par un Américain, l'affaire pouvait sembler un complot fascinant entre Européens, mais elle pouvait se transformer en une intrigue internationale destinée à faire changer le gouvernement italien. Ce plan pouvait aussi détourner la fonction du FMI, et se servir d'une institution internationale comme d'un outil politique pour renverser Berlusconi. Geithner décida d'informer Barack Obama.

— Cet automne-là, quelques responsables européens nous contactèrent. Ils avaient un plan pour essayer de forcer le président du Conseil italien, Silvio Berlusconi, à démissionner. Ils voulaient nous inciter à refuser de soutenir les prêts du FMI à l'Italie avant qu'il ne s'en aille. Nous avons informé le président de cette demande surprenante, mais nous ne pouvions nous impliquer dans de telles manigances, même si nous aurions apprécié d'avoir une meilleure coordination des responsables européens. Nous ne pouvons pas avoir son sang sur nos mains, avais-je dit.

Qui étaient les fameux « responsables européens » ?

L'ancien président de la Commission européenne, Manuel Barroso, dit qu'il n'a aucun doute : Sarkozy et Merkel auraient été ravis d'être débarrassés de Berlusconi.

— C'était une évidence, et pour plusieurs raisons, se souvient-il lors d'une interview. Pour moi, il était clair que Sarkozy voulait sa tête. Il voulait le scalp de l'Italie.

— Les Européens en avaient assez de Berlusconi, raconte un officiel qui faisait partie de la délégation à Cannes. Ils ne voulaient pas mettre de l'argent pour aider à calmer les marchés en Italie, parce qu'ils pensaient que le chef du gouvernement était le vrai problème. Ils tentaient de mettre en place un plan pour lui faire quitter le pouvoir. Ils échafaudaient toutes sortes de manigances. Pouvaient-ils le forcer à tomber à la merci du FMI ? Pouvaient-ils lui imposer un programme du FMI sans débloquer des fonds ?

D'autres responsables à Washington confirmaient la manœuvre, à condition de garder l'anonymat.

Un ancien conseiller de la Maison-Blanche, qui avait travaillé étroitement avec Geithner, se montrait encore plus catégorique. Il affirmait que le complot pour éliminer Berlusconi avait été évoqué « aux plus hauts niveaux de responsabilité ».

— Merkel ne supportait pas Berlusconi, rapporte le conseiller. Oui, ils avaient élaboré ce plan délirant. Le Président ne voulait pas s'en mêler. Il préférait laisser les responsables politiques européens se débrouiller tout seuls.

Quant à cette idée de soi-disant programme de « précaution » du FMI imposé à l'Italie, ce responsable de l'administration Obama ne mâche pas ses mots :

— Sarkozy et Merkel ne voulaient pas de programme de précaution. Ils voulaient se débarrasser de Berlusconi.

Même au sein du FMI, nouvellement dirigé par Christine Lagarde, des hauts responsables confirmèrent par la suite qu'il était bien compris que Berlusconi ne pourrait survivre politiquement s'il signait un programme du FMI. Un membre du FMI explique la situation :

— Je ne crois pas qu'il y ait eu la moindre délicatesse envers le responsable italien. Vous pouvez appeler ça un complot, si vous voulez. Mais je crois que les gens sentaient que Berlusconi avait perdu toute crédibilité, aussi bien dans son pays qu'à l'étranger. La seule chose qui aurait pu lui redonner une crédibilité aurait été une aide du FMI. Pas besoin d'être lauréat du prix Nobel pour imaginer que cela aurait constitué une échappatoire. Ses partenaires européens auraient été parfaitement satisfaits de le voir se vaporiser.

Telle était la toile de fond d'un des sommets internationaux les plus dramatiques de l'histoire récente : la réunion du G20 à Cannes, les 3 et 4 novembre 2011.

Tragédie grecque à Cannes

Le matin du 2 novembre, Sarkozy se réveille à Paris et lit les titres alarmants des journaux français. « L'Euro en péril », peut-il lire à la une de l'un d'eux. « Coup de tonnerre venant de Grèce », en gros caractères sur un autre quotidien. Les articles citent en référence un épisode qui a déclenché la colère de Sarkozy et Merkel : quelques jours auparavant, ils ont achevé des négociations difficiles qui se poursuivaient depuis des mois. Un plan d'aide de cent trente milliards d'euros est proposé pour mettre fin à la crise de la dette grecque. Mais le premier ministre Papandréou les met dans l'embarras en annonçant la tenue d'un référendum pour soumettre la proposition à un vote populaire. Si les Grecs votent contre le plan d'aide et les mesures d'austérité qui l'accompagnent, la Grèce sort de la zone euro. Cette catastrophe potentielle fut surnommée « Grexit ». Et une telle situation pouvait conduire à un véritable désastre financier, une forte récession en Europe et une menace gravissime pour l'économie mondiale.

Le Premier ministre grec, épuisé, fut convoqué à un dîner ce soir-là avec Merkel et Sarkozy, à Cannes. L'événement allait ressembler à un « règlement de compte à OK Corral ». Les chefs de gouvernement français et allemand arrivèrent à cinq heures et demie de l'après-midi pour une réunion préliminaire. Merkel voulait que les choses soient claires, et Sarkozy voulait que la question grecque soit résolue avant le début du G20 qu'il allait présider le lendemain. Christine Lagarde, Barroso et d'autres responsables européens se joignirent au président français et à la chancelière allemande, ainsi qu'un représentant de la BCE. C'étaient donc Merkel, Sarkozy et la Troïka.

— Ils étaient tous furieux après Papandréou, parce qu'il avait annoncé ce référendum sans les avoir consultés, se souvient Barroso. Nous étions tous d'accord pour être fermes avec lui et lui dire qu'il n'y aurait pas un centime de plus pour la Grèce avant ce référendum.

Sarkozy et Merkel étaient en colère. La chancelière allemande pensait que si un référendum devait se tenir, il devait concerner l'appartenance ou non de la Grèce à la zone euro. Elle devenait intransigeante. À la fin de cette longue journée, elle allait le faire savoir.

Ce soir-là, se souviennent quelques personnes présentes, Sarkozy fut encore plus virulent que d'ordinaire. Il arriva dans la salle de réunion du Palais des Festivals, là où se tient le célèbre festival annuel du cinéma. Ce centre de conférences moderne est un horrible bâtiment de béton et de verre, un exemple de la mauvaise architecture moderniste française des années 1970, planté à l'extrémité ouest de la Croisette. Une pluie glacée tombait. Le ciel était noir et inquiétant.

En choisissant Cannes pour la réunion du G20, Sarkozy avait cru mettre en avant l'élégance et la grandeur de son pays. Mais c'était un endroit curieux pour un sommet du G20, un lieu plus propice aux paillettes, un lieu où l'on s'attendait à voir Nicole Kidman et George Clooney monter les marches sur le tapis rouge sous l'œil avide des paparazzi.

Vers vingt heures trente, en cette soirée du 2 novembre, Sarkozy venait de sortir d'un entretien formel avec Hu Jintao, le président chinois. Il était allé rejoindre Merkel et les autres participants. Au même moment, la Chine faisait savoir qu'elle avait décliné la demande européenne d'investir dans le nouveau Fonds européen de stabilité financière. Un échec embarrassant pour le président français. Les Chinois n'allaient pas s'engager dans le sauvetage de l'Europe, c'était pour eux un problème purement européen.

Barroso fut le premier à entrer dans la salle avec ses collaborateurs de la Commission européenne. Papandréou semblait bien seul en pénétrant dans le bâtiment, un dossier sous le bras. Christine Lagarde était comme à l'habitude d'une élégance et d'une sobriété symbolisant sa puissance.

La table était dressée pour le dîner, mais personne n'eut beaucoup d'appétit ce soir-là. Assis devant les verres en cristal et la vaisselle française la plus fine, Merkel et Sarkozy transperçaient du regard les deux hommes placés en face d'eux, le Premier ministre grec et son ministre des Finances, Evángelos Venizélos.

Sarkozy ne s'embarrassa pas de précautions diplomatiques. Il attaqua tout de suite Papandréou tandis que Merkel assistait à la harangue d'un air approbateur. Selon les personnes présentes dans la salle, le président français était très remonté et furieux. Un observateur déclara que c'était « du pur Sarkozy ».

— Je n'ai jamais vu un comportement si peu diplomatique, dirait plus tard Venizélos. Sarkozy était extrêmement irrité. Personne ne pouvait prendre la parole, car il parlait sans interruption. Merkel était plus calme, mais son attitude était claire : soit vous annulez ce référendum, soit vous en tenez un immédiatement avec pour question : oui ou non à l'euro.

— La réunion fut très tendue, se souvient Barroso. Sarkozy mettait la pression sur Papandréou. Il lui disait pratiquement : « Vous nous avez trahis, mais nous voulons vous aider. » Le référendum devait donc concerner la sortie ou non de la zone euro.

Barroso n'a pas oublié ce qui s'est passé ensuite.

— Merkel dit que si les Grecs voulaient sortir de la zone euro, nous devrions respecter leur volonté. La Grèce pourrait revenir, par exemple, dix ans plus tard.

Papandréou était coincé. Le tabou de la sortie de la Grèce de la zone euro était levé. Le Premier ministre grec ne lâcha pas sur la tenue du référendum, mais en vain. Son temps était désormais compté.

Papandréou ne le savait pas, mais le président de la Commission européenne s'était déjà entretenu au téléphone avec le chef de l'opposition grecque, un peu plus tôt dans la journée. Il avait été question de la manière d'empêcher ce référendum et de la formation d'un gouvernement d'unité nationale. Sarkozy fixait Papandréou. Il était soutenu dans son argumentation par quelques interventions occasionnelles de Christine Lagarde qui, elle non plus, ne mâchait pas ses mots. Le Premier ministre grec semblait sur le point de s'évanouir. L'ambiance était tendue. Les visages sombres. C'est alors que Barroso se leva et s'approcha de Venizélos pour lui chuchoter quelque chose à l'oreille. Une phrase que Papandréou ne put entendre.

— Je lui ai dit qu'il fallait empêcher à tout prix ce référendum, que cela pouvait devenir un énorme problème avec pour conséquence la sortie de la Grèce de la zone euro, se souvient Barroso.

Plus tard, dans la nuit, quand le Premier ministre grec et son ministre se posèrent à Athènes à cinq heures moins le quart du matin, Venizélos fit une déclaration succincte, rejetant l'idée d'un référendum. Il contredisait publiquement son Premier ministre. Quelques jours plus tard, Papandréou perdait le pouvoir. Le nom de son remplaçant, Lucas Papademos, un technocrate, ancien responsable à la BCE, avait déjà été évoqué par Barroso et ses conseillers à Cannes.

Au beau milieu de la crise de l'euro, certains principes de la démocratie furent momentanément foulés au pied à Cannes, alors qu'une petite coterie de chefs d'État européens, avec l'appui non négligeable du FMI de Christine Lagarde, faisait ce qu'ils pensaient être le mieux pour la monnaie unique. Leurs actes n'ont pas été reconnus par l'Histoire.

Silvio Berlusconi entre en scène

Alors que Merkel et Sarkozy tabassaient les Grecs à Cannes ce mercredi soir, à Rome, Berlusconi affaibli, subissait un revers désastreux. Sa turbulente coalition de centre droite semblait s'effriter, et il devait ferrailler dans une réunion d'urgence du Conseil des ministres pour tenter de faire approuver les réformes économiques qu'il avait l'intention de présenter le lendemain au sommet du G20. Berlusconi avait espéré arriver à Cannes un décret en main, qu'il annoncerait pour calmer les marchés et rassurer Merkel et Sarkozy. Mais il échoua à faire approuver par son propre cabinet le train de réformes. C'était surtout son ministre des Finances, Giulio Tremonti, qui résistait. Comme son homologue grec, il agissait maintenant contre son patron. Désormais, Tremonti était considéré comme un ministre rebelle, un rival potentiel, ou même un remplaçant plausible.

Le matin du 3 novembre, Berlusconi et Tremonti montèrent à bord de l'Airbus gouvernemental pour le court trajet entre Rome et le Sud de la France. C'est à ce moment que le *Cavaliere* commença à apprendre les détails de la rencontre houleuse entre Sarkozy et Papandréou la veille au soir. Mais il avait ses propres problèmes. Son échec à faire passer le train de mesures promises et son différend avec Tremonti entamaient sa crédibilité aux yeux des marchés financiers et du tandem Sarkozy-Merkel. Le milliardaire italien était d'autant moins en position de force qu'avant le sommet de Cannes les médias européens continuaient à publier des détails sur les soirées *bunga-bunga*. Des photos édifiantes de mannequins sud-américains circulaient dans la presse et les réseaux sociaux. Ces beautés affriolantes appartenaient soi-disant à un réseau de prostitution, un harem virtuel de plus de trente jeunes femmes. Berlusconi était censé les avoir recrutées, logées et entretenues.

En arrivant à Cannes, le *Cavaliere* était abattu.

— Je vis un Berlusconi très affaibli, se souvient Barroso. Il n'était plus du tout motivé.

— Nous pensions alors que Berlusconi était un problème, raconte un responsable européen de haut niveau, présent à Cannes. Son image était catastrophique. Il refusait d'engager la moindre réforme structurelle. Et il était montré du doigt à cause de tous les scandales dans lesquels il était personnellement impliqué. Je dirais que je fus frappé par son apparence d'homme âgé et fatigué durant ces quelques journées à Cannes. Il n'avait pas d'énergie, il avait perdu sa crédibilité et la confiance de tous les autres chefs de gouvernements.

Un des propres conseillers du milliardaire décrivait un monsieur de soixante-quinze ans fatigué et stressé lors de son arrivée au sommet du G20.

Berlusconi se souvient avoir été surpris quand d'autres responsables d'État lui posèrent des questions embarrassantes.

— À Cannes, quelques-uns de mes amis de plusieurs pays vinrent me demander si j'avais décidé de démissionner, parce qu'ils avaient tous entendu que dans moins d'une semaine Monti serait à la tête d'un nouveau gouvernement, se souvient le *Cavaliere*. Je sentais que quelque chose allait se produire.

José Luis Zapatero, le président du gouvernement espagnol, avait lui aussi entendu la rumeur à propos de Monti. Il avait été invité le matin même à participer à une réunion spéciale, alors que l'Espagne n'était pas membre du G20. Sarkozy avait organisé une rencontre avant le début officiel du Sommet pour discuter spécifiquement de l'Espagne et de l'Italie. Zapatero s'y était rendu plutôt tendu.

— Quand je suis arrivé à Cannes, la situation était instable, très instable, raconte Zapatero. Les troubles avaient débuté durant l'été 2011. Les choses évoluèrent en octobre, avec le nouveau plan de sauvetage pour la Grèce. La tension était énorme. L'Italie se trouvait en même temps dans une période d'instabilité politique croissante. À l'époque, en Espagne, nous avions déjà engagé des réformes et nous parvenions à mieux contrôler notre déficit. Nous étions plus crédibles. L'idée prédominante à Cannes était que l'Italie, elle, n'avait aucune crédibilité. Les réformes promises par Berlusconi n'étaient pas mises en place. Le gouvernement italien ne réduisait pas le déficit. C'était l'opinion générale. Et c'est ce que j'ai pu constater tout le temps pendant la crise. Lorsque les marchés ont déraillé, il fallait trouver un pays coupable. Et à ce moment-là, c'était l'Italie.

Zapatero se souvient avoir entendu que Monti allait remplacer Berlusconi dès qu'il a atterri à Cannes ce matin-là.

— Quand je suis arrivé, mes collaborateurs m'ont dit : « Il y a une rumeur qui court… Mario Monti pourrait être le prochain président du Conseil italien. »

Mais ce fut Angela Merkel qui surprit le plus Zapatero.

— Elle me demanda si l'Espagne serait prête à accepter une aide financière sous la forme d'un crédit de précaution de cinquante milliards d'euros de la part du FMI. Elle ajouta très vite que l'Italie, bien sûr, obtiendrait aussi un prêt, qui serait de quatre-vingt-cinq milliards d'euros. À l'époque, l'Espagne n'avait pas de problèmes – oui, nous en avions, évidemment, mais beaucoup moins. Ensuite, elle me demanda si je me souvenais de ce que mes collaborateurs m'avaient dit à propos de Mario Monti. En fait, Merkel parlait d'aide pour l'Espagne et l'Italie, mais je me rendis compte qu'elle était surtout concernée par l'Italie. J'en vins à cette conclusion parce que lorsque j'ai refusé, Angela Merkel n'a pas insisté. Et c'est la raison pour laquelle j'ai pensé qu'ils étaient axés sur l'Italie. Ce qui s'est produit pendant les réunions de la journée a confirmé ce que je pensais.

À dix heures et demie, ce matin du 3 novembre, Nicolas Sarkozy ouvrit la réunion spéciale précédant le Sommet. Y participaient la France, l'Allemagne, l'Italie, l'Espagne, le FMI, et les responsables de la Commission européenne. Assis dans une salle de conférence banale, Berlusconi se retrouva face au redoutable duo Merkozy, qui venait d'enterrer politiquement Papandréou quelques heures auparavant.

Sarkozy avait commencé sa journée une heure plus tôt pour accueillir Barack Obama au Palais des Festivals avec force sourires pour les photographes. Puis, après avoir déclaré que les États-Unis voulaient aider l'Europe à résoudre la crise de l'euro, le Président américain s'était rendu au luxueux hôtel Carlton pour une réunion en tête à tête avec Angela Merkel. La chancelière avait envoyé son homme de confiance, le ministre des Finances Wolfgang Schäuble, rejoindre Sarkozy et les autres face à Berlusconi. Schäuble était sur son fauteuil roulant, mais prêt à en découdre. Le ministre allemand avait survécu à une tentative d'assassinat de nombreuses années auparavant. Il avait la réputation d'être le plus intransigeant parmi les durs, l'homme qui était tout à fait disposé à laisser la Grèce sortir de la zone euro et qui croyait avec une ferveur religieuse au Graal de l'austérité.

Schäuble était assis à côté de Sarkozy, non loin d'une Christine Lagarde au regard d'acier. Berlusconi leur faisait face.

Le président français démarra au quart de tour.

— Sarkozy mettait la pression de manière brutale, avec le soutien actif de Schäuble, se souvient Barroso. Il expliqua sans détour à Berlusconi que « l'Italie devait accepter une ligne de crédit de précaution du FMI. Sinon, la crise tournerait à la tragédie parce que les marchés seraient furieux. L'Italie devait agir sans délai. » Berlusconi répliqua : « Non, la situation économique de l'Italie est bonne. Il n'y a pas de problème italien. Nous avons déjà envoyé une lettre au Sommet de l'Eurogroupe d'octobre avec une liste de mesures que nous allons appliquer, comme l'a recommandé la Commission. » Mais Schäuble insista. Il dit que l'Italie devait appliquer les mesures, sinon elle provoquerait une catastrophe.

Barroso se souvient de ce que fit Sarkozy après.

— Dans son style pressé et agressif il cria à Berlusconi : « Silvio ! Le G20 va commencer dans deux heures. Pouvez-vous s'il vous plaît demander un prêt au FMI ? Si vous ne le faites pas, nous courons au désastre ! » Il était dans le registre émotionnel. Il dramatisait la situation.

Berlusconi, épuisé et abattu après cet assaut verbal, essaya de s'accrocher aux derniers pans de dignité qui lui restaient. Il répéta que l'Italie avait déjà discuté avec la Commission européenne d'une série détaillée de mesures qui allaient être mises en place. Il dit qu'il était d'accord pour travailler avec le FMI sur une tutelle jointe avec le programme soumis à la Commission, mais il n'était pas question de demander un prêt de quatre-vingts milliards qui ressemblerait à un sauvetage.

— Ils m'ont offert ce prêt du FMI, mais j'ai été très ferme. Je leur ai dit que je n'avais aucune idée de ce dont ils étaient en train de parler. J'ai affirmé que l'Italie n'avait pas besoin de ce prêt. J'ai dit « Non merci ! » à un prêt du FMI, se souvient Berlusconi. La raison pour laquelle j'ai refusé cette aide du FMI était simple. Cela aurait conduit à la colonisation de l'Italie et à une imposition de contraintes sur un pays souverain par la Troïka, comme pour la Grèce. Je crois que j'ai été très ferme dans ma réponse.

Mais Sarkozy n'abandonna pas.

Il embraya comme un bulldozer.

— Sarkozy faisait pression sur Berlusconi de façon très agressive, parce que quand Sarkozy veut faire pression, il ne pousse pas, il brutalise ! dit Barroso. Et comme toute l'attention était portée sur l'Italie, le président du gouvernement espagnol s'efforçait de ne pas se faire remarquer. Zapatero n'ouvrit pas la bouche. Pas une seule fois il ne prit la parole.

Tandis que le président français tentait d'imposer un prêt du FMI à l'Italie, il se tournait fréquemment vers Christine Lagarde, qui était arrivée à Cannes en disant : « L'Italie n'est pas crédible. »

La déclaration de la directrice du FMI, selon le souvenir de Barroso, eut un effet dévastateur, surtout directement face à Silvio Berlusconi.

— Christine Lagarde fut extrêmement brutale. Elle dit que personne ne croyait en l'Italie, se rappelle Barroso. Elle expliqua les avantages d'un prêt de sauvetage du FMI à l'Italie, déclarant que cette solution calmerait les marchés financiers.

Barroso se souvient qu'avec le président du Conseil de l'Europe, Herman Van Rompuy, ils avaient expliqué lors de cette réunion du matin du 3 novembre, qu'un plan de soutien du FMI pour l'Italie, qui n'était que de quatre-vingts milliards d'euros, pourrait au contraire déclencher une réaction inverse à celle souhaitée. Une telle proposition pouvait envoyer des signaux d'alarme aux marchés au lieu de les rassurer. Après tout, que représentaient quatre-vingts milliards d'euros pour une économie dont la dette s'élevait à près de deux mille milliards ?

Zapatero, qui était assis et restait silencieux, fasciné par le drame qui se déroulait sous ses yeux, se souvient qu'il fut soulagé de constater que l'attention du groupe ne se portait pas sur l'Espagne. Il se souvient aussi avoir bu un café, un peu plus tard, avec le ministre des Finances italien Giulio Tremonti. Ils parlèrent de la tentative franco-allemande d'imposer un prêt du FMI à Berlusconi.

— C'était au moment d'une pause. Nos deux équipes, celles d'Italie et d'Espagne, avec nos sherpas, nos collaborateurs prenaient un moment de détente ensemble à la cafétéria. Berlusconi n'était pas avec nous. Mais je me souviens de la phrase de Tremonti : « Je connais de meilleurs moyens de se suicider que de demander l'aide du FMI. » Il répéta certainement cette phrase des dizaines de fois ce jour-là. Il ne manquait pas d'humour... à l'italienne. C'était quelqu'un de très intelligent. Il avait beaucoup de finesse.

Après cette réunion du matin, l'attention se déplaça sur la crise grecque. Tout le monde craignait la réaction des marchés suite aux décisions prises lors de ce sommet. La fixation de Sarkozy sur les marchés financiers et sur les médias pouvait sembler excessive, mais elle n'était pas inhabituelle chez les plus puissants dirigeants mondiaux.

— Le grand public se fait une fausse image en pensant que les dirigeants politiques décident de tout. Mais quand on est dans ce petit cercle, on voit comment les choses se passent, explique posément Zapatero en repensant à l'esprit de retranchement qui prévalait à l'intérieur du Palais des Festivals ce jour-là.

Il revoyait le comportement des chefs de gouvernement et des présidents supposés détenir le pouvoir mondial.

— Oui, les responsables politiques décident, précise l'ancien président du gouvernement espagnol, mais ils ont toujours l'œil rivé sur les titres du *Financial Times* et sur ce que feront les marchés. C'est ainsi que sont réellement les choses. La politique est une extension de la vraie vie. On pourrait penser que les gouvernements ont des pouvoirs spéciaux, mais dans ce monde globalisé ce n'est plus vrai. Les responsables politiques, les tenants des marchés financiers et les hauts fonctionnaires d'influence ne font qu'une chose : lire le *Financial Times*. Et le problème avec cet organe de presse très influent, c'est qu'ils le considèrent comme la Bible. La Bible est un grand livre, mais elle n'admet qu'une interprétation.

Ce soir-là, avec la pression de plus en plus écrasante sur Berlusconi et la crise de l'euro toujours inquiétante, une réunion de haut niveau fut organisée après le dîner officiel du G20. Barroso allait plus tard surnommer cet entretien « le cours de rattrapage sur la politique européenne, destiné à Barack Obama ».

Entassés dans une petite salle de conférence, on retrouvait les mêmes participants que lors de la réunion du matin. Sarkozy, Lagarde, Schäuble. Merkel, qui s'était jointe à eux. Barroso et Van Rompuy étaient dans la salle, ainsi que Mario Draghi, qui faisait sa première apparition en tant que patron de la BCE. Autour de la table on retrouvait aussi Zapatero et son ministre des Finances et, bien entendu, Berlusconi et Tremonti. Mais cette fois, alors que Sarkozy préparait une nouvelle discussion sur la crise, le Président des États-Unis assistait à la séance.

— Avec la présence de Barack Obama, tout le monde était attentif, se souvient l'un des responsables européens présents dans la salle.

Le Président américain, assisté de Timothy Geithner, voulait évoquer la manière de stopper la confusion au sein des marchés financiers. Obama voulait calmer les acteurs de la finance mondiale en créant un mur pare-feu suffisamment solide pour protéger les Européens d'une crise de la dette souveraine et contrer une menace sur le système financier mondial. Mais pour édifier ce mur de protection, il demandait à l'Allemagne une contribution énorme. Merkel ne semblait pas d'accord. Sarkozy, lui, approuvait l'idée d'un mur pare-feu, mais il restait obsédé par l'idée de conclure ce sommet avec un prêt de soutien à l'Italie.

La réunion commença à dix heures moins vingt et dura jusqu'à vingt-trois heures. Ce qui fut dit dans cette pièce n'allait pas résoudre la crise de l'euro, mais ce fut le moment de vérité au cœur de la crise.

— Obama a ouvert la séance en déclarant qu'il nous fallait une solution pour l'Italie et qu'un mur pare-feu devait être mis en place. C'étaient ses deux objectifs, raconte Barroso.

Comme tous ceux qui étaient dans la salle, il se souvient de Sarkozy et d'Obama poussant Merkel à accepter de fournir de nouvelles ressources financières pour établir un mur de protection de mille milliards de dollars.

Barroso et Zapatero gardent en mémoire la manière dont Berlusconi a été violemment attaqué par Sarkozy, appuyé par Lagarde, avec une Angela Merkel approbatrice.

— C'était une offensive tous azimuts par mer, ciel et terre, raconte Zapatero. (Il revoit ce dîner que, dit-il, il n'oubliera jamais.) Je me souviens des expressions sur les visages des protagonistes, et leurs affirmations péremptoires : « L'Italie n'a aucune crédibilité, vous n'avez entrepris aucune réforme », répétaient-ils au président du Conseil italien. Obama, ajoute Zapatero, a toujours été le plus courtois. Il est très poli et élégant.

Obama n'avait pas ouvert la réunion en jouant le rôle d'arbitre, mais il finit par s'installer dans le rôle. Selon trois anciens chefs de gouvernement présents dans la salle, le Président américain était au départ plutôt favorable à un prêt du FMI à l'Italie. Mais il changea d'avis au cours de la réunion.

— Le président Sarkozy pense que c'est une excellente idée, déclara Obama, sans pour autant jouer de son poids.

Berlusconi se souvient avoir clairement dit aux puissances rassemblées devant lui, à savoir Obama, Merkel et Sarkozy, que l'Italie n'avait pas besoin d'un prêt du FMI, et qu'elle n'en voulait pas.

— L'Italie est un pays riche, avança le milliardaire. Nous pouvons faire face à des taux d'intérêts élevés, si nécessaire, pour une année.

Obama essaya une autre tactique :

— Il nous faut briser le cycle infernal en redonnant confiance aux marchés.

Mais Berlusconi tint bon, bien qu'il n'ait le soutien de personne, excepté Barroso.

— Quand j'ai vu l'énorme pression qui s'exerçait sur les Italiens pendant cette réunion, rappelle Barroso, j'ai compris que Sarkozy cherchait à tout prix un résultat. Nicolas avait de très grandes qualités, et de la volonté. Mais c'était un obsessionnel. Il voulait que le sommet de Cannes se termine par un succès : « OK ! Nous avons résolu la crise de l'euro parce que nous avons réussi à mettre l'Italie sous tutelle du FMI. » Alors j'ai dit à Silvio : « Ne laisse pas tomber. Tiens bon. »

C'est à ce stade, au moment où Berlusconi refusait de se soumettre, que Christine Lagarde a sorti le grand jeu. Le ton était moins empreint d'émotion que celui de Sarkozy, mais plus redoutable.

— Berlusconi et Tremonti résistaient vaillamment, raconte Zapatero. C'était impressionnant, car ils étaient soumis à des assauts répétés depuis des heures.

Zapatero se souvient encore du rôle de Christine Lagarde :

— Je revois encore Lagarde lors de cette réunion. Elle était très dure envers l'Italie et l'Espagne. C'est pourquoi je n'ai pas oublié. Elle était très sévère, mais c'était injuste et déloyal. Il était surprenant de voir le FMI jouer un tel rôle. La directrice de l'institution soutenait la position des grandes puissances, sans donner sa propre opinion.

Un ancien proche collaborateur de Berlusconi se montre plus direct :

— J'étais dans cette salle, à Cannes, et je peux vous dire que Christine Lagarde se comportait comme un pantin dont Sarkozy tirait les ficelles.

Zapatero se remémore la réunion et il est plutôt d'accord avec la description féroce de l'Italien.

— Oui, oui, oui, répète-t-il en hochant la tête.

D'après ses souvenirs de cette soirée déterminante de Cannes, la directrice du FMI s'est comportée comme le bras armé de certains gouvernements et non comme la patronne d'une organisation internationale.

— Oui, insiste-t-il, c'est l'impression qu'elle donnait.

Après l'entretien entre Obama et les Européens ce soir-là à Cannes, au moins quatre des participants qui se trouvaient dans la salle sortirent avec l'impression que Christine Lagarde était à la botte de Sarkozy à propos de l'Italie. Elle était la parfaite suivante dans la comédie politique pompeuse du président français. Il se lançait dans une harangue et se tournait ensuite vers Lagarde. Elle intervenait alors comme si elle récitait sa partie de la scène. Elle était toujours préparée, toujours rationnelle et ferme, déterminée à mettre en place un prêt du FMI.

L'entente fusionnelle entre Christine Lagarde et Nicolas Sarkozy n'aurait dû surprendre personne au sommet de Cannes. Le fait qu'elle ait dirigé le FMI depuis les cinq derniers mois ne changeait en rien son parcours : elle avait passé les cinq dernières années comme ministre dans des gouvernements de centre droite, et elle était une alliée politique de Nicolas Sarkozy après avoir été sa ministre de l'Économie et des Finances. Politiquement, ils partageaient les mêmes convictions.

Lors d'une perquisition chez elle à Paris, dix-huit mois plus tard, la police avait trouvé une lettre légèrement embarrassante pour Christine Lagarde. La lettre avait circulé dans toutes les rédactions de la presse mondiale. Elle était adressée à Nicolas Sarkozy. La perquisition faisait suite à une enquête sur l'affaire Tapie, le millionnaire ami de Sarkozy dont les déboires judiciaires avaient déjà causé pas mal d'angoisse à la directrice du FMI. Maintenant, la presse publiait cette lettre à Sarkozy dans laquelle elle jurait alliance éternelle en ces mots préjudiciables : « Je suis à tes côtés pour te servir et servir tes projets pour la France... Utilise-moi pendant le temps qui te convient et qui convient à ton action et à ton casting. Si tu m'utilises, j'ai besoin de toi comme guide et comme soutien : sans guide je risque d'être inefficace, sans soutien je risque d'être peu crédible. Avec mon immense admiration. Christine L[1]. »

Retour à Cannes : la réunion entrait maintenant dans sa phase la plus dramatique. Sarkozy cherchait une fois de plus à convaincre Berlusconi quand Obama se tourna vers Barroso et lui demanda ce qu'il pensait de l'idée d'un prêt de sauvegarde du FMI à l'Italie.

— Obama perçut tout de suite mon avis, dit Barroso. Je n'étais pas du tout en faveur d'un prêt du FMI. Je déclarai que la Commission suivrait la mise en place des mesures, mais que la solution devait rester européenne. J'ajoutai qu'en aucun cas le FMI ne pouvait remplacer la Commission. Et franchement, ajoutai-je, quatre-vingts milliards de dollars n'étaient qu'une goutte d'eau comparée à ce que nous faisions pour d'autres pays. C'était moins que ce que nous avions accordé à la Grèce. Si l'on apprenait que l'Italie bénéficierait d'un prêt de sauvegarde de quatre-vingts milliards de dollars du FMI, nous courions au désastre.

1. Citation exacte extraite d'un article du *Monde*. (NdT)

Berlusconi hochait la tête pour approuver. Sarkozy ravalait sa rage en silence. Merkel gardait le regard fixe. Christine Lagarde arborait un visage de joueuse de poker, comme d'habitude. Obama prit la parole et fit taire les chamailleries européennes.

— Je comprends que l'Italie peut accepter la surveillance du FMI, mais pas le programme total, déclara Obama, devenu arbitre de fait.

Puis il dit qu'il était d'accord avec Berlusconi : le prêt du FMI était une mauvaise idée.

— Je pense que Silvio a raison, trancha Potus, autrement dit Obama (Potus étant son nom de code Twitter, abréviation de *President of the United States*).

L'affaire était entendue. L'Italie accepterait une surveillance partielle mais refuserait un prêt du FMI. Sarkozy n'obtenait pas le scalp qu'il voulait emporter, celui du président du Conseil italien. Cependant, le Français pouvait toujours s'appuyer sur Obama pour convaincre Merkel du bien-fondé de l'idée d'un mur pare-feu. L'intarissable président français se tournait vers la chancelière, cette fois avec l'aval précieux de Barack Obama. Les deux hommes insistèrent, développant les avantages d'un énorme bouclier financier qui protégerait l'Europe et l'économie mondiale.

Merkel tenta d'expliquer qu'elle n'était pas contre cette idée mais qu'elle avait les mains liées par la législation allemande. Elle ne pouvait pas donner d'ordres à la Bundesbank, la puissante banque centrale allemande. Obama et Sarkozy insistèrent encore, la persuadant qu'elle pouvait trouver un moyen. Berlusconi poussait un soupir de soulagement. Zapatero restait silencieux.

Et à ce moment-là, Angela Merkel se retrouva en larmes, probablement épuisée par les vingt-quatre heures de stress précédentes, peut-être aussi parce qu'elle ne voulait pas figurer dans l'Histoire comme ayant refusé d'assumer sa part pour sauver l'Europe.

— Il y eut un moment, à la fin de cette soirée, se souvient Zapatero, où l'on vit que Merkel était très affectée. Elle avait les larmes aux yeux, parce qu'on avait évoqué l'Histoire de l'Allemagne. Elle ne voulait pas qu'on pense que l'Allemagne refusait d'offrir son aide, ou que son pays ne voulait pas payer. Elle évoqua se qui s'était passé dans l'Histoire. Tout le monde restait silencieux. Je me souviens avoir regardé mon ministre de l'Économie. Ce fut un moment très intense. Toute l'histoire du XXe siècle était soudain concentrée là, en quelques secondes. Et je suis persuadé que c'est ce qui a brusquement changé l'atmosphère. Et c'est très important, conclut Zapatero. C'est Obama qui a changé d'attitude. On est passés d'une intense pression à une situation où une simple tutelle de la part du FMI serait acceptée.

Berlusconi, abattu, amoché, pouvait tout de même rentrer à Rome comme l'homme qui avait dit non au programme du FMI que Merkel et Sarkozy avaient voulu lui imposer. Mais il était considéré par la plupart des participants au sommet de Cannes comme au bout du rouleau. D'ailleurs, à Rome, ses adversaires attendaient son retour, armés de longs couteaux. Il était « assez évident » pour Barroso que le président de la République italienne, Giorgio Napolitano, avait en tête un plan B pour son pays. Il l'avait perçu juste avant la séance très tendue avec Obama.

— Ce jour-là, pendant le Sommet, j'ai reçu un coup de téléphone de Napolitano, se souvient Barroso. J'ai dû sortir de la réunion pour lui parler. Je n'ai pas pris de notes, et personne n'entendait la conversation, mais je me souviens parfaitement qu'il m'a dit très formellement : « Monsieur le président, je tiens à vous assurer au nom de l'Italie qu'il n'y aura pas de problème et que le gouvernement respectera tous les engagements contenus dans la lettre que le président du Conseil Berlusconi vous a envoyée. » Je compris tout de suite qu'il parlait comme s'il pensait déjà à la solution post-Berlusconi. C'était tout à fait clair pour moi.

Le sommet de Cannes se termina le lendemain. Ce fut une fois de plus la preuve que l'Europe n'était pas en mesure de prendre des décisions claires et courageuses. Les marchés financiers exprimèrent cruellement leur désapprobation, et les taux d'intérêts de la dette italienne montèrent considérablement. Lorsque Berlusconi rentra à Rome, sont sort était scellé.

L'intrigue internationale avait finalement échoué. Elle avait été arrêtée par le refus têtu de Berlusconi d'accepter le programme du FMI. Mais l'avait-elle été réellement ? Pour beaucoup, les stratagèmes d'Angela Merkel, Nicolas Sarkozy et Christine Lagarde avaient sérieusement affaibli Berlusconi, et c'était Napolitano qui lui assenait maintenant le coup de grâce. Il prévoyait son remplacement, par Mario Monti, depuis l'été précédent.

Tim Geithner, dans ses confidences à ses collaborateurs, vit au contraire les décisions du sommet comme l'ultime étape de la machination pour faire chuter Berlusconi. Quand un des membres de son équipe lui demanda si Merkel et Sarkozy avaient réussi à se débarrasser de Berlusconi, il répondit par l'affirmative.

— Ils ont fini par y arriver, dit Geithner à un journaliste qui l'aidait à rédiger son livre. Mais ils l'ont fait de manière très habile, en fait. C'est lui qui est parti. Après les séances formelles du G20, nous avons eu plusieurs réunions étranges... avec la France, l'Italie, l'Espagne, l'Allemagne et les institutions européennes... Nous nous sommes assis à la table jusque tard dans la nuit, pour pousser les Italiens à retrouver une certaine crédibilité… Les discussions que nous avions portaient sur la question de l'acceptation par l'Italie d'une tutelle du FMI, qui ne leur prêterait pas de l'argent mais qui… pourrait faire un audit et valider le fait qu'ils mettraient en application le train de mesures. Et vous savez, pour de nombreux pays, le FMI est souvent le baiser de la mort. Donc, la plupart des pays n'aiment pas l'ingérence de cette institution, à moins qu'ils soient acculés à demander son aide. Berlusconi cherchait à gagner du temps.

À la fin du sommet de Cannes, Berlusconi avait évité le baiser de la mort, le prêt du FMI, mais il se retrouvait tout de même coincé par Lagarde et l'institution internationale : il avait dû accepter un compromis, et le FMI pourrait venir à Rome vérifier les progrès de l'Italie.

L'humiliation du chef du gouvernement italien devant un parterre international à Cannes allait dorénavant contribuer à sa chute en fournissant des munitions à ses ennemis de Rome. Les conseillers diplomatiques du président Napolitano avaient des yeux et des oreilles à Cannes. Au pays de Machiavel, la machination du président de la république italienne pour remplacer Berlusconi par Mario Monti allait entrer dans sa phase finale. Giorgio Napolitano n'avait pas perdu de temps.

Le 9 novembre, cinq jours après la fin du sommet de Cannes, le président italien nommait Monti sénateur à vie, afin de lui donner un siège au Parlement. Ensuite, Berlusconi fut convoqué au palais présidentiel de Rome pour le 12 novembre. Napolitano énuméra un certain nombre de raisons pour lesquelles Berlusconi devait démissionner, et le milliardaire finit par baisser les bras. Le président aurait notamment déclaré que Berlusconi n'avait plus, à sa connaissance, la majorité parlementaire. Il le soumit à une terrible pression pour obtenir sa démission.

Berlusconi lui-même explique qu'en des circonstances plus favorables, il se serait battu pour garder sa position ; mais pas cette fois. Le président de la République tint formellement des consultations politiques, et en moins de vingt-quatre heures il nomma Mario Monti président du Conseil.

— On peut croire que je suis naïf, dit Berlusconi, mais quand je suis allé voir le président ce jour-là, je ne m'étais pas rendu compte que la nomination de Monti était l'aboutissement d'un plan à long terme pour faire tomber mon gouvernement, une machination qui avait été échafaudée par Napolitano.

Berlusconi avait maintenant quitté sa fonction de président du Conseil. Il avait peut-être perdu son pouvoir politique, mais pas ses talents de séducteur. Il était dans les bras d'une nouvelle jolie femme, sa dernière petite amie, une ancienne *show-girl* avenante de vingt-huit ans venue de Naples, débutante en politique. Elle était récemment apparue comme une de ses admiratrices. La rumeur courait qu'elle lui avait donné son numéro de téléphone lors d'une réunion du parti Forza Italia. La jeune femme se nommait Francesca Pascale, et elle entrait dans la vie du milliardaire avec son chien, un petit caniche du nom de Dudù. Francesca, bien qu'elle ait quarante-huit ans de moins que Berlusconi, allait devenir la nouvelle Première dame d'Arcore. Elle allait emménager dans la grande villa, et s'installer dans la vie du milliardaire.

– 12 –

Coupable !

À Rome, c'était une journée d'été étouffante. Ce premier jour d'août 2013. Il s'était écoulé presque 21 mois depuis son humiliation à Cannes et son remplacement par Mario Monti au poste de président du Conseil. Depuis ses combats politiques avec Merkel, Sarkozy et Napolitano, les choses avaient encore empiré pour Berlusconi, particulièrement du côté judiciaire.

L'air était lourd et humide. Les collaborateurs se pressaient dans le bureau du patron, au premier étage de l'imposant Palazzo Grazioli, une construction baroque située à quelques pas de la célèbre Piazza Venezia. Des maîtres d'hôtel en livrée se déplaçaient avec des petits plateaux d'argent, servant des expressos[95] ou de l'eau minérale aux nombreux invités. Dans le QG Berlusconi, l'humeur était funèbre. Dans une des pièces à la décoration somptueuse, Berlusconi, abattu, recevait des délégations politiques, entouré de ses aides, de ses conseillers, de ses avocats et d'amis de la famille. C'était une sorte de veillée, un moment d'attente pénible. Le verdict était imminent.

À l'intérieur du Palazzo Grazioli régnait une ambiance funèbre. Berlusconi était là depuis des jours, barricadé dans son bureau au style présidentiel, avec des consoles dorées sur lesquelles étaient disposés des souvenirs et des photos de lui avec ses amis Bush et Poutine. Entre les murs tendus de soie damassée, il recevait ses amis. Le personnel, en proie à un état d'agitation extrême, s'attendait au pire. Mais Berlusconi restait assis à son bureau, mélancolique et pensif. N'empêche, il était mal à l'aise. On le sentait nerveux à l'attente du verdict, mais il faisait de son mieux pour le cacher.

Le 1er août 2013, un jeudi, quelque chose allait changer. Il avait beau paraître étrangement calme, Berlusconi était sur les nerfs. Ce jour-là, sa vie était en jeu.

La Cour suprême allait rendre son verdict final concernant un procès qui durait depuis des années, celui de la fraude fiscale. Tout le monde, en Italie, s'attendait à ce que la Cour suprême confirme deux condamnations d'autres tribunaux. Berlusconi serait alors officiellement, aux yeux de la loi, un criminel condamné à de la prison, coupable de fraude fiscale et inéligible. Le moment était venu. Le baroud d'honneur, si l'on peut dire. Ce serait la victoire ou la défaite de Silvio Berlusconi. Pendant vingt ans, il était parvenu à éviter une condamnation définitive, mais cette fois cela semblait plus risqué.

Pendant que le *Cavaliere* attendait la décision de la Cour suprême, une foule de supporters s'était rassemblée dans la rue, devant le palais. Certains arboraient des pancartes et portaient des badges Berlusconi en soutien à leur héros. Une cohorte d'équipes de télévision – CNN, la Fox, la BBC et des chaînes italiennes – était alignée à l'extérieur du Palazzo Grazioli, retenue par des carabiniers en armes et des policiers. Ce carrefour d'ordinaire très animé du centre de Rome était devenue une zone rouge de sécurité. La circulation était bloquée jusqu'à la Piazza Venezia toute proche.

Marina Berlusconi, la fille du *Cavaliere*, arriva au Palazzo Grazioli juste avant trois heures de l'après-midi. Elle avait pris l'avion de Milan, où elle dirigeait le groupe d'édition familial Mondadori. Étant l'aînée de la famille, fille de la première femme du magnat, Carla Dall'Oglio, elle était l'héritière en titre de l'empire Berlusconi.

Elle monta directement dans le bureau de son père et le trouva assis avec son fidèle avocat, Niccolo Ghedini. Le verdict de la Cour suprême était attendu un peu plus tard dans la journée. Mais personne ne savait à quelle heure.

Francesca Pascale, la compagne napolitaine de Berlusconi, avait décidé d'évacuer le stress en s'aventurant hors du palais pour des petites promenades thérapeutiques – ou du moins pour promener son chien. À chacune de ses sorties, elle effectuait un véritable défilé de mode devant les caméras des équipes en attente sur le trottoir. Ce jour-là, elle sortit plusieurs fois. Le matin, elle portait une tenue jaune pastel, avec des ballerines Ferragamo assorties et d'énormes lunettes de soleil Fendi. Dans l'après-midi, elle arborait un ensemble bleu. Elle portait à chaque fois dans ses bras son petit caniche blanc, Dudù.

À l'étage, on aurait cru un conseil de guerre. Les lieutenants politiques de Berlusconi tentaient d'évaluer les dégâts infligés à Forza Italia en cas de culpabilité. Car l'issue risquait de faire éclater le parti de Berlusconi, et la chute du gouvernement était prévisible. Il n'y avait pas de plan B pour le *Cavaliere*. Rien n'était prévu pour la succession. Il y avait bien un second couteau, un ancien chrétien-démocrate de Sicile, Angelino Alfano qui était le numéro deux. Mais il était absolument dépourvu de charisme. Le débat faisait rage à propos de celui qui devrait mener le parti lors de la prochaine élection, au cas où Berlusconi serait condamné à la prison. Le nom de Marina Berlusconi fut évoqué par plusieurs fidèles de Forza Italia.

— L'alternative à Berlusconi, twittaient les piliers du parti, c'est encore Berlusconi.

C'est dans cette atmosphère de carnaval que la fille du milliardaire, Marina, fit son entrée cet après-midi-là. Vers seize heures, Gianni Letta, le conseiller politique en chef de Berlusconi, ancien vice-président de Fininvest, avait quitté le Palazzo Grazioli. En sortant de la réunion avec son patron, Letta paraissait très inquiet. Il était cependant résigné, s'attendant à ce qui allait bientôt se produire. Le bras droit de Berlusconi à Mediaset, Fedele Confalonieri, se trouvait encore au quartier général du groupe de télévision dans la banlieue de Milan, avec le fils de Berlusconi, Pier Silvio. Ils suivaient l'affaire à distance. Francesca Pascale, elle, arpentait les pavés des rues avoisinantes, faisant faire à Dudù sa promenade de l'après-midi.

Pendant plus d'une heure, Silvio Berlusconi s'enferma seul dans son bureau avec sa fille Marina. Ils discutèrent des deux scénarios possibles à l'issue de la journée : acquittement ou culpabilité. Le milliardaire travaillait à une déclaration. Il l'écrivait à la main, avec un bon vieux stylo, sur une feuille de papier. Lorsque sa fille comprit qu'il préparait le texte d'un message vidéo qu'il projetait de diffuser sur ses chaînes de télévision au cas où il serait reconnu coupable, elle sentit son estomac se nouer. Elle supplia son père de renoncer à cette idée. Mais Berlusconi s'obstinait.

D'après ceux qui se trouvaient dans son bureau avec lui, il avait l'air résigné au pire. Pourtant il restait calme, une sérénité qui paraissait bien artificielle. Les membres de sa famille et son proche entourage se rappellent qu'il avait arboré la même étonnante tranquillité quelques semaines auparavant, au milieu du mois de juin, quand une cour de Milan avait rendu un verdict de culpabilité pour le procès *bunga-bunga*. Il avait alors préparé aussi un message vidéo, s'adressant au peuple italien en jurant qu'il n'était pas coupable de relations sexuelles avec une prostituée mineure.

Aujourd'hui, le calme olympien du politicien milliardaire était impressionnant.

Peu après dix-sept heures, Marina Berlusconi regarda son père terminer la rédaction de sa déclaration. La Cour suprême ne s'était pas encore prononcée. Il faudrait attendre encore deux heures. Pour le moment, Berlusconi appelait son conseiller en image, un vétéran de la télévision dénommé Roberto Gasparotti. Comme en de nombreuses autres occasions, celui-ci se souvient avoir dû mettre en place la lumière, disposer les caméras, et attendre que la maquilleuse ait fini de tamponner le front du magnat de l'audiovisuel. L'homme était fin prêt, microphones en place, assis dans son fauteuil derrière son bureau, les drapeaux d'Italie et de Forza Italia dressés derrière lui. C'était le Berlusconi présidentiel dans toute sa prestance, regardant droit dans la caméra.

Une fois la déclaration de neuf minutes tournée, Berlusconi se retira avec Marina dans ses appartements. Dans cette suite du palais Grazioli, qui servait à la fois de résidence romaine et de QG, Berlusconi rejoignit un salon qui abritait un écran plat de soixante pouces, des canapés beiges disposés en cercle, un bar rempli de whiskys rares et de cognacs, des consoles dorées style Napoléon III avec des pieds en marbre, encore des tapisseries dorées aux murs, encore des souvenirs et, dans un coin de la pièce, comme si la Nativité avait lieu toute l'année durant, un arbre de Noël en cristal Swarowski – heureusement pas allumé pour cette occasion.

À dix-neuf heures quarante, Marina était assise à côté de son père sur le canapé, le regard fixé sur l'écran de télévision. Les juges de la Cour suprême se levèrent pour la lecture du verdict, diffusé en direct sur l'ensemble des chaînes nationales. Pour tous les Italiens, c'était un moment historique. Les membres de l'équipe politique de Berlusconi et ses avocats étaient réunis dans une pièce voisine pour assister à la lecture du verdict. Cela ne prit que deux minutes au président de la Cour. Après vingt années de procédures judiciaires, le sort du *Cavaliere* se décidait en une minute et cinquante-six secondes. Berlusconi s'en souvient comme du pire moment de toute sa vie. Dans les rues de Rome, les foules anti-Berlusconi hurlaient leur joie. Les bouchons des bouteilles de champagne sautaient pour fêter le premier verdict définitif condamnant l'ancien Premier ministre milliardaire.

Le fils de l'homme politique déchu, Pier Silvio, regardait pour sa part la lecture du verdict en compagnie de Confalonieri dans son bureau de Milan. Dès que ce fut fini, ils filèrent tous deux vers la section des avions privés de l'aéroport de Linate et sautèrent dans le jet de Mediaset pour le court vol vers Rome. D'autres membres de la famille accouraient au Palazzo Grazioli, en particulier deux des enfants de son second mariage, Barbara et Luigi. Une longue file de membres du parti de Berlusconi, de ministres, de parlementaires ainsi que de stratèges et de militants suivait. Ils étaient tous venus là pour rendre hommage, et l'ancien président du Conseil continua de les recevoir longtemps après minuit en ce jour maudit de condamnation. Le verdict de culpabilité allait déclencher un tsunami politique duquel Berlusconi allait avoir du mal à sortir. Il marquait un tournant définitif dans la carrière politique du *Cavaliere*, car Berlusconi allait être banni du Sénat et déclaré inéligible. Dans la sphère du milliardaire, on commençait à se rendre compte de l'horreur de la situation. Les visages tendus des militants du parti Forza Italia et des opportunistes qui défilaient vers le Palazzo, suivis par les équipes de télévision, en disaient long.

Tôt le lendemain matin, après moins de quatre heures de sommeil, Berlusconi fut réveillé par l'annonce que deux carabiniers en uniforme, très gênés, attendaient au salon. Ils s'excusèrent auprès de Berlusconi : ils étaient venus confisquer son passeport. C'était un des éléments de la procédure, en attendant l'éxécution de la sentence. Alors que ses ennemis se réjouissaient dans toute l'Italie, Berlusconi subit l'humiliation d'avoir à remettre son passeport aux carabiniers. Oui, c'était une véritable honte.

Coupable ! Silvio Berlsconi était finalement condamné pour un crime. L'homme qui avait dominé la politique italienne depuis 1994 était considéré comme un malfaiteur, et ce par la plus haute cour de justice du pays.

Que ressentit Berlusconi à l'écoute du verdict ? Quelle émotion éprouva-t-il à cet instant précis ?

— Plus que de l'émotion, j'ai éprouvé un sentiment d'incrédulité. Les juges m'avaient vraiment acculé. Ce verdict est une honte pour la justice italienne. C'est une blessure profonde, infligée non seulement à moi mais à tout le système judiciaire.

Berlusconi fait une pause et baisse les yeux. Puis il se redresse. Son visage trahit une certaine tension. Sa jambe gauche commence à s'agiter nerveusement sous la table, comme s'il était impatient de révéler quelque chose. Il semble vouloir partager un secret. Quand il reprend la parole, sa voix est basse et le ton est celui d'un conspirateur.

— Je sais, dit-il, qu'un des juges qui a émis le verdict regrette aujourd'hui sa décision. Il a dit que ce n'était pas un jury mais un peloton d'exécution. Ils ont pointé les canons de leurs fusils sur Berlusconi, adversaire politique. C'est un des juges membres du jury qui l'a dit.

Il finit par insister sur un seul point très simple. Et il reprend son explication, de plus en plus irrité.

— La loi avec laquelle j'ai été condamnée stipule que pour être coupable, il faut avoir signé personnellement les déclarations fiscales. Il faut avoir personnellement le pouvoir de signature sur les comptes de la société. Il faut donc soit être membre de la direction, soit membre du conseil d'administration. Je n'ai jamais signé les comptes de Mediaset. Je suis le propriétaire d'un holding financier qui contrôle 60 % d'un autre holding, qui lui-même est propriétaire de 34 % de Mediaset. Je n'ai jamais rien signé concernant Mediaset, explique un Berlusconi provocateur.

Il est exact que lorsque la fraude a eu lieu, en 2001 et en 2002, selon le compte-rendu de la cour, Berlusconi n'était pas impliqué directement dans Mediaset. Il était le président du Conseil en exercice et répondait aux attaques de ses rivaux politiques qui l'accusaient alors d'un conflit d'intérêt majeur. Il avait démissionné de ses responsabilités en 1994. Mais il n'avait jamais mis son empire médiatique entre des mains neutres. La plupart de ses opposants politiques, ainsi que de nombreux magistrats, n'agissaient pas en fonction de preuves concrètes ; mais ils considéraient que Berlusconi ne pouvait pas ne pas savoir ce qui se passait au sein de Mediaset, étant donné que l'entreprise était dirigée par son meilleur ami et que ses enfants étaient des responsables importants au sein de l'affaire. Confalonieri, qui, *lui*, avait la signature en tant que président de Mediaset, avait été acquitté. Berlusconi insiste une fois de plus : en tant que président du Conseil, il n'a jamais signé les déclarations fiscales de Mediaset. Pourtant, il est accusé de fraude et même condamné. « Comment cela peut-il être possible ? » demande Berlusconi dont la voix s'élève brusquement.

Pour la Cour suprême, les arguments du magnat ne tiennent pas, parce qu'il était « le cerveau » derrière toute l'opération. Il était l'architecte de la fraude, affirme la Cour. Les avocats de Berlusconi firent appel auprès de la Cour européenne des droits de l'homme à Strasbourg. Ils espéraient annuler ainsi les décisions de la justice italienne et permettre à Berlusconi de continuer à être éligible. Pendant les mois qui suivirent, l'homme politique bafoué s'accrocha à l'espoir d'une rédemption ultime, comme un nageur en train de se noyer.

— Ce que je veux, proclame un Berlusconi en dehors des réalités, c'est une déclaration complète d'innocence provenant d'une cour au-dessus de tout soupçon, la Cour européenne des droits de l'homme.

Il semble s'adresser à une puissance divine !

Les critiques se moqueraient plus tard de l'appel du politicien italien à la Cour européenne, mais c'était le seul moyen d'espérer un retournement de situation, afin de pouvoir de nouveau agir sur la scène politique en étant élu. Car tel était désormais son problème. Comment pouvait-il diriger un parti politique s'il était sur le point de se faire bannir du Sénat et qu'il ne pouvait plus se présenter à une élection pendant les six années à venir ? Berlusconi avait alors près de soixante-dix-sept ans, et six années lui paraissaient une longue période.

La vérité était qu'à l'été 2013, après la décision de la Cour suprême, Berlusconi courait le risque de disparaître de la scène politique. Il considérait que le verdict était un « coup d'État judiciaire » et ne cessait d'exprimer avec passion, en public comme en privé, sa rage contre les magistrats de gauche. Mais cela ne servait à rien. Ses problèmes politiques et personnels commençaient à converger et menaçaient tout ce qu'il avait construit au cours de sa vie. Tout l'univers de Silvio Berlusconi lui paraissait s'écrouler. Il se plaignait auprès de ses amis de se voir confisquer « sa liberté personnelle ». Il disait que s'il était exclu du Parlement, il perdrait son immunité, et il craignait qu'un juge trop entreprenant le fasse arrêter.

— Ils peuvent le faire. Ils peuvent venir m'arrêter, disait-il à ses amis. Ils ne seront pas satisfaits tant qu'ils ne me verront pas derrière des barreaux.

Berlusconi avait maintenant peur. Il souffrait d'accès de dépression, du moins c'est ce que disaient ses visiteurs. Il était constamment humilié. Par exemple, la décision de justice signifiait qu'il serait déchu de son titre de chevalier italien, une décoration qu'il avait obtenue en 1977 pour services rendus à l'industrie, aux beaux jours de sa carrière de promoteur immobilier. Il était fier de ce titre honorifique qui lui valait d'être surnommé le *Cavaliere* dans la presse italienne si friande de surnoms. La presse la plus hostile plaisantait maintenant à ses dépens en le surnommant « l'ex-*Cav* ».

Berlusconi avait beaucoup d'autres soucis cet été-là, en particulier sur le front politique. Si jamais il était mis hors jeu, mis en résidence surveillée et éliminé en tant que candidat pour le centre droite, comment allait-il pouvoir maintenir la cohésion de son parti ? Depuis vingt-et-un mois qu'il avait démissionné de la présidence du Conseil, l'Italie allait de mal en pis, avec une économie en récession et un chômage en hausse. Il apparaissait maintenant que le gouvernement nommé par le président Napolitano pour remplacer le sien n'allait pas tarder à chuter.

Mario Monti, l'économiste aux bonnes manières que Napolitano avait fait venir pour gouverner, avait déçu tout le monde. Sa nomination avait stabilisé un moment l'économie, et il avait lancé d'importantes réformes concernant les retraites ; mais il s'essoufflait, et de nouvelles élections eurent lieu en février 2013. Berlusconi était alors toujours libre de faire campagne. Sa coalition de centre droite Peuple de la Liberté était arrivée seconde, très près des Démocrates de centre gauche. Ils étaient presque à égalité. Berlusconi était parvenu à obtenir 29,4 % des voix, alors que la coalition menée par les Démocrates le devançait à 29,8 %. Un nouveau troisième parti, dirigé par un ancien comédien de rue ne manquant pas de pouvoir de conviction avait réussi à rassembler 25 % de protestataires – ce qui en faisait le troisième parti du pays. Un véritable tremblement de terre au sein du monde politique italien. Suivant une loi électorale qui allait bientôt être déclarée inconstitutionnelle, la coalition démocrate reçut un bonus de cent cinquante sièges dans la basse assemblée – le problème étant qu'il leur manquait quelques voix pour avoir la majorité au Sénat. Pendant ce temps, le mandat du président Napolitano arrivait à son terme. Il allait avoir quatre-vingt-huit ans. On se serait cru dans un film de Fellini.

Le résultat de l'élection de février 2013 et les marchandages pour trouver un remplaçant à Napolitano eurent des conséquences catastrophiques, et l'Italie se retrouva sans gouvernement pendant plus de deux mois. Finalement, on demanda à Napolitano de servir un second mandat à la présidence de la République, mais à ses conditions. Il insista pour former une « grande coalition » rassemblant la gauche et la droite. Tous les partis, à l'exception de celui du comédien Beppe Grillo. Berlusconi soutint le nouveau gouvernement et, au moment où tomba le verdict de culpabilité en août 2013, il était chef d'une coalition de centre droite et avait cinq sièges au sein du cabinet, dont les votes étaient cruciaux pour maintenir en place le gouvernement. Malheureusement, ce gouvernement était dirigé par un poids plume en politique, un président du Conseil qui, comme de bien entendu, était aussi le neveu du principal négociateur politique de Berlusconi, Gianni Letta.

Ce président du Conseil, Enrico Letta, surnommé « Letta Junior », se trouvait déjà en difficulté quand Berlusconi fut reconnu coupable cet été-là. Dès la diffusion du verdict, son gouvernement chancela encore un peu plus. Le milliardaire allait-il faire tomber le gouvernement de coalition pour se venger de sa condamnation ? Espérait-il que le président Napolitano le gracie ?

L'octogénaire, un ancien communiste, fut aussitôt très clair. Le gouvernement resterait en place, déclara-t-il, et les problèmes légaux de Berlusconi ne concernaient que lui. L'affaire était close.

À l'automne, alors que rien ne semblait pouvoir être pire pour le politicien en difficulté, d'autres ennuis se profilèrent. La Cour suprême rendit un autre verdict à son encontre. Encore une vieille histoire qui remontait à la surface. Il s'agissait cette fois d'une plainte au civil qui suivait son cours dans les tribunaux italiens depuis plus de vingt ans. Une décision de justice qui faillit mettre l'empire Berlusconi à genoux. Le tribunal avait jugé que la société familiale de Berlusconi, Fininvest, devait payer quatre cent quatre-vingt-quatorze millions d'euros de dommages et intérêts à Carlo de Benedetti, l'éternel rival du *Cavaliere*. Selon la cour, la Fininvest avait illégalement acquis le contrôle du groupe d'édition Mondadori en 1991 en versant des pots-de-vin à un juge pour influer sur une décision clé. Berlusconi avait été acquitté des charges de corruption des années auparavant, mais la plainte civile courait toujours et avait pris des proportions incroyables. La cour ordonnait le paiement par Mediaset d'environ sept cents millions à Carlo de Benedetti, et cette décision drainait pratiquement toute la trésorerie de l'entreprise de Berlusconi. Aux problèmes juridiques et politiques, venaient s'ajouter des difficultés financières.

La décision fut connue à la mi-septembre, le jour où Berlusconi se préparait à relancer son parti Forza Italia. Il avait décidé de faire peau neuve sur le plan politique en laissant tomber la coalition du Peuple de la Liberté, sa propre coalition de centre-droit, et en revenant à ses idées de base. Son vieux parti était en proie à de sérieuses difficultés. Berlusconi voyait s'approcher la menace d'une expulsion du Sénat, et son avenir en tant que chef politique était bien compromis. Le président du Conseil, Enrico Letta, résistait fermement. Il refusait de laisser les ennuis judiciaires de Berlusconi menacer la longévité de sa coalition gouvernementale. Le président Napolitano ne se faisait pas oublier. Il fit savoir clairement qu'il n'accepterait pas l'organisation de nouvelles élections et demanda à Berlusconi de faire preuve de responsabilité. C'est-à-dire de ne pas renverser le gouvernement sous prétexte de protester contre sa propre condamnation. Celui-ci se demandait encore s'il avait une chance d'être gracié par le président de la République. Il hésitait à faire tomber le gouvernement.

Pendant tout le mois de septembre, Berlusconi fit la navette entre Arcore et le Palazzo Grazioli, à Rome. Francesca Pascale l'accompagnait partout. Il tentait de contrôler les choses mais se heurtait à un mur d'opposition, surtout dans son propre parti. Les soi-disant faucons de sa formation politique voulaient qu'il démissionne du gouvernement et qu'il oblige ainsi à de nouvelles élections. Les colombes voulaient, elles, continuer à soutenir le gouvernement. Elles étaient résignées à l'éviction de leur patron du Sénat. Parmi les rebelles qui ne soutenaient plus Berlusconi se trouvait le numéro 2, le président adjoint du conseil, Angelino Alfano, qui paraissait satisfait de sa position et voulait éviter la chute du gouvernement.

À la fin du mois de septembre, au moment où l'ordre d'expulsion du Sénat du milliardaire passait devant une commission déterminante, l'homme politique aux abois montra les dents. Il ordonna à ses cinq ministres membres du cabinet gouvernemental – ce qui incluait Alfano – de démissionner. Les ministres louvoyaient, hésitaient, et ils semblèrent un moment s'opposer à leur patron.

Ils présentèrent finalement leur démission, ouvrant ainsi une crise gouvernementale potentielle. Berlusconi semblait maintenant déterminé à faire tomber le gouvernement. Mais il avait perdu le contrôle d'Alfano et des autres ministres ainsi que de trente parlementaires. Tous aimaient trop leurs positions et leurs avantages. Ils revinrent sur leur décision au bout de quelques jours. Les rebelles faisaient toujours partie du gouvernement. En novembre, alors que le vote du Sénat en assemblée plénière concernant l'expulsion du magnat approchait, celui-ci organisa une fête pour relancer son vieux parti adoré, Forza Italia. Ce même jour, Alfano et les autres colombes abandonnèrent leur protecteur. Ils formèrent un nouveau microparti qui fit immédiatement allégeance au gouvernement de centre gauche du président du Conseil Letta, en échange de leur maintien au sein du Conseil des ministres. La trahison ne s'était pas fait attendre, mais à ce stade elle n'étonna pas Berlusconi. Plusieurs semaines auparavant, il avait annoncé à ses amis qu'Alfano était un traître, que c'était un fils prodigue peu reconnaissant, que sa carrière politique serait un échec s'il quittait le parti qui lui avait tout donné. Au moment où il fut expulsé du Sénat italien, à la fin novembre 2013, Silvio Berlusconi avait déjà perdu un tiers des parlementaires de son parti. Il avait décidé de voter contre le gouvernement, et pour la première fois depuis des années son parti se retrouvait dans l'opposition. Il n'avait plus personne pour le soutenir au Parlement, et il avait perdu tout pouvoir.

Le désormais ex-*Cavaliere* allait devoir faire face à une nouvelle accusation, cette fois pour avoir payé des millions de dollars de pots-de-vin au sénateur de Naples, afin d'acheter des votes au Parlement pour faire chuter le gouvernement de centre gauche en 2006. Berlusconi nia évidemment ces allégations, même si le sénateur avait déjà admis avoir reçu l'argent. Mais Berlusconi était de plus en plus amer. Les choses ne s'arrangeaient pas pour lui. Pas du tout.

Le jour où Berlusconi fut expulsé du Sénat, à Rome, un autre homme politique, moins connu, donnait une interview au Palazzo Signoria, à Florence. Le jeune maire de cette ville, Matteo Renzi, âgé de trente-neuf ans, vantait la politique économique de Bill Clinton et de Tony Blair. Il expliquait pourquoi il allait se présenter à la direction du Parti démocrate italien. Il disait tout ce qu'on voulait entendre. Il soutenait des réformes de modernisation du pays et décrivait une vision d'un pays post-berlusconien tel qu'il entendait le faire évoluer. Renzi avait la réputation d'être le personnage le plus ambitieux d'Italie. Il avait acquis une énorme popularité en tant qu'homme politique. Quelques jours plus tard, Renzi remportait les primaires de son propre parti et commençait à secouer le léthargique président du Conseil, Enrico Letta. Il voulait redonner au gouvernement une énergie qu'il semblait avoir perdue. Renzi était un Toscan : pour les Italiens, cela signifie qu'il est têtu, qu'il a un fort caractère et la langue bien pendue. L'ambitieux maire de Florence se voulait pour l'instant rassurant envers le malheureux Letta : il lui promettait son soutien ainsi que l'unité du parti. Telle était la situation politique italienne au début de l'année 2014. Renzi était le chef du parti au pouvoir, et Letta le président du Conseil. Si ce dernier personnifiait tout ce qui pouvait être archaïque et dépassé dans la gauche traditionnelle italienne, Renzi portait, au contraire, l'avenir en lui. C'était un fonceur, il maîtrisait bien les médias et arrivait sur la scène nationale comme un ouragan. Une de ses premières actions, après avoir pris le pouvoir au centre gauche, fut d'organiser une réunion plutôt inhabituelle avec Silvio Berlusconi. Il invita le grand ennemi de la gauche au quartier général du Parti démocrate. Lorsque l'Audi A8 du patron de la droite traversa les étroites rues pavées de Rome et s'arrêta, le 18 janvier, devant les bureaux du parti de Renzi, tout le monde fut estomaqué. Que cherchait Renzi ? Pourquoi daignait-il rencontrer Berlusconi ? Et comment celui-ci pouvait-il se rendre au siège d'un parti dont il prônait l'élimination depuis plus de vingt ans ? La réponse était simple. Depuis des mois, Berlusconi se languissait dans la honte et l'embarras. Une invitation par Renzi sonnait un peu comme une réhabilitation politique. Et ce qui résulta de cette conversation d'une heure et demie allait, pour la première fois depuis longtemps, redonner un peu d'espoir au milliardaire milanais. Il rencontrait un politicien prêt à discuter sérieusement. Il trouvait en face de lui un homme du centre gauche sensible au monde des affaires, une véritable nouveauté en Italie. Et il tombait sur un homme tout aussi empathique que lui, un charmeur, quelqu'un d'ouvert. Ce que Renzi offrait redonna peut-être l'espoir à l'homme de droite d'obtenir une grâce présidentielle. Le Toscan proposait à nouveau un siège à la table de discussion, une possibilité de peser sur l'action gouvernementale, un pacte bipartisan orienté vers des réformes.

Le 18 janvier 2014, Matteo Renzi et Silvio Berlusconi se mirent d'accord pour coopérer au Parlement sur un programme de réformes constitutionnelles et sur une nouvelle loi électorale pour remplacer celle, toujours en vigueur mais inconstitutionnelle, qui régissait encore la vie politique. L'accord fut baptisé le « Pacte de Nazareno » parce que les bureaux du Parti démocrate se trouvaient dans une rue de Rome dénommée Largo Nazareno. Rien ne pouvait autant remonter le moral de Berlusconi. Après la rencontre, Renzi expliqua devant les caméras qu'il avait trouvé « une profonde harmonie » de vues avec l'homme de droite. Il semblait étrange que Berlusconi semble tant apprécier Renzi. La presse italienne avait déjà commencé à gloser sur ce couple étrange, remarquant que le politicien de trente-neuf ans étiqueté centre gauche paraissait l'héritier le plus évident de l'homme de droite Berlusconi.

— Renzi est un nouveau protagoniste de la scène politique italienne, allait dire le milliardaire quelques jours après la réunion. Il essaie de réformer et de moderniser le Parti démocrate. Il a annoncé courageusement et avec une certaine arrogance qu'il allait se débarrasser de la « Vieille Garde » du parti. Et c'est ce qu'il est en train de faire. Alors j'espère qu'il continuera d'aller dans la bonne direction.

C'était un beau compliment de la part de l'homme supposé se trouver de l'autre côté de l'échiquier politique. Mais Renzi avait réussi à charmer Berlusconi, du moins momentanément. Par la suite, Berlusconi clamerait qu'il avait été trompé par le bouillant Toscan. Mais pour le moment, l'ex-*Cavaliere* était de retour dans le jeu. Il participait même aux réunions du palais présidentiel. Retrouver un semblant de dignité comptait beaucoup pour Silvio Berlusconi. Et pourtant, nombre de ses ennemis commençaient à le considérer comme fini en tant qu'homme politique influent. Le milliardaire accepta cependant la nouvelle alliance avec Renzi, et au cours de l'année les deux hommes allaient se rencontrer huit fois. Ils communiquaient aussi beaucoup par téléphone. Leurs collaborateurs se réunirent une douzaine de fois, préparant la voie, réglant des questions épineuses, renégociant des éléments de l'accord. Pourtant, une partie des soutiens de Berlusconi commençait à douter de sa stratégie. À quoi cela servait-il de respecter un accord avec Renzi et de voter ensemble certaines réformes, alors qu'ils étaient supposés être dans l'opposition ? Berlusconi balayait les objections en arguant qu'il démontrait une certaine responsabilité en coopérant sur des réformes aussi importantes. D'après ceux qui l'entouraient au printemps de 2014, il espérait encore une grâce présidentielle.

Le résultat du soutien de Berlusconi aux réformes de Renzi allait se révéler désastreux, et avoir de lourdes conséquences électorales. Quant à l'ex-*Cavaliere*, il n'était toujours pas autorisé à participer à des élections. Les sondages montraient une chute du parti Forza Italia. Le dernier carré de fidèles à Berlusconi s'inquiétait d'une défaite aux élections européennes.

Le 15 avril 2014, dans une ambiance de pourrissement et de désespoir, Berlusconi fut finalement informé qu'il allait devoir subir sa sentence. La Cour suprême l'avait condamné à quatre ans de prison, dont trois étaient annulés grâce à une amnistie partielle due à la surpopulation des prisons italiennes. Les douze mois restants seraient consacrés à un service communautaire dans une vieille institution catholique située dans la banlieue de Milan, la Fondazione Sacra Famiglia. Là, tous les vendredis matin, le milliardaire ancien président du Conseil devait travailler dans une section dédiée aux soins à des personnes atteintes de la maladie d'Alzheimer.

Le verdict était : coupable. La peine à accomplir n'était pas la pire. Mais le monde de Berlusconi continuait d'imploser. Bientôt arriverait la sentence de la cour d'appel concernant sa mise en examen dans l'affaire *bunga-bunga*. Et pendant ce temps, il avait été mis en examen pour achats de votes au Parlement italien et devait répondre aux convocations des magistrats de Naples. D'autres juges allaient ajouter des charges contre le politicien déchu. Il s'agissait d'allégations concernant le versement de millions de dollars à des jeunes femmes ayant participé aux nuits *bunga-bunga* en échange de faux témoignages. De plus, les résultats des élections européennes ce printemps allaient déclencher une rébellion ouverte au sein du nouveau parti Forza Italia.

Pour Silvio Berlusconi, ce verdict de culpabilité n'était pas seulement une amère défaite, il sonna le commencement de la fin.

– 13 –

Fin de partie

Les lumières sont tamisées dans le salon de la maison de Berlusconi, à Arcore, comme si l'immense villa était en deuil. L'éclairage à bas niveau crée des ombres sinistres de chaque côté de la cheminée de marbre, accentue l'ambiance déjà glauque de cette ténébreuse soirée dans la campagne milanaise. Une silhouette austère, vêtue d'une chemise blanche chiffonnée, se présente à l'entrée de la pièce. Elle apporte, sur un plateau d'argent, un assortiment d'eaux minérales, gazeuses et plates. C'est le fidèle maître d'hôtel de Berlusconi, Giuseppe, un homme au visage légèrement hagard, arborant un sourire cynique qui semble vouloir dire : « J'en ai vu d'autres ! » Le *maggiordomo* de la Villa San Martino explique en chuchotant que c'est ainsi que le patron aime l'éclairage, très tamisé. Il verse de l'eau pétillante dans un verre en cristal puis se retire en silence.

Des voix semblent s'élever dans la salle à manger attenante. La discussion est animée. La voix de ténor du maître des lieux est reconnaissable à travers la porte, comme celles de ses collaboratrices les plus proches, une nouvelle venue napolitaine du nom de Mariarosaria Rossi et celle de Deborah Bergamini, une porte-parole bien rodée que Berlusconi débaucha longtemps auparavant de la chaîne de télévision Bloomberg. La porte s'ouvre et Giovanni Toti, le tout dernier protégé du milliardaire, fait son apparition. Il semble un peu hébété. L'ancien présentateur d'émissions de télévision de Mediaset vient tout juste d'accepter la demande de Berlusconi de se présenter aux prochaines élections régionales partielles sous la bannière de Forza Italia.

Ce vendredi soir, Berlusconi est en pleine discussion électorale avec les membres de son cercle le plus fermé, une petite coterie que la presse italienne a surnommée « le Cercle magique ». Le personnage le plus important de ce petit groupe est Francesca Pascale. Elle et les autres membres du cercle ont réussi à hypnotiser un Silvio Berlusconi vieillissant, selon la presse italienne, à cause de leur inexpérience, de leurs mauvais jugements et de leurs ambitions personnelles, la coterie est parvenue à l'isoler du monde extérieur, infligeant ainsi des dommages irréparables non seulement à l'homme mais aussi à Forza Italia. En fait, la petite amie de Berlusconi n'est pas impliquée dans l'organisation de la prochaine élection régionale partielle. À l'étage, dans les appartements familiaux, Mlle Pascale se prépare. Ce soir, elle sera élégamment habillée tout de beige, délaissant pour une fois sa tenue de jogging et ses vestes en jean. Le dîner va bientôt être servi et, comme d'habitude, Berlusconi est en retard.

Quelque chose de surnaturel semble régner dans la Villa San Martino en cette soirée du 27 mars 2015. Est-ce la pénombre, ou l'effet de cet éclairage sinistre ? Peut-être est-ce surtout l'ambiance plombée. Peut-être est-ce parce que ce jour est l'anniversaire de la première victoire électorale de Berlusconi en 1994... En cette journée, il y a plus de vingt ans, il était passé des statuts controversés de milliardaire, de magnat de la presse et de la télévision à celui de président du Conseil, tout aussi controversé. En 1994, il a bouleversé le paysage politique italien suite à une campagne habile qui lui a permis de conquérir les cœurs et les esprits des électeurs italiens. Vingt-et-un ans plus tard, son parti est sur le point d'imploser et paraît se battre pour sa survie. Les anciens lieutenants de Berlusconi lui ont tourné le dos les uns après les autres. Certains exigent des primaires pour faire élire son successeur. D'autres prétendent que le Cercle magique et Pascale leur refusent l'accès à leur patron. Enfin d'autres affirment que l'ex-*Cavaliere* a mis en danger son propre parti en refusant d'établir un plan pour sa succession. Tout ceci a jeté un voile opaque sur la Villa San Martino.

Un aide du milliardaire confie que pendant le déjeuner le patron a, pour la première fois, évoqué son envie de jeter l'éponge. Pourtant, la mise en examen de l'affaire Ruby a été annulée il y a tout juste quelques semaines. Il est vrai aussi que Berlusconi a été entièrement acquitté des charges de prostitution de mineur et d'abus de position dominante en tant que président du Conseil qui pesaient contre lui. L'homme devrait se sentir aux anges. Mais il n'est pas rassuré pour autant. Tout au contraire, il explique à sa famille et à ses amis qu'il s'attend à une nouvelle attaque de la part des magistrats, cette fois pour subornation de témoins dans l'affaire Ruby. Certains enregistrements d'écoutes téléphoniques ont fuité dans la presse. Elles portent sur le soi-disant harem de jeunes filles que Berlusconi logerait dans un immeuble. Ce soir-là, il se lamente sur « la campagne médiatique menée contre lui par les magistrats, avec la publication de toutes sortes d'extraits de conversations téléphoniques compromettantes et d'autres documents confidentiels qui fuitent chaque jour ». Il n'est pas content du tout.

En cette soirée du 27 mars, Berlusconi semble avoir le moral à zéro. Les procédures judiciaires à son encontre l'inquiètent, il est préoccupé par ses multiples entreprises, il supporte mal les pertes grandissantes de ses actions du club de football Milan AC. Et il se pose des questions sur son avenir politique. La situation financière catastrophique de Forza Italia ne le rassure pas : les dettes de son parti s'élèvent à plus de cent trente millions d'euros, précise-t-il à un de ses visiteurs. Une nouvelle loi sur le financement des campagnes électorales interdit les contributions individuelles supérieures à cent mille euros.

— Il va falloir que je paie, de ma poche, le total de la dette, ajoute-t-il avec une grimace.

Pire encore, Forza Italia ne s'est pas remis d'une année de rébellions internes et de mutineries. Nombreux sont les loyaux soutiens déçus que Berlusconi ait appointé comme trésorière du parti une inconnue en politique venue de Naples, Mariarosaria Rossi. Elle est sénatrice pour Forza Italiana, mais pour ses détracteurs sa qualification principale est d'être la meilleure amie de Francesca Pascale. La presse italienne dépeint une situation inquiétante dans laquelle Rossi et Pascale sont les deux vilaines, manipulant Berlusconi dans les ruines glorieuses d'une Villa San Martino un peu inquiétante. C'est ce que prétend la rumeur. Elle semble sonner juste, mais ce n'est pas facile de manipuler Berlusconi. En tout cas, Berlusconi se terre depuis un long moment dans sa propriété d'Arcore. Il a passé près d'une année sous surveillance stricte. Ses déplacements sont restreints depuis qu'il doit effectuer sa peine commuée en travaux d'intérêt général. Il n'est pas apparu depuis longtemps à la télévision, ni sur la scène politique. Son parti s'étiole à chaque sondage. Politiquement, le vieux briscard semble en chute libre. Mais en fait, à l'intérieur de l'immense villa, l'homme est furieux de ce qui lui arrive. Il fulmine de colère et de frustration. Il ne supporte pas d'être astreint à domicile et de ne pas pouvoir dire publiquement ce qu'il pense par peur des magistrats. Interdit de déplacement en Italie, l'homme est impatient de retrouver l'arène politique, et il est horrifié de constater qu'il ne lui reste que peu de cartouches.

Mais en fin de compte, depuis son temps de travaux d'intérêt général et jusqu'au printemps 2015, l'événement le plus significatif qui a fait basculer le parcours politique de Berlusconi ne vient pas des mauvais conseils prodigués par « le Cercle magique ». Matteo Renzi avait la décontraction de la génération Twitter et proposait un programme économique de croissance à la Bill Clinton. Il avait été nommé au poste de chef du gouvernement un an auparavant, en 2014. C'était un libéral décontracté, adepte du libre marché, mais avec une conscience sociale. Pendant que Berlusconi purgeait sa peine et qu'il observait de loin son parti en pleine déliquescence, Renzi écrasait sur son passage, tel un bulldozer, les caciques du Parti démocrate de centre gauche. Il éliminait de la sorte ses adversaires de l'extrême gauche et les rendait furieux avec ses réformes et son programme favorable à l'entreprise et à l'emploi. Mais nous sommes en Italie, et l'un des facteurs principaux ayant permis à Renzi de mettre en place ses réformes fut le fameux pacte de Nazareno.

En échange d'un siège à la table des décideurs en tant que chef de l'opposition parlementaire et de la crédibilité politique qui l'accompagne, le patron de la droite avait supplié les sénateurs de Forza Italia de voter pour Renzi. Grâce à ces voix, le jeune président du Conseil pouvait menacer les plus à gauche au sein de son parti et faire passer les législations réformatrices, même si une partie de ses forces votait contre. C'était une menace imparable, et elle fonctionna pendant un temps. Une grande partie des dissidents se conforma à la ligne. Les forces d'opposition de Berlusconi votèrent les réformes, et tout le monde en bénéficia.

Pour Silvio Berlusconi, le dialogue avec le nouveau chef du gouvernement s'apparentait à un goutte-à-goutte miraculeux, à une réanimation politique. Il redevenait quelqu'un ayant du poids, après de nombreux mois d'accablement pendant lesquels il avait porté sur le front une étiquette de coupable. Il s'était senti à l'écart du système, dans un *no man's land* politique, un purgatoire de la honte. L'ex-*Cavaliere* se sentait réhabilité par Renzi. Le Toscan parvenait à faire passer de nombreuses réformes économiques que Berlusconi avait essayé d'imposer sans jamais parvenir à les faire accepter en vingt ans d'action politique.

Matteo Renzi avait trouvé utile de maintenir Berlusconi en vie politiquement. Il l'avait entraîné à lancer des réformes constitutionnelles au-delà des clivages partisans. Mais alors que le jeune président du Conseil penchait de plus en plus vers le centre, il pratiquait une sorte de triangulation à l'italienne. Il était en train de subtiliser l'habillage politique de Berlusconi, tout comme Clinton l'avait fait avec les Républicains modérés aux États-Unis. Pis encore aux yeux du séducteur Berlusconi, Renzi marchait sur ses plates-bandes de communicant télégénique. Il se montrait tout aussi efficace que le maître lui-même à ses heures de gloire. L'habile Toscan utilisait Facebook et Twitter pour faire passer ses messages. Mais dans ses slogans et ses messages, il semblait là aussi avoir volé des pages du programme de Berlusconi. La position du président du Conseil, favorable à l'entreprise, prônant une politique économique modérée, attirait maintenant des soutiens de Berlusconi. Des pans entiers de l'électorat traditionnel de droite du magnat de l'audiovisuel tombaient dans l'escarcelle de Renzi. Le parti de Berlusconi, alors que celui-ci purgeait sa peine en effectuant ses travaux d'intérêt généraux, subit une défaite aux élections du Parlement européen du printemps 2014. Il n'obtint que 16,8 % des voix, un échec historique. Renzi parvint à se maintenir à gauche, tout en amputant la base électorale de Berlusconi.

Le vieux politicien milliardaire minimisait le problème ; mais pendant qu'il assistait, impuissant, au changement, des membres importants de son parti lui faisaient faux bond les uns après les autres. Il était attaqué sauvagement par ses anciens compagnons à cause de l'alliance qu'il avait nouée avec Renzi. Même pour le cercle restreint des intimes du milliardaire, il était clair que son soutien à Renzi avait induit les électeurs de Forza Italia en erreur. Le coût en voix était élevé. À la veille d'une nouvelle série d'élections partielles, au printemps 2015, pour la présidence de certaines régions clés, la base électorale de Berlusconi était réduite comme peau de chagrin et se retrouvait en dessous de 10 %.

— Le gros problème, dit un proche du patron en cette soirée à la Villa San Martino, ce n'est pas les luttes internes au sein de Forza Italia. C'est Renzi. Il attire notre électorat modéré et nous vole nos supporters.

Un peu après dix-neuf heures trente, ce soir-là, Berlusconi se mit à table, Rossi et Pascale à sa droite, Deborah Bergamini en face de lui. Il s'en était plaint un peu plus tôt dans la journée : il se sentait trahi par le nouveau président du Conseil qui, au début, lui avait semblé si plein de promesses. Le vieux briscard de la politique italienne était maintenant très dépité.

— Renzi avait l'air si *simpatico* au premier abord, mais en fait il ne l'est pas du tout. Tout ce qu'il veut, c'est le pouvoir.

Silvio Berlusconi est visiblement un homme blessé.

Pascale a commandé sa salade verte classique. Ce soir-là, elle se permet tout de même un verre de vin. Berlusconi regarde son bol de bouillon. Il n'est pas très heureux d'avoir à se conformer à un régime si drastique. Mais il voudrait faire une apparition publique, maintenant qu'il a purgé sa peine, et tient à se montrer en pleine forme. En fait, le régime de Berlusconi suit ses sautes d'humeur. Il peut perdre quelques kilos rapidement, pour les regagner en se goinfrant de nourriture réconfortante.

Le milliardaire infatigable décide d'ignorer son potage et se lance dans une diatribe impromptue, démontrant comment son nouvel ennemi mortel, le président du Conseil Matteo Renzi, est en train de détruire l'Italie.

— La situation dans ce pays empire chaque jour à cause de la manière dont Renzi s'est approprié le pouvoir. Quand il aura fait passer toutes ses réformes, il contrôlera le Sénat. Il contrôlera son parti. Il aura le pays tout entier dans le creux de la main. Le seul espoir…

Berlusconi s'arrête un instant, goûte la soupe et reprend :

— Le seul espoir, c'est de faire en sorte que je puisse à nouveau entrer dans le jeu. Réfléchissez un instant : je suis resté pratiquement invisible, je n'ai pas fait beaucoup d'apparitions télévisées, j'ai disparu de la scène pendant près d'un an.

Le politicien fait à nouveau une pause. Le prétendu Cercle magique est tout ouïe.

— Je pense que je ne pourrai revenir sur le devant de la scène que lorsque tout le monde aura compris que je suis innocent. Je n'ai rien fait, et on m'a tout de même condamné. Ils m'ont mis à la porte du Sénat. Ils m'ont rendu inéligible. Ils m'ont éliminé de la scène politique. Ils s'en sont pris à ma fortune personnelle. J'ai dû payer cinq cent vingt-cinq millions d'euros de dédommagement à Carlo de Benedetti. Ils croyaient me mettre sur la paille, mais ils ont échoué. J'ai trouvé l'argent, et payé Benedetti sans même avoir besoin des banques.

Le milliardaire avale une cuillerée de soupe et boit une gorgée d'eau minérale. Pas de vin pour ce bon vivant lorsqu'il est au régime.

— Qu'est-ce que cela signifie ? demande finalement Berlusconi. Cela veut dire qu'il est impossible de monter une opération comme celle que nous avons pu organiser en 1994, où nous avions rassemblé tout le spectre du centre droit. Ce que nous devrions faire aujourd'hui en Italie, c'est créer un parti républicain, comme celui qui existe aux États-Unis. Un immense abri, une tente énorme pour tous les modérés et les conservateurs, une organisation qui irait au-delà de Forza Italia.

Berlusconi a délaissé son potage, et il parle en un flot continu. Son cercle rapproché écoute attentivement. Il s'exprime avec une passion communicative.

— Le seul moyen d'aller de l'avant pour nous est de transformer Forza Italia en un parti républicain, en se servant de l'exemple américain, l'exemple de la plus grande démocratie du monde. Nous avons déjà les Démocrates, ici, en Italie, avec Renzi. Ce dont nous avons besoin, ce sont des Républicains. Pour combattre les Démocrates dans ce pays, il nous faut les Républicains.

Rossi approuve d'un signe de tête. Francesca et elle prennent la parole. Elles implorent leur patron d'être fort, impitoyable, de ne pas laisser tomber, d'aller de l'avant, même si la situation semble difficile. Il sourit, mais sans parvenir à masquer une certaine amertume.

Berlusconi ne cille pas lorsqu'on lui demande ce qu'il voudrait vraiment faire. Veut-il continuer en politique, alors qu'il approche des quatre-vingts ans ? Ne serait-il pas plus raisonnable pour lui de se ranger et de profiter de la vie ? Après tout, il se plaint toujours de trop travailler et de ne jamais pouvoir se rendre dans ses somptueuses propriétés d'Antigua, ou dans les îles Caïman, ou même en Sardaigne.

Il pose sa cuillère à soupe d'un geste précis et fixe ses interlocuteurs d'un regard pénétrant.

— J'en parlais justement aujourd'hui, au moment du déjeuner, dans cette pièce, avec tous mes collaborateurs, dit-il en montrant les membres du Cerle magique. J'évoquais l'avenir. Et je suis très inquiet du fait qu'il semble impossible, dans l'état actuel des choses, de reconstruire une opposition de centre droite contre Renzi. Cela ne pourra se faire que si je reviens, si je ressuscite, tel un homme innocent qui peut donc se dresser et parler à la majorité silencieuse des Italiens dégoûtés par la politique. Cela représente la moitié de la population, ceux qui ne vont même plus voter.

— Pour que cela se produise, il faudrait que j'obtienne une annulation de ma condamnation par la Cour européenne des droits de l'homme, à Strasbourg. Elle peut annuler les décisions de la Cour suprême italienne au niveau européen. Il y a seize points de contestation dans ma demande d'appel. Il suffit que la Cour valide l'un d'eux pour que je sois libre de poursuivre mon travail politique et que je puisse être à nouveau candidat.

Il explique patiemment comment la décision de la Cour européenne pourrait déclencher une décision obligatoire de la Cour italienne qui lui permettrait de redevenir éligible et de se présenter aux éléctions. Il place visiblement tous ses espoirs dans ce dernier appel. C'est sa dernière chance de rédemption.

— Je n'ai pas envie de jeter l'éponge, ajoute soudain un Berlusconi épuisé.

Il grignote un morceau de pain pour apaiser sa faim.

À la fin du dîner, il est clair que Berlusconi se pose les questions essentielles. Il passe en revue dans sa tête ses options et évoque le problème avec son petit cercle restreint.

Parfois il est en ébullition, joyeux, enthousiaste. Mais il a des moments plus sombres.

— Il a ses hauts et ses bas, admet son ami Fedele Confalonieri. Mais je ne le vois pas laissant tout tomber. Son plus grand plaisir dans la vie est le travail. Il a toujours été comme ça. Je sais qu'il parle beaucoup de toutes sortes de choses, mais je ne crois pas que Silvio abandonnera un jour la politique. Franchement, je ne crois pas qu'il puisse se le permettre.

Confalonieri est un des rares amis proches et conseillers de Berlusconi qui pense que ce dernier a commis une grosse erreur en ne restant pas proche de Renzi. La vérité, c'est que tout magnat de la presse, que ce soit Rupert Murdoch ou Silvio Berlusconi, se doit de conserver de bonnes relations avec les administrations en place et, à leurs niveaux, avec les chefs des gouvernements dans les pays où se trouvent leurs entreprises. Pendant vingt ans, l'ex-*Cavaliere* a été accusé d'être en conflit d'intérêts personnels à cause de la puissance de son groupe audiovisuel. Ses critiques affirment qu'il n'est entré en politique que pour protéger ses intérêts financiers. Mais ses affaires ont été atteintes lourdement depuis qu'il a, entre autres, dû verser en dédommagement cinq cents millions d'euros à son rival Carlo de Benedetti.

Au printemps 2015, le politicien controversé était peut-être inquiet de son avenir politique, mais il avait su préserver ses milliards. Sa fortune était encore évaluée à pratiquement huit milliards d'euros. Mais il était déterminé à remplir de nouveau les coffres, et son groupe avait, au cours des derniers mois, vendu plusieurs participations.

Le holding familial Berlusconi, Fininvest, a commencé à vendre des participations à la fin de 2013. Il a d'abord vendu des actions de son entreprise de services financiers, Mediolanum, pour plus de deux cent cinquante millions d'euros. En avril 2014, Mediaset a apporté environ trois cent millions d'euros de liquidités en vendant ses parts dans sa filiale de tours de transmissions. Au cours de l'été 2014, Mediaset apporta trois cent cinquante-cinq millions d'euros de plus en vendant une partie de sa plate-forme de télévision payante en Espagne. Fin 2014, Berlusconi a vendu les parts d'une chaîne de cinémas multiplex en Italie pour trente-neuf millions d'euros. En février 2015, la société Fininvest a levé trois cent quatre-vingts millions d'euros de plus en vendant 7,79 % de ses parts dans Mediaset – ce qui a fait baisser la part de Berlusconi dans ce groupe à 33,4 %, mais évalués à deux milliards d'euros. Si l'on ajoute tous les autres holdings, l'empire Berlusconi est encore évalué à un peu plus de huit milliards d'euros. Il n'est donc pas du tout ruiné. De fait, Mediaset est sur le point de dépenser un autre milliard, financé par emprunts banquiers, pour acheter les droits de diffusion télé pour 2015-2018 de la Ligue des Champions européenne ainsi que ceux des clubs de football italiens de série A. Ces droits du football ont été achetés pour la nouvelle plate-forme de télévision payante de Berlusconi, un service baptisé Mediaset Premium. Pourtant, Berlusconi a un problème. Son service de télévision payante n'a que deux millions d'abonnés, tandis que le leader de la télévision payante en Italie se trouve être Sky Italia, appartenant à Rupert Murdoch, qui dispose, lui, de cinq millions d'abonnés. Pour la première fois, Berlusconi est défié sur son propre territoire… et il est battu.

Murdoch et Berlusconi ont toujours été des concurrents amicaux, et dès 1990 ils avaient évoqué des solutions pour joindre leurs forces, ou procéder à des achats d'actions croisés. Mais maintenant les deux hommes doivent faire face à la même menace d'une concurrence nouvelle et acharnée en provenance de forces récentes, nées de l'évolution rapide du monde des médias. Ils s'inquiètent de la puissance de Netflix, l'empêcheur de tourner en rond numérique qui a déjà raflé de larges parts du marché américain de la télévision payante. Or ce nouveau venu s'implante désormais en Europe.

Il n'est donc pas surprenant que le 27 avril 2015, juste avant l'heure du déjeuner, en un lundi pluvieux, la voiture de Rupert Murdoch vienne se garer sur les graviers de la cour de la vaste villa d'Arcore.

Berlusconi s'inquiétait encore de son rôle dans la politique italienne. Il se demandait aussi comment protéger au mieux et relancer son empire médiatique. Il voulait tracer des plans pour l'avenir de ses enfants. Depuis des mois, il se demandait quelles parties de ses affaires il devait conserver, quelles autres il devait vendre. Il recherchait quelles nouvelles alliances stratégiques seraient nécessaires pour conserver son empire dans un environnement numérique en pleine évolution.

Murdoch, à quatre-vingt-quatre ans, s'attachait lui aussi à réorganiser son empire. Il rassemblait tous ses avoirs dans la télévision européenne en une seule société. Et il voulait mettre en selle son fils Lachlan, en lui laissant les rênes de cet ensemble européen. S'il pouvait acheter les avoirs dans la télévision payante de Berlusconi, ou du moins mettre la main sur les droits du football, cela pouvait l'aider à consolider sa position sur les marchés européens.

Les deux magnats de la télévision, l'un ayant dépassé les quatre-vingts ans, l'autre près de les atteindre, se rencontraient à Arcore au cours d'un somptueux déjeuner dans le style Berlusconi. Murdoch était accompagné de son fils Lachlan, et Pier Silvio se trouvait aux côtés de son père Silvio. Confalonieri n'avait pas été invité. C'était une réunion entre pères et fils, mis à part la présence de la personne qui les avait réunis, un important homme d'affaires spécialisé dans les médias, le Tunisien Tarak Ben Ammar.

— C'était une occasion pour Silvio Berlusconi et Rupert Murdoch de passer quelque temps ensemble, se souvient Ben Ammar.

Il conseillait Murdoch depuis au moins aussi longtemps qu'il était associé en affaires avec Berlusconi. C'est Ben Ammar qui avait contribué à mettre sur pied les holdings de plusieurs milliards de dollars dans les médias du prince Al-Walid ben Talal d'Arabie Saoudite. C'est aussi Ben Ammar qui avait aidé le prince saoudien à prendre des parts, aussi bien dans le Mediaset de Berlusconi que dans le News Corp de Murdoch.

Si quelqu'un pouvait réunir les deux puissants magnats, c'était bien Tarek Ben Ammar, un intermédiaire influent qui semblait passer le plus clair de son temps avec des milliardaires intéressés par les médias. Ben Ammar était un producteur de films ; il avait contribué avec Berlusconi à monter un réseau de télévision commerciale très rentable en Afrique du Nord, le réseau Nessma. Lors de la vente de ses participations dans divers groupes, Berlusconi avait cédé à Ben Ammar ses actions dans la société parisienne de celui-ci, Quinta Communications. Le producteur tunisien produisait des films avec Luc Besson. Il était aussi un conseiller très écouté de Vincent Bolloré, autre magnat des groupes audiovisuels, qui contrôlait Vivendi et Canal Plus. Bolloré possédait aussi d'importantes participations dans Telecom Italia. Il avait d'ailleurs placé Ben Ammar dans le conseil d'administration de cette société pour le représenter. Le talentueux producteur venait tout juste de rejoindre le conseil d'administration de Vivendi. Le groupe disposait de milliards d'euros de trésorerie. On avait aussi entendu parler d'une alliance ou d'un échange d'actions entre Vivendi et Mediaset. Finalement, les deux plus gros acteurs de la télévision payante en Europe étaient Murdoch et Bolloré. Les actifs de Berlusconi dans la télévision payante italienne pouvaient représenter un objectif des plus intéressant pour chacun des deux hommes. Pour Vivendi, s'approprier la totalité de Mediaset pouvait sembler une bonne opération dans l'avenir. Cela ne coûterait que cinq à six milliards d'euros.

Rupert Murdoch était détendu et Silvio Berlusconi, souriant. Ils s'attablèrent avec leurs fils respectifs et Tarek Ben Ammar. Ils allaient essayer de voir s'ils pouvaient travailler ensemble. Ils voulaient trouver un moyen de contrer efficacement la menace de la télévision numérique en ligne, comme Netflix ou d'autres opérateurs. Berlusconi évoqua plus tard dans la journée l'importance de créer des liens entre les deux fils. Il semblait aimer l'idée que son fils de quarante-six ans se mette à développer des affaires avec Lachlan Murdoch, qui venait d'avoir quarante-trois ans.

— L'avenir appartient à nos fils. Il serait bon qu'ils passent plus de temps ensemble, expliqua Berlusconi à un visiteur, une heure après le départ des Murdoch.

— La présence de leurs fils constituait un élément important de ce déjeuner, confirme Ben Ammar.

L'interminable déjeuner d'Arcore n'avait pas donné de résultats immédiats, parce que Murdoch voulait être l'actionnaire majoritaire de tout nouvel opérateur de télévision payante. Cette idée ne pouvait convenir à Berlusconi.

Au-delà de la télévision et de la politique, le football préoccupait beaucoup Berlusconi en ce printemps 2015. Son club fétiche, le Milan AC, ne donnait pas de bons résultats. Le milliardaire avait congédié l'entraîneur malchanceux de l'équipe, Filippo Inzaghi. Il l'avait humilié en public en affirmant que l'entraîneur avait « des vues divergentes ». C'était une preuve suffisante dans cette Italie folle de football. La presse spéculait sur le départ imminent d'Inzaghi et sur son successeur. De plus, le lendemain de la visite de Murdoch à Arcore, un autre milliardaire passait les grilles de la Villa San Martino. Les journalistes italiens plantés devant l'entrée de la propriété pouvaient voir que le nouvel invité était un Asiatique. Une rumeur se propageait : Berlusconi était sur le point de vendre le légendaire club de football. Le prix était estimé par la presse à un milliard de dollars.

— Il faut être clair, ce club est extrêmement onéreux à entretenir, explique l'homme d'affaires italien.

Encore une journée nuageuse de la fin d'avril à Arcore, trois jours après la visite de Murdoch. Berlusconi était affalé dans le canapé, son emplacement favori dans le salon familial. Il était assis là, vêtu d'une chemise noire et d'un blazer, face à un vieux téléphone beige des années 1970 posé sur une table basse. À côté, un bloc-notes, un stylo et un verre d'eau minérale. Le magnat picorait dans un plat des tranches de pommes finement découpées. Dans la salle à manger attenante et dans d'autres salles de réunion de l'immense maison, une douzaine d'avocats milanais, de comptables et d'interprètes parlaient à voix basse. On apercevait par la fenêtre, juste derrière Berlusconi, un des banquiers en chemise blanche qui prenait l'air dans le jardin. Il discutait dans son vieux Blackberry. Berlusconi ne le voyait même pas. Il parlait football.

— L'affaire est simple. J'ai investi beaucoup d'argent dans le Milan AC. Pour gagner, au football, il faut de l'argent, du talent et de la chance. J'ai dépensé beaucoup d'argent dans le club dont je suis le président depuis vingt-neuf ans. Aujourd'hui, c'est une des équipes les plus récompensées de l'histoire. Formidable ! Mais il faut énormément d'argent pour entretenir un club de football. C'est pourquoi les clubs européens ouvrent leur capital à des investisseurs venus de Russie, du Qatar, de riches pays pétroliers, ou d'Asie. Pour une famille comme la mienne, être propriétaire d'un club de football devient trop lourd, parce que la concurrence est impitoyable. Les prix sont devenus fous. Les meilleurs joueurs coûtent cinquante millions d'euros, et même plus. Les montants demandés par les joueurs de haut niveau comme Ronaldo ou Messi sont devenus absurdes, complètement ridicules. Ce n'est plus possible. Prenons, par exemple, les trois dernières années. Ma famille, à travers notre holding Fininvest, a mis soixante-deux millions d'euros il y a trois ans, soixante-dix millions il y a deux ans, et cent deux millions l'année dernière. C'est beaucoup trop ! Il nous faut donc trouver des solutions alternatives. Et où les trouve-t-on ? Dans les pays pétroliers, en Asie, dans les économies émergentes. Quand nous avons fait savoir que la majorité des actions du Milan AC pouvaient être vendues, nous avons commencé à recevoir de nombreuses offres. L'une d'elles est venue d'un jeune financier thaïlandais, M. Bee Taechaubol, et c'est lui qui est venu me voir hier.

Berlusconi énumère les détails de la proposition de l'homme d'affaires thaï, qu'il appelle « Mister Bee ».

— Sa proposition est assez intéressante. Il y a plusieurs éléments positifs. D'abord, il effectuerait un important paiement en cash pour montrer qu'il est sérieux. Ensuite, comme le Milan AC est une marque de valeur, il est question d'ouvrir le club aux bourses de Hong Kong et de Singapour. Nous pourrions aussi lancer une opération de merchandising en Chine et dans une dizaine de pays asiatiques. C'est un marché de deux cent quarante-deux millions de fans pour le Milan AC, et nous pouvons étendre nos activités dans la restauration, les parfums, les boissons non alcoolisées et en faire quelque chose de très profitable. Je resterais président. Je disposerais d'un important budget pour acheter de nouveaux joueurs, ce qui m'amuserait beaucoup. Et les fans y prendraient du plaisir. Donc, l'idéal serait de trouver quelqu'un qui puisse m'aider à partager les coûts de fonctionnement du Milan AC, avec les meilleurs joueurs.

Cela ne veut pas dire que je m'en irais. Pas du tout ! explique Berlusconi.

Quelques semaines plus tard, le magnat italien allait signer un accord avec Mister Bee. Le consortium d'investisseurs asiatiques mettrait quatre cent quatre-vingts millions d'euros pour obtenir 48 % des parts du Milan AC. Berlusconi conserverait la majorité. Les fans du club exultaient. Ils étaient ravis. Tout comme un Berlusconi enthousiaste.

— La marque Milan AC vaut son pesant d'or. Et quand nous la ferons entrer en bourse en Asie, probablement en 2016, elle prendra vite beaucoup de valeur sur le marché. Ce sera une entreprise qui gagnera beaucoup d'argent. Je vais moi-même ajouter cent cinquante millions d'euros dans la balance pour acheter de nouveaux joueurs, et les Asiatiques vont mettre cinq cents millions. Mais je garderai le contrôle. Ensuite, nous pourrons faire entrer une partie de la société en bourse, peut-être 25 %, et cela pourrait nous permettre de lever un autre milliard. Nous pourrions peut-être faire monter la valeur en bourse du Milan AC à quatre milliards. Et là je m'en serais plutôt bien tiré, non ? Là, nous pourrons vraiment nous amuser, lorsque nous aurons levé un milliard. Nous deviendrons alors une équipe imbattable dans le monde. Au même niveau que le Real Madrid.

Berlusconi continue, rêvant d'un avenir où il reste le rayonnant président du Milan AC, accomplissant son rêve d'enfance et faisant des plans pour ouvrir un nouveau bureau du célèbre club à Shanghai. Il se laisse emporter par ses projets, et analyse l'accord et l'attractivité des économies asiatiques en expansion rapide.

Le plan consistant à exploiter la valeur du Milan AC en Asie est un pari osé. Berlusconi devient exubérant et plein d'émotion lorsqu'il parle de son club de football, qu'il adore. Finalement, après l'avoir complimenté et lui avoir prodigué beaucoup d'encouragements, il explique pourquoi il a dû remplacer Inzaghi, l'entraîneur du Milan AC. Ce n'est pas surprenant. Il précise que le nouveau coach, un vétéran venu de Serbie nommé Siniša Mihajlović, est le plus qualifié pour aider l'équipe à retrouver son statut.

— Il a une forte personnalité, mais il reste empreint d'humanité. Cela vient du fait qu'il est père de six enfants. Il a toujours eu de bons rapports avec les joueurs dans toutes les équipes qu'il a entraînées. Il m'a dit qu'il avait toujours eu en tête, comme un vieux rêve, de devenir un jour entraîneur au Milan AC. Je pense qu'il sera formidable, conclut Berlusconi. Ainsi, Mihajlović, le nouvel entraîneur plein d'énergie qui a remplacé Inzaghi, aurait derrière lui une puissance financière musclée lui permettant de choisir les meilleurs joueurs.

Concernant l'avenir des participations familiales dans Mediaset, l'ex-*Cavaliere* est très clair. Il est déterminé : le contrôle de la société doit rester aux mains de la famille, du moins dans un proche avenir.

— Nous garderons Mediaset, dit-il doucement. Que je continue ou non à faire de la politique, c'est important.

Garder le contrôle de Mediaset, l'actif principal de l'empire Berlusconi à l'été 2015, était certainement au cœur de la stratégie d'affaires du milliardaire. En revanche, dans le domaine de sa stratégie politique et de son propre positionnement politique, les choses devenaient de moins en moins claires. Il était hésitant, ne voulait pas se confier, même pour sa propre biographie.

Depuis mai 2015, la communication du magnat semblait confuse, en particulier lorsqu'il fit campagne pour les élections régionales partielles. Il obtint d'ailleurs des résultats honorables. Son assistant, Giovanni Toti, fut élu président de la région de Ligurie, et il réussit à partager une victoire en Vénétie. Mais dans les deux cas, le résultat n'était dû qu'à son alliance avec la Ligue du Nord, un parti ouvertement xénophobe. Berlusconi se trouvait donc dépendre de l'équivalent des Tea Party américains. La Ligue du Nord se retrouvait à peu près au même niveau que le parti du milliardaire avec environ 14 %. Le fait est que Berlusconi, comme il ne cessait de le répéter aux membres du Cercle magique, avait réussi à améliorer le score de Forza Italia en participant lui-même à la campagne électorale avec une certaine fougue. Mais il commit quelques erreurs embarrassantes. Il se retrouva un jour à la mauvaise réunion, pour encourager un candidat qui n'était pas de son parti. Une autre fois, il donna l'impression d'annoncer son retrait de la politique. L'homme commençait à accuser son âge.

— J'en ai fini avec la politique, avait-il assuré un jour. Je suis juste quelqu'un ayant un grand sens des responsabilités à l'égard de mon pays.

Ses opposants s'emparèrent de ce qu'il venait de dire, affirmant que c'était la preuve que sa carrière politique était finie. Il avait clairement une stratégie de sortie, expliquaient-ils : il s'agissait de rester actif dans la politique juste assez longtemps pour protéger ses intérêts financiers.

Berlusconi réagit au plus vite en expliquant qu'il avait réellement voulu dire que depuis son exclusion du Sénat, il cherchait à se renouveler une dernière fois comme fondateur d'un nouveau mouvement politique, le fameux Parti républicain pour l'Italie qu'il avait commencé à évoquer depuis un moment. Approchant les quatre-vingts ans, banni de la vie politique jusqu'en 2019, Berlusconi avait une dernière carte dans sa manche, ou du moins une vision de l'héritage politique qu'il voulait laisser.

C'était pour lui une « croisade » qu'il entreprenait pour persuader les divers petits partis de centre droite de se rassembler en une alliance unie de centre droite, qui permettrait de retrouver la majorité des voix aux élections de

2018. Les signaux qu'il envoyait semblaient pourtant confus. Voulait-il se retirer, ou rester dans le jeu ? Il utilisait des termes de football pour s'expliquer : il serait comme un entraîneur sur les bords du terrain : dans l'avenir il donnerait des conseils, mais ne serait pas lui-même le futur chef de cette coalition. Quand on lui demandait qui serait son successeur, Berlusconi répondait qu'il ne savait pas. Aucun successeur naturel ne s'était profilé jusqu'à présent. Les rangs des soutiens à l'ex-*Cavaliere* s'étaient éclaircis avec toutes les défections qui avaient eu lieu.

D'une certaine manière, Berlusconi était de plus en plus las du jeu politique, d'autant plus qu'aucune solution pour un retour flamboyant de l'ancien chef charismatique ne semblait possible.

— Je n'ai jamais aimé la politique. Je ne suis pas un politicien professionnel. Je suis un entrepreneur, répétait en boucle Berlusconi à qui voulait l'entendre.

Il se plaignait des « politiciens professionnels à plein temps qui sont des parasites et qui se sont servis de [moi] ». Il dénonçait leur manque de loyauté. Il dédaignait le flot des défections au sein de Forza Italia, ses vieux amis et ses alliés fidèles qui s'éloignaient maintenant de lui et réduisaient de façon dramatique le nombre de voix au parlement. La seule chose qu'il pouvait espérer était de se retirer dignement tel un sage aux conseils avisés, ou au moins tel un négociateur politique qui aurait encore son mot à dire sur le choix du futur chef de la droite italienne. Mais il n'était tout de même pas prêt à jeter l'éponge.

En réalité, pour ceux qui l'ont rencontré durant l'été 2015, Berlusconi ne voulait pas vraiment quitter le devant de la scène. Il tenait avant tout à partir selon ses conditions. Durant toute sa vie, que ce soit dans son enfance où il avait dû être évacué de Milan pour échapper aux bombardements alliés, ou en tant que milliardaire impitoyable qui ne faisait pas de prisonniers, Berlusconi avait toujours été déterminé à gagner, et à gagner gros. Pour lui, c'était avant tout une question de victoire. Il n'est donc pas surprenant que lorsqu'un de ses invités lui demanda quand il pensait se retirer, il ait gardé le silence ; mais il écrivit quelques mots, par habitude, sur le bloc-notes posé devant lui. Il chiffonna la page et la prit avec lui, mais l'empreinte de son stylo était assez forte pour avoir tracé les lignes d'une simple phrase sur la page d'en dessous : « Je me retirerai lorsque j'aurai obtenu une nouvelle victoire. »

L'histoire de la vie de ce personnage hors du commun n'est pas facile à raconter. Pas aussi facile qu'on pourrait le penser, étant donné ses aventures extraordinaires en politique, dans le domaine de la télévision, du football, de l'immobilier. La façon dont il est devenu le milliardaire le plus riche d'Italie est incroyable. Ses rapports avec les femmes ont été épiques. L'énorme quantité de déboires judiciaires, le nombre de procès qu'il a dû affronter, avec quelques-uns encore à venir, tout cela relève de l'exceptionnel.

Aujourd'hui, Berlusconi reste un personnage plus grand que nature sur la scène italienne, même si son importance politique a diminué. Aucun autre pays occidental n'a eu droit à une telle stature nationale ayant dominé la vie du pays, insufflé sa personnalité et ses goûts culturels pendant plus de vingt ans. Son influence sur l'Italie ne peut être sous-estimée. Elle a commencé dans les années 1980, lorsqu'il a inondé les ondes d'un nouvel hédonisme à l'américaine et de consumérisme.

Berlusconi reste un personnage controversé et clivant, en Italie et même dans le monde entier. Ses détracteurs le considèrent comme une sorte de bouffon, un repris de justice, un homme à femmes, un milliardaire douteux qui a utilisé ses contacts politiques pour propulser son empire médiatique dans la stratosphère. Ils pensent qu'il n'a eu que ce qu'il méritait lorsque la Cour suprême a confirmé sa culpabilité. Il apparaît comme l'incarnation du Diable.

Mais l'histoire est bien plus complexe qu'elle ne le paraît à la lecture des coupures de journaux.

Pendant trente-cinq jours, après plus d'une centaine d'heures d'entretiens et d'interviews filmés, après d'innombrables moments de conversation dans son jardin, dans son bureau, sa salle à manger et son salon favori de sa villa d'Arcore, tandis qu'il nous racontait sa vie, avec ses propres mots, une image plus subtile de l'homme a commencé à se dessiner. Parfois, il était d'humeur maussade, évoquant à chaque fois sa bataille avec les magistrats. Mais il semblait aussi se battre avec son destin, recherchant fébrilement un moyen d'obtenir une dernière victoire. Berlusconi ne s'est jamais vraiment remis de la décision de la Cour suprême d'août 2013. Son amour-propre a été meurtri. Son équilibre psychique a été affecté, et à certains moments l'ancien président du Conseil ressentait le poids de sa condamnation. Il se sentait humilié et honteux. Mais l'homme a toujours refusé de se laisser abattre complètement, même face à sa propre mortalité, au point de se plaindre qu'il « est tellement dommage que nous devions tous mourir un jour, dans un monde où il y a tant de merveilles ». Il n'était plus le sémillant Berlusconi de ses années de jeunesse, mais il avait encore du charisme. Il était toujours un charmeur, un homme de spectacle, un enjôleur, un farceur. Mais surtout il ne se sentait pas encore prêt à abandonner la scène ou à laisser tomber son rôle de star dans l'histoire de sa propre vie.

— Ils peuvent me faire beaucoup de choses, admit-il un jour à un ami, mais ils ne pourront pas m'empêcher d'être moi-même.

Ses années à la présidence du Conseil du gouvernement italien furent une longue période de déclin dans l'histoire du pays. Il n'a jamais réussi à imposer son rêve d'une révolution à la Reagan pour la liberté du marché. Il n'a jamais pu non plus se débarrasser de l'accusation d'avoir fait voter une douzaine de lois lui permettant d'échapper à des procédures judiciaires pendant toutes ces années.

Berlusconi fut indiscutablement un acteur dans le jeu européen, et un témoin historique durant les vingt années qui ont suivi la chute du Mur de Berlin. Même s'il a pu être très controversé après les procès *bunga-bunga*, il a louvoyé parmi les grands chefs d'État européens, Kohl, Mitterrand, Chirac et Angela Merkel à une époque charnière pour l'Europe. Il a négocié avec trois Présidents américains : Bill Clinton, G. W. Bush et Barack Obama. Son amitié avec George W. Bush a permis à l'Italie d'avoir un rôle plus important que sa position mondiale en matière de politique étrangère. Lors des conflits en Irak et en Afghanistan, Berlusconi fut le second allié le plus proche de l'administration Bush en Europe, après Tony Blair. Ses déclarations d'amitié pour Vladimir Poutine semblent sincères, mais cette bonhomie masque le rôle réel que Berlusconi a joué en tant que messager discret entre Washington et Moscou. Les accrochages du milliardaire avec Nicolas Sarkozy sont restés légendaires. Mais lors de l'envoi des bombardiers pour renverser Kadhafi au début du Printemps arabe, il paraît évident que Berlusconi était du bon côté de l'Histoire et que Sarkozy s'était trompé. On en voit les conséquences évidentes aujourd'hui dans les ruines d'une Libye divisée et envahie par Daech. Encore un pays abattu et vaincu par des terroristes.

L'attitude de Berlusconi lors de la crise historique de l'euro était aussi la bonne. Il s'est opposé à la troïka du FMI, de la BCE et de la Commission européenne bien avant Tsipras en Grèce. Bien qu'il ait été humilié au sommet du G20 à Cannes, son opposition têtue au plan de Sarkozy de faire intervenir le FMI en Italie avec un prêt de sauvetage fut finalement la bonne décision pour son pays et pour la zone euro. Même Obama a dû l'admettre. En s'opposant au FMI si obstinément, Berlusconi n'a pas pu éviter la chute de son gouvernement, mais c'est à cause de la campagne que Sarkozy et Merkel ont mené de concert avec le président italien Giorgio Napolitano pour trouver un remplaçant à Berlusconi. Comme l'a rapporté Tim Geithner à ses collaborateurs, « ils ont fini par le faire, et ils l'ont fait très habilement ».

Il est certain que les indiscrétions sur la vie privée de Berlusconi ainsi que les fuites constantes en provenance du bureau des procureurs de Milan pendant cinq ans ont précipité sa chute. Dans de nombreuses affaires contre lui, l'ex-*Cavaliere* a réussi à s'en sortir grâce aux délais de prescription ou à des artifices techniques. C'est ce qui s'est à nouveau produit en 2015 dans l'affaire des supposés pots-de-vin pour acheter un membre du parlement. Berlusconi a été condamné en juillet 2015 à une peine de trois ans de prison, mais les délais de prescription allaient être épuisés et la sentence serait annulée quelques mois plus tard, avant qu'elle soit portée en appel. Pour Berlusconi, il était important qu'il ait été acquitté par la Cour suprême des charges de paiement pour des relations sexuelles avec une prostituée mineure en mars 2015. Mais les fuites de transcriptions de conversations téléphoniques gênantes concernant des « escortes » parlant de soutirer de l'argent au milliardaire ont continué pendant l'été 2015. Pour le public italien, lire de telles transcriptions dans le cadre d'une enquête sur la vie sexuelle de Berlusconi est devenu un sport national.

L'appétit vorace du milliardaire des médias pour les jolies femmes tout comme sa passion pour son club de football, le Milan AC, n'ont jamais été un secret. En fait, Berlusconi se lit à livre ouvert. La question est de savoir pourquoi des millions d'Italiens l'ont élu et réélu président du Conseil, alors qu'il était si controversé. La réponse est simple : pendant vingt ans, Berlusconi tenait les aspirations, les passions et les rêves des Italiens dans la paume de sa main. Et il a redessiné une Italie à sa propre image. Son influence sur son pays et sur des générations de jeunes Italiens qui ont grandi en n'entendant parler que de Berlusconi est difficile à ignorer. Aucun autre homme politique n'a jamais dominé la vie de son pays pendant si longtemps. Il a remodelé l'Italie sur les plans politique, culturel et social. Personne ne l'avait fait… depuis Mussolini.

Berlusconi a réussi une chose : devenir à la fois l'homme le plus détesté et le plus aimé d'Italie sur une période de vingt ans. Pour ceux qui le critiquent, l'explication se trouve dans son contrôle monopolistique de la télévision et ses abus de pouvoir médiatique. Mais on peut dire aussi qu'il s'est montré le président du Conseil le plus empathique et le plus habile utilisateur des médias que l'Italie ait jamais connu. Mais c'était peut-être aussi le plus typique des Italiens à occuper le poste de chef du gouvernement. Berlusconi est, et a toujours été, le type même de l'Italien, le baratineur, le représentant de commerce, le charmeur, le blagueur invétéré et le séducteur-né. Il possède toutes les faiblesses et toutes les manies de l'Italien archétypal, mais avec un excellent sens de l'à-propos et un génie de l'innovation. C'est avant tout un homme d'affaires et un entrepreneur convaincant de la prospère Lombardie. Mais au fond de lui, Silvio Berlusconi offre le meilleur et le pire des traits de caractères de l'Italien. Et ses succès électoraux traduisent bien le fait qu'il personnifie, pour tous ceux qui ont voté pour lui, une sorte de rêve italien, une image miroir de ce que de très nombreux Italiens veulent ou rêvent d'avoir.

Lors d'une autre matinée brumeuse de l'été 2015, Silvio Berlusconi est chez lui, à Arcore, songeant à sa vie avec des amis, dans une pièce jouxtant la chapelle familiale. C'est peut-être la proximité de cette chapelle, dans laquelle se trouvent les cendres de sa mère et de son père, c'est peut-être parce que le milliardaire pense au déjeuner de famille traditionnel du lundi qui ne va pas tarder à commencer dans la salle à manger. Il semble très sentimental ce jour-là. Sa fille Marina attend déjà dans le salon, avec Fedele Confalonieri et un trio de directeurs vétérans de chez Fininvest, les hommes en costume gris qui s'occupent de l'accord financier pour le Milan AC. Mais Berlusconi tarde. Il parle de son avenir. Il y a encore une chose qu'il aimerait partager.

— Je l'ai dit à mes enfants et à ma famille, confie-t-il. Quand je ne serai plus là, ils peuvent tout vendre. Ils peuvent disposer des villas et des sociétés ainsi que des parts d'actionnariat. Tout ce qu'ils veulent. Mais il y a deux choses que je leur ai demandé de ne pas vendre : l'une est la participation dans le Milan AC, et l'autre cette maison, ce lieu à Arcore.

Il fait une pause.

— Vous savez, ajoute-t-il, j'aurai bientôt quatre-vingts ans et je commence à sentir mon âge.

Sur ces mots, le milliardaire sort de la pièce et se dirige vers le porche. Il lève les yeux vers un ciel nuageux et marche sur le gravier bruyant qui sépare le porche de la villa du jardin et du reste des quatre-vingt-dix hectares de la propriété. Les collaborateurs du milliardaire se précipitent dehors ainsi que Giuseppe le maître d'hôtel, pour signaler que les invités se trouvent déjà dans la salle à manger familiale. Aujourd'hui, la Villa San Martino semble en effervescence. Tout le monde s'agite beaucoup. Silvio Berlusconi entre dans la salle à manger et embrasse sa fille Marina.

À l'autre bout de la table, Confalonieri lève la tête et salue amicalement son hôte. Les experts financiers à la chevelure grisonnante de Fininvest viennent s'asseoir à la table en face de Berlusconi, maintenant flanqué à sa droite de Confalonieri et à sa gauche de sa fille. De l'autre côté de la table, un avocat dégingandé à lunettes, le fidèle Niccolò Ghedini, le juriste le plus compétent du milliardaire, s'installe en silence. Marina s'est fait servir une grande salade verte. Son père regarde d'un air désolé quelques légumes bouillis dans une petite assiette. Nourriture de régime. En revanche, Confalonieri déguste ses pâtes avec délice. Une sorte de sauce carbonara pour de délicates tagliolini. Il s'exclame immédiatement qu'elles sont parfaites. Le vin rouge servi lors de ce déjeuner de famille est un magnifique lambrusco. Les hommes de Fininvest mangent en silence, levant la tête de temps en temps lorsque Berlusconi parle. Même à l'automne de sa vie, il est encore le patron et sait montrer qu'il commande. Ils parlent d'abord du Milan AC. Berlusconi se plaint qu'avec Galliani, le vice-président du club, ils pensaient avoir trouvé les deux meilleures recrues, les joueurs qui allaient aider le Milan AC à retrouver la gloire.

— Mais dès qu'ils comprennent que c'est le Milan AC qui achète, les prix grimpent encore plus, se plaint le milliardaire.

Confalonieri hoche la tête pour signifier son approbation. Les trois hommes de Fininvest partagent cette opinion. Ghedini termine ses pâtes.

Au milieu de ce déjeuner du lundi, Pier Silvio apparaît et s'assied à côté de sa sœur Marina.

Pendant ce repas qui traîne en longueur, un serveur apporte de temps en temps une dépêche d'agence concernant la politique italienne ou les événements mondiaux. Berlusconi les pose devant son assiette, ignore les légumes et lit les informations toutes fraîches. Arrive le dernier sondage, et il fait la remarque qu'il est sûr de rattraper Renzi pour le battre aux prochaines élections de 2018 s'il parvient à unifier les partis du centre droite. Il joue les stratèges, tirant des idées de la famille.

On évoque brièvement les déboires judiciaires de l'ex-*Cavaliere*. Quelques jours après ce déjeuner, Berlusconi sera mis en examen pour avoir soudoyé trente-quatre prostituées qui avaient participé aux soirées *bunga-bunga* et que le milliardaire avait logées dans des appartements de son complexe résidentiel, *Milano Due*. Le galant milliardaire était accusé de leur avoir fait des millions d'euros de cadeaux, d'avoir payé leur loyer et versé d'énormes sommes en liquide pour les empêcher de parler lors du procès où pesaient contre lui les charges d'avoir eu des relations sexuelles avec Ruby la Voleuse de cœur, la prostituée soi-disant mineure au moment des faits. La Cour suprême avait acquitté Berlusconi parce qu'il pouvait ne pas avoir su l'âge de Ruby à l'époque, et les tribunaux n'avaient pas été en mesure de prouver qu'il y avait effectivement eu relations sexuelles. Mais les procureurs de Milan avaient décidé de persister. Ils avaient haussé les enjeux et affirmaient maintenant que le magnat de l'audiovisuel avait soudoyé des dizaines de jeunes femmes pour qu'elles fassent de faux témoignages en sa faveur. Pour toute réponse, Berlusconi admettait avoir donné de l'argent à ces femmes mais que c'était purement « un acte de générosité », et non un paiement pour d'éventuels services à venir. Il l'avait expliqué avec passion quelques semaines auparavant.

— Toutes mes invitées, même celles qui n'étaient venues qu'une fois, ont vu leurs noms imprimés dans les journaux. À partir de ce moment, leur nom a été lié à ce procès et si vous allez sur Internet, elles sont toutes décrites, toutes je dis bien, comme des « escortes » de Berlusconi. Exactement comme les procureurs le voulaient, explique Berlusconi.

Leurs vies ont été gâchées. Elles ne peuvent plus élever une famille. Elles ne peuvent plus se trouver un petit ami sérieux. Elles ne trouvent pas non plus de travail. Même les directeurs et les producteurs de Mediaset, ma société, refusent de les employer. Elles ne peuvent pas trouver un endroit pour se loger parce qu'elles ne gagnent pas d'argent et ne peuvent garantir le fait qu'elles paieront un loyer. J'ai toujours dit que je ne me sentais pas coupable de quoi que ce soit, mais je me sens responsable de ce qui arrive à ces jeunes femmes du fait que leur vie est gâchée uniquement parce qu'elles sont venues dîner chez moi et par un procès injuste dont j'ai été acquitté. Voilà pourquoi je les ai aidées, je continue à les aider et je le ferai jusqu'à ce qu'elles retrouvent une vie normale. Mais lors de ces dîners, il n'y a pas eu de relations sexuelles. Et même s'il y en avait eu, cela n'aurait pas constitué un crime.

De retour à la table du déjeuner, Berlusconi parle d'un de ses films préférés sur un prêtre et le maire communiste d'un petit village.

— Hier soir, j'ai revu un film des années 1950, un de mes préférés : *Don Camillo.*

Pier Silvio prend la parole, et bientôt tout le monde autour de la table parle des vieux films qu'ils aiment. Le déjeuner familial traditionnel du lundi devient plus léger. Maintenant, Confalonieri parle de musique, du bon vieux temps de l'école et du lycée, quand il accompagnait son ami Silvio au piano. On lui demande s'il ne serait pas prêt à recommencer, lui au piano et Silvio comme crooner. Pourquoi pas une vieille chanson de Sinatra, comme ils le faisaient dans les années 1950 ? Confalonieri répond « Oui, pourquoi pas ? », et il se tourne vers son ami de longue date :

— Silvio, tu veux chanter avec moi ?

Puis les deux vieux amis décident de ce qu'ils vont jouer ensemble. Et comme Confalonieri le dit, ils n'ont pas d'autre choix : celle que Berlusconi va chanter accompagné par son ami sera celle qu'il préfère de Sinatra. Ce ne peut être que *My Way*. Pendant un instant, Silvio Berlusconi a l'apparence d'un homme qui ne regrette rien de sa vie. Il est serein dans l'intimité de son monde privé, dans le microcosme de l'univers qu'il perçoit. Lorsque l'Histoire le jugera, pour être juste elle ne devra pas oublier que c'était un personnage plus grand que nature, qui n'a jamais respecté les règles de la société. Il a établi ses propres règles, pour le meilleur et pour le pire, et souvent pour le pire. Mais il a aussi dirigé un pays, construit un empire médiatique, et il l'a fait grâce à son intelligence. S'il est un personnage critiquable, Berlusconi reste cependant l'homme qui a le plus influencé l'évolution de l'Italie moderne depuis la Seconde Guerre mondiale, pour le meilleur ou pour le pire.

Remerciements

Dès lors que Silvio Berlusconi avait accepté de raconter l'histoire de sa vie, de répondre à toutes les questions que je lui poserais et de me donner libre accès à ses archives personnelles, il devint clair qu'il s'agirait d'un projet ambitieux. L'affaire, en tout, a pris 18 mois. Y ont participé des éditeurs, des chercheurs et des personnes chargées des vérifications ; l'équipe a opéré en collaboration avec des maisons d'édition et avec un staff de production télévisuelle expérimenté.

La personne qui a coordonné et supervisé l'équipe, et qui mérite mes plus grands remerciements, est Emanuela Minnai. Ce livre n'aurait pas été possible sans son dévouement à l'excellence dans les domaines du journalisme et de l'écriture. Manuela se débrouille pour combiner les panoplies de compétences propres à l'agent littéraire, au chef de recherche, au superviseur de traduction, au porte-parole et au psychothérapeute ; en plus de tout ça, elle ne semble pas se formaliser d'être dérangée dix ou quinze fois par jour. Nous avions travaillé ensemble pour la première fois à la fin des années 80 sur ma biographie de Gianni Agnelli, le playboy devenu industriel propriétaire de Fiat. Ce livre sur l'Italie avait existé grâce à elle. Ce sera encore vrai pour le *Berlusconi*.

Parmi les membres-clefs de l'équipe, un remerciement spécial s'adresse à Massimo Birattari dont les vérifications et les recherches tombaient toujours à point nommé. Birattari, traducteur de Mordecai Richler, de Paul Auster et de Vikram Seth, est un homme de lettres d'envergure internationale. Véronique Bernardini et Antongiulio Panizzi ont dirigé une superbe équipe de production, comme ils l'avaient fait par le passé dans d'autres projets télévisuels.

Je veux remercier également Caroline Michel, Rachel Mills et Tessa David de chez PFD, mon agent à Londres.

J'aimerais remercier Deborah Bergamini, ex journaliste chez Bloomberg. Elle a été aussi porte-parole de Berlusconi. Elle compte parmi les élus du parlement. Son aide s'est révélée vitale quand il s'est agi de maintenir le projet sur ses rails pendant une longue période de temps. Merci également à Fedele Confalonieri, le plus vieil ami de Berlusconi, un merveilleux conteur. Merci à la famille de Berlusconi, à son fils Pier Silvio et à sa fille Marina notamment, pour la bonne volonté qu'ils ont mise à répondre à d'innombrables questions lors de nos multiples échanges.

À Moscou, je voudrais remercier Dmitry Peskov, porte-parole du président Vladimir Poutine, et son équipe, pour avoir organisé une interview avec le président Poutine. Je précise que, pour les lecteurs curieux, malgré des demandes répétées, Nicolas Sarkozy et Christine Lagarde n'ont pas souhaité répondre à mes questions.

Chez Hachette Books Group, à New York, mes remerciements iront à Mauro DiPreta, un formidable éditeur, ainsi qu'à Ashley Yancey, Michelle Aielli, Betsy Hulsebosch et Christopher Lin.

Chez Rizzoli en Italie, ils vont à Massimo Turchetta qui, le premier, m'a proposé ce défi : obtenir la collaboration de Berlusconi. Il a monté ensuite un partenariat entre Rizzoli et Hachette, les éditeurs qui ont rendu ce projet possible.

Quand il était au sommet de sa carrière, Silvio Berlusconi avait coutume de tester ses idées marketing, en matière de télévision et de politique, avec ses intimes et sa famille : c'était une sorte de groupe de discussion qui l'aidait à mettre ses idées en ordre. Mon propre groupe de discussion s'est composé d'amis patients et de membres de ma famille qui ont lu les premiers jets de chacun de mes chapitres, et m'ont fait part de leur réaction, ce qui s'est révélé précieux. Ceux d'entre eux que je souhaite remercier sont Vivian Oppenheim, Jamie Harpel, Noah Weinzweig, Anita Friedman, Charles Friedman, Ion Marin, Eckart Sager et bien sûr Jonathan Ehrlich qui mérite un remerciement spécial, pour les raisons qu'il connaît.

Mon plus grand merci sera pour la personne à laquelle ce livre est dédicacé, ma femme très compréhensive et imperturbable, mon épouse toscane. *Grazie, Gabriella !*

TABLE DES MATIÈRES

Mise en pages par PCA-CMB
44400 – Rezé

Imprimé en Espagne

Dépôt légal : septembre 2015
ISBN : 978-2-7499-2775-6
LAF : 2128